KB204282

우리가 얼굴을
찾을 때까지

믿음이란
한 알의 밀알이 땅에 떨어져 죽음으로 많은 열매를 맺음과 같이
진리의 열매를 위하여 스스로 죽는 것을 뜻합니다.
눈으로 볼 수는 없으나 영원히 살아 있는 진리와
목숨을 맞바꾸는 자들을 우리는 믿는 이라고 부릅니다.
「믿음의 글들」은 평생, 혹은 가장 귀한 순간에
진리를 위하여 죽거나 죽기를 결단하는
참 믿는 이들의, 참 믿는 이들을 위한 참 믿음의 글들입니다.

우리가 얼굴을 찾을 때까지

C. S. **루이스** 지음

강유나 옮김

홍성사

조이 데이빗먼에게

사랑은 너무 어려 양심이 무엇인지 모른다네.

셰익스피어William Shakespeare, *Sonnet* 151

저자의 말

큐피드와 프시케의 사랑 이야기는 현재 남아 있는 몇 안 되는 라틴어 소설 중 하나인 아풀레이우스Lucius Apuleius Platonicus의 《변신 *Metamorphoses*》(《황금당나귀 *Golden Ass*》라고도 불린다.)에 처음 나온다. 이야기는 대략 다음과 같다.

어느 왕과 왕비에게 세 딸이 있었는데 그중에서도 막내딸이 너무 아름다워 사람들이 비너스에게 경배하는 일을 다 잊어버릴 지경이었다. 그래서 프시케(막내딸의 이름이었다.)에게는 구혼자가 없었다. 남자들이 그녀를 신으로 우러러본 나머지 감히 청혼할 생각을 못했던 것이다. 왕이 딸의 혼사에 대해 아폴로에게 신탁을 청하자 다음과 같은 대답이 주어졌다.

"너는 인간을 사위 삼지 못할 것이다. 프시케를 산 위에 두어 용의 제물이 되게 하라."

왕은 그 명령에 순종했다.

그러나 비너스는 프시케의 아름다움을 질투하여 또 다른 형벌을 생각해 놓고 있었다. 여신은 아들 큐피드에게 프시케가 가장 천한 남자를 향해 욕정을 불태우게끔 화살을 쏘라고 명령했다. 그러나 명령을 수행하러 간 큐피드는 그 자신이 사랑에 빠지고 말았다. 그래서 프시케가 산에 버려지자 서풍의 신(제피로스)을 시켜 프시케를 싣고 비밀장소에 마련해 둔 자신의 장엄한 궁전에 데려다 놓게 했다. 그는 밤마다 그 궁전을 찾아가 프시케와 사랑을 나누었다. 그러나 자신의 얼굴은 보지 못하도록 엄히 금해 놓았다. 얼마 지나지 않아 프시케가 두 언니를 초청하게 해 달라고 졸랐다. 신은 마지못해 허락하고 그들을 궁전으로 실어왔다. 궁전의 성대한 잔치에 초대받은 언니들은 그 호화찬란한 모습에 큰 기쁨을 표시했다. 그러나 속으로는 질투심을 이기지 못했으니, 자신들의 남편은 신이 아니고 자신들의 집은 동생의 집처럼 아름답지 못한 탓이었다.

그래서 언니들은 동생의 행복을 무너뜨리기 위한 계략을 꾸몄다. 그들은 다시 동생을 만나러 갔을 때 남편이 틀림없이 끔찍한 뱀일 것이라고 말했다.

"오늘밤 침실에 들 때 망토 속에 등불과 날카로운 칼을 숨겨 가렴."

언니들이 말했다.

"남편이 잠들었을 때 등불을 꺼내서 침대에 누워 있는 흉악한 몰골을 확인하고 칼로 찔러 죽여 버리는 거야."

언니들의 꼬드김에 넘어간 프시케는 그렇게 하마고 약속했다.

등불을 꺼내서 잠든 신의 모습을 본 프시케는 샘솟는 사랑으로 그를 바라보다 그만 뜨거운 기름 한 방울을 그의 어깨에 떨어뜨리고 말았다. 깜짝 놀라 깨어난 신은 빛나는 날개를 펼치고 아내를 꾸짖은 뒤 눈앞에서 사라져 버렸다.

두 언니는 자신들의 사악한 성공을 오래 즐기지 못했다. 큐피드가 그들을 죽음으로 엄단했기 때문이다. 한편 가엾은 프시케는 혼자 정처 없이 떠돌다가 강에 이르자 빠져 죽으려 했다. 그러나 목신牧神 판이 나타나 그녀를 살려 주면서 다시는 그런 짓을 하지 말라고 엄명했다. 그녀는 여러 가지 고통을 겪은 후에 가장 지독한 원수인 비너스의 수중에 들게 되었는데, 비너스는 그녀를 노예로 잡아 놓고 매질을 했을 뿐 아니라 도저히 해 낼 수 없는 과업들을 맡겼다. 첫번째 과업은 여러 종류가 뒤섞여 있는 낟알들을 가려내서 각각 쌓는 것이었는데, 친절한 개미들의 도움으로 성공할 수 있었다. 그 다음 과업은 사람을 해치는 양들의 황금털을 한 뭉치 뽑아 오는 것이었다. 덤불에 걸린 양털을 걷어 오면 된다고 강가의 갈대가 속삭여 주었다. 그 다음으로는 올라갈 수도 없는 높은 산을 넘어 스틱스 강까지 가서 물을 한 잔 떠 와야 했는데, 가는 길에 만난 독수리가 그녀의 잔을 가져다가 한가득 채워다 주었다. 마지막 과업은 지하세계로 내려가 저승의 여왕 페르세포네의 아름다움을 상자에 담아 비너스에게로 가져오는 것이었다. 어떤 신비로운 목소리가 어떻게 하면 페르세포네에게 갔다가 무사히 이승으로 돌아올 수 있는지 알려 주었다. 돌아오는 길에 온갖 사람들이 동정심을 유발하며 간청을 하더라도 전부 거절하라는 것이었다. 또 페르세포네가 준 상자(아름다움이 가득 담긴 상자)를 받았을 때 절대 그 속을 들여다보면 안 된다고 했다. 프시케는 이 모든 지시사항을 준수하며 상자를 들고 이승으로 돌아왔다. 그런데 마지막 순간, 그만 호기심을 참지 못해 상자 속을 들여다보고 말았다. 그녀는 곧 정신을 잃었다.

그때 큐피드가 돌아와 그녀를 용서해 주었다. 큐피드는 주피터와 협상을 벌어 결혼을 허락받았고 프시케는 여신이 되었다. 비너스와도 화해하여 그 후 모두가 행복하게 살았다.

이 이야기에서 내가 핵심적으로 바꾼 부분은 프시케의 궁전을 보통 사람들에게는 보이지 않는 곳으로 '만든' 것이다. 나는 이 이야기를 처음 읽은 거의 그 순간부터 이 궁전은 반드시 보이지 않아야만 한다는 생각을 했는데, 이런 경우에도 '만들었다'라고 말할 수 있는지는 모르겠다. 이런 변화에 따라 자연히 내 여주인공의 동기는 더 애매해졌고 성격도 달라졌으며 결과적으로 이야기의 특질 전체가 바뀌어 버렸다. 나는 거리낌 없이 아풀레이우스의 이면을 파고들 수 있었는데, 내가 보기에는 아풀레이우스 또한 이 이야기의 창작자가 아닌 전달자였기 때문이다. 내 목적은 《변신》―피카레스크 소설, 오싹한 희극, 비결秘訣, 포르노, 문체적 실험이 기묘하게 뒤섞인 조합물―의 묘한 특질을 되살리려는 것이 아니다. 물론 아풀레이우스는 천재적인 작가였지만, 이 작품을 쓸 때에는 하나의 '자료'로만 활용했을 뿐 '영향'을 받거나 '모범'으로 삼지 않았다.

윌리엄 모리스William Morris의 〈지상의 천국 The Earthly Paradise〉과 로버트 브리지스Robert Bridges의 〈에로스와 프시케 Eros and Psyche〉는 아풀레이우스의 이야기를 좀더 충실히 따르고 있다. 내가 보기에는 어느 쪽도 두 사람의 최고 작품은 아니다. 《변신》은 최근에 로버트 그레이브스Robert Graves가 완역해 놓았다(Penguin Books, 1950).

C. S. Lewis.

C. S. 루이스는 다른 지면에서 《우리가 얼굴을 찾을 때까지》에 대해 다음과 같이 말한 바 있다.

"이 오래된 이야기를 재해석해 보고 싶은 생각은 내가 대학생이었던 시절부터 시작되어 점점 더 구체화되어 갔다. 그렇게 치면 살아오는 내내 이 책을 써 왔다고도 할 수 있다. 최근에야 이 이야기에 알맞아 보이는 형식이 떠올랐고, 순간적으로 주제들도 서로 연결되었다. 거친 야만의 이야기, 못생긴 여자의 마음, 미개한 우상 숭배와 창백한 계몽의 충돌; 또 그것들과 이상異象의 충돌, 소명 또는 믿음이 인간의 삶에 일으키는 큰 혼란을 다루어야겠다는 생각이 든 것이다."

제 1 부

1

난 이제 늙어서 신들의 노여움을 두려워할 이유가 별로 없다. 남편도 없고 아이도 없고 친구도 거의 없으니 그들로 인해 해를 입을 일이 없는 것이다. 이 몸뚱아리, 지금도 씻기고 먹이고 매일 이것저것 바꾸어 가며 옷을 입혀 주어야 하는 메마른 육신이야 언제든지 신들이 원할 때 처치해 버리면 그만이다. 후계자는 이미 정해 놓았다. 왕위는 조카에게로 넘어간다.

이런 연유로 두려울 것 하나 없는 나는 이 책을 통해 행복한 사람은 감히 쓰지 못할 이야기를 쓰고자 한다. 나는 신들을 고소할 것이다. 특히 회색산의 신을 고소하련다. 그 신이 내게 저지른 일을 처음부터 낱낱이, 재판관 앞에서 진술하듯이 밝힐 생각이다. 그러나 신들과 인간 사이의 일을 가려 줄 재판관이란 없으며, 산에 사는 그 신이 내게 대답해 줄 리도 만무하다. 공포와 역병은 대답이라고 할 수 없다. 나는 옛 스승이 가르쳐 준 그리스어로 이 글을 쓰고 있다. 언젠가 그리스에서 온 여행자가 다시 이 궁전에 머무르며 이 책을 읽을 날이 올지도 모른다. 그리스는 신들에 대해서도 얼마든지 자유롭게 이야기할 수 있는 곳이니, 그가 그리스인들 사이에 내 이야기를 퍼뜨려 주리라. 혹 그들 중에 현자가 있다면 내 진술이 옳은지, 아니면 오히려 신 쪽에 변호할 만한 대답이 있는지 분간해 낼 수 있으리라.

나는 글롬의 왕 트롬의 장녀 오루알이다. 글롬의 수도는 남동쪽에서 올라오는 여행자들이 볼 때 셰닛 강 왼쪽에 위치하고 있다. 글롬 최남단에 있는 링갈 성에서 채 하룻길이 못 되는 거리다. 성은 아녀자의 걸음으로 강에서 20분쯤 떨어진 곳에 세워져 있다. 봄에는 셰닛 강이 범람하는 탓이다. 여름이면 강 양쪽으로 마른 진흙 벌판이 생겨나면서 갈대와 많은 물새들에게 보금자리를 제공한다. 강에서 성이 떨어져 있는 거리만큼 셰닛의 여울목 위쪽으로 올라가면 웅깃의 신전이 나온다. 그리고 웅깃의 신전을 지나면(동북쪽으로 계속 올라가면) 곧 회색산의 발치에 다다르게 된다. 나를 미워하는 회색산의 신은 웅깃의 아들이다. 그러나 이 아들은 웅깃의 신전에 살지 않고, 웅깃 혼자 신전을 지키고 있다. 여신은 신전 깊숙한 곳에 앉아 있는데 너무 어두워서 잘 보이지 않는다. 그러나 여름에 지붕 굴뚝으로 빛이 들어오면 아주 조금 그 모습이 보이기도 한다. 웅깃은 머리도 손도 얼굴도 없는 검은 바위로서, 아주 위대한 여신이다. '여우 선생'이라고 불리던 내 옛 스승은 그리스어로 웅깃을 아프로디테라고 부른다고 말해 주었다. 그러나 나는 모든 인명과 지명을 우리말로 쓸 참이다.

내 이야기는 우리 어머니가 죽던 날로부터 시작한다. 관습대로 나는 머리털을 잘라야 했다. 여우 선생은—그 당시에는 우리와 함께 살지 않았다.—그것이 그리스인들에게서 비롯된 관습이라고 말했다. 바타 유모는 나와 내 여동생 레디발을 궁정 밖, 가파른 언덕으로 이어지는 정원 가장자리로 데려갔다. 레디발은 나보다 세 살 어린 동생으로, 그때만 해도 어린애들이라고는 우리 둘뿐이었다. 바타가 가위질을 하는 동안 여종들은 둥글게 모여 서서 간간이 왕비의 죽음을 애도하며 곡을 하고 가슴을 쳤다. 그러나 그 사이사이 땅콩을 까 먹기도 했고 농담을 지껄이기도 했다. 가위가 찰칵거릴 때마다 레디발의 곱슬머리가 땅에 떨어졌고, 여종들은 이렇게 말했다.

"아, 가엾어라! 황금빛 머리털이 다 떨어지네!"

내 머리털이 잘려 나가는 동안에는 아무도 그런 말을 하지 않았다. 그러나 그 여름날 오후, 레디발과 진흙으로 집짓기 놀이를 하는 동안 머리통이 시원하게 느껴졌던 것과 뒷덜미에 따가운 햇볕이 내리비쳤던 것은 아주 선명한 기억으로 남아 있다.

바타는 뼈대가 굵고 금발에 손아귀 힘이 센 여인으로, 먼 북쪽 나라에서 팔려 온 것을 우리 아버지가 사들였다. 우리가 말썽을 부릴 때마다 유모는 말하곤 했다.

"아버님이 새 왕비만 맞이해 보세요. 좋은 시절도 다 끝장이라고요. 촉촉한 케이크 대신 딱딱한 치즈를 씹고, 적포도주 대신 멀건 우유만 마시게 될 걸요. 두고 봐요."

실제로 우리는 새엄마보다 다른 사람을 먼저 얻게 되었다. 찬 서리가 내리던 날이었다. 레디발과 나는 장화를 신고(대개는 맨발로 다니거나 샌들만 신었지만) 나무로 담장을 쳐 놓은 궁전의 가장 오래된 뒤뜰로 가서 미끄럼을 타려고 했다. 외양간 앞에서 큰 두엄더미에 이르는 길은 흘린 우유와 웅덩이와 짐승들의 오줌으로 얼어붙어 있었다. 하지만 너무 울퉁불퉁해서 미끄럼을 탈 수가 없었다. 그때 바타가 나와 추워서 코가 빨개진 채로 소리쳤다.

"빨리요, 빨리! 어유, 이런 까마귀들! 빨리 와서 씻고 폐하께 가야 해요. 누가 왔는지 봐야 한다고요. 맙소사! 이제 좋은 시절도 끝장이라니까요."

"새엄마가 왔어?"

레디발이 물었다.

"오, 그보다 더 안 좋은 게 왔어요, 더 안 좋은 게 왔어. 직접 와서 보세요."

레디발의 얼굴을 앞치마 자락으로 닦아 주며 바타가 말했다.

"둘 다 회초리도 왕창 맞고 꿀밤도 왕창 맞고 힘든 공부도 왕창 하게 될 걸요."

우리는 궁전의 새로 지은 방으로 이끌려 갔다. 색칠한 벽돌로 지은 그 방은 무장한 경비병이 지키고 있었고, 벽에는 동물의 가죽과 대가리들이 걸려 있었다. 아버지는 그 '기둥의 방' 난롯가에 서 있었고, 맞은편에는 일 년에 세 번 글롬에 들르는 장사치들이 행장 차림으로 서 있었다. 저울을 막 챙기고 있는 것으로 보아 무언가를 판 것 같았는데, 한 장사치가 차꼬를 들고 선 걸 보니 아버지가 노예를 산 모양이었다. 그들 앞에 서 있는 땅딸막한 남자가 바로 아버지에게 팔린 노예임이 분명했다. 다리에 아직도 족쇄를 채웠던 상처가 남아 있었다. 그러나 다른 노예들과는 달라 보였다. 눈이 매우 반짝거렸고 수염과 머리는 희끗희끗한 붉은 색이었다.

"자, 그리스놈."

아버지가 그에게 말했다.

"조만간 내게 왕자가 생길 테니 내 아들에게 네 나라의 지혜를 모두 전해 주어라. 그 전까지는 **이것들을**(아버지는 우리를 가리켰다.) 연습 삼아 가르쳐 보고. 계집애만 가르칠 수 있다면 세상 무엇이든 가르칠 수 있으렷다."

우리를 내보내기 전에 왕이 말했다.

"특히 저 손위 딸년을 가르쳐 현명하게 만들어 봐. 저년한테는 그것 밖에 다른 희망이 없으니까."

그 말의 뜻은 몰랐으나, 내가 태어난 이후 사람들이 늘 했던 말과 같은 내용임은 알 수 있었다.

아버지는 그 노예를 '여우'라고 불렀고, 나는 누구보다 그를 좋아했다. 그리스 땅에서 자유인으로 살던 사람이 전쟁 포로로 잡혀 멀리 야만국까지 팔려 오는 신세가 되었다면 누구라도 상심치 않을 수 없었으리라. 여우 선생도 때로 그랬다. 아마 어린 내가 알아챌 수 있었던 것보다 더 자주 상심했을 것이다. 그러나 나는 그가 불평하는 소리를 들어 본 적이 없었다. 또 자기가 고향에서 얼마나 대단한 사람이었는지 뻐기는(다른 이방의 노예들처럼) 소리도 들어 본 적이 없었다. 그는 자신을 추스를 온갖 종류의 격언들을 알고 있었다. "온 세계가 하나의 성읍임을 안다면 유배란 없다." "사물의 좋고 나쁨은 생각하기 나름." 그러나 내가 볼 때 그가 계속 활기찰 수 있었던 진짜 이유는 그의 호기심에 있었다. 그렇게 질문이 많은 사람은 처음 보았다. 그는 우리 나라와 언어,

선조와 신들, 심지어 식물과 꽃들에 이르기까지 모든 것을 알고 싶어 했다.

그래서 그에게 웅깃과 신전을 지키는 소녀들, 또 결혼하는 신부들이 웅깃에게 바쳐야 하는 제물과 흉년이 들면 인간의 목을 잘라 그 피를 웅깃에게 붓는 풍습 등등을 이야기하게 되었던 것이다. 여우 선생은 내 얘기를 듣더니 몸서리를 치며 나지막이 무언가를 웅얼거렸다. 잠시 후 그는 말했다.

"아, 웅깃은 아프로디테가 틀림없어. 그리스보다는 바빌로니아 여신에 더 가깝지만 말이지. 자, 이제 내가 그리스의 아프로디테에 대해 이야기해 주마."

그는 소리를 낮추더니 떨리는 목청으로 아프로디테가 이다 산에서 아버지의 양 떼를 돌보던 안키세스 왕자를 사랑하게 된 이야기를 노래하듯 읊조리기 시작했다. 아프로디테가 안키세스 왕자의 양치기 오두막에 가려고 언덕진 풀밭을 내려갈 때 사자와 승냥이와 곰과 온갖 종류의 짐승들이 마치 강아지처럼 여신의 주변에 모여들던 이야기, 그리고 모두가 짝을 짓고 사랑의 기쁨에 넘쳐 여신을 떠나던 이야기를. 여신은 신의 영광을 감추고 인간의 여자로 가장하여 안키세스를 찾아가 그를 속이고 함께 잠자리에 들었다. 내 생각에 여우 선생은 그쯤에서 이야기를 마치려 했던 것 같다. 그러나 이번에는 노래 그 자체가 그를 압도하여 뒷부분까지 말하게 만들었다. 안키세스가 잠에서 깨어 보니 아프로디테가 인간이 아닌 신의 영광스러운 모습으로 문가에 서 있었다. 자신이 여신과 잠자리를 같이했음을 알아차린 안키세스는 눈을 가리며 "저를 죽여 주소서!"라고 소리쳤다.

"실제로 있었던 일은 아니란다."

여우 선생이 황급히 덧붙였다.

"그저 시인들의 거짓말일 뿐이지. 시인들의 거짓말이라고, 얘야. 자연법칙에 맞는 이야기가 아니야."

그러나 나는 이미 그의 이야기를 통해 그리스의 여신이 글룸의 여신보다 아름다울지는 모르지만 그만큼 무시무시하다는 사실을 알아채고 말았다.

여우 선생과는 항상 이런 식으로 지냈다. 그는 자신이 시를 좋아한다는 사실을 부끄럽게 여겼다. (그래서 "다 어리석은 짓이란다, 얘야"라고 말하곤 했다.) 그에게 시를 하나 얻어 들으려면 열심히 읽고 쓰고 철학이라는 것을 공부해야만 했다. 그리하여 나는 조금씩 조금씩 많은 것을 배워 나갔다. 그는 "인간이 각고의 노력으로 얻는 덕"을 가장 칭송했지만, 나는 한 번도 그 말에 속아 넘어가지 않았다. 그의 목청이 진정으로 떨리고 눈빛이 진정으로 밝아지는 것은 '사과동산으로 날 데려다 주오'나 '달은 졌으나 난 홀로 누웠네' 같은 시를 읊을 때였다.

여우 선생은 항상 두 번째 노래를 아주 부드럽게 불렀는데, 그럴 때면 마치 나를 불쌍히 여기는 것처럼 보였다. 그는 레디발보다 나를 더 좋아했다. 레디발은 공부를 싫어했고 여우 선생을 놀려댔으며 다른 노예들을 꾀어 그를 괴롭혔다.

우리는 대개(여름에는) 배나무 뒤쪽에 있는 풀밭에서 공부했는데, 어느 날 왕이 우리를 보았다. 계집아이 둘과 노예 하나가 당연히 자리에서 일어나 눈을 내리깔고 손을 가슴에 모았다. 왕은 호탕하게 여우 선생의 등을 치며 말했다.

"여우, 힘을 내. 신께 바라건대 네가 가르칠 왕자가 곧 생길 게야. 신께 감사드리라고, 여우. 내 장인처럼 위대한 왕의 손자를 한낱 그리스놈이 가르치게 되는 것은 그리 흔한 일이 아니거든. 물론 네가 그런 걸 알거나 그런 데 관심을 가질 리는 만무하지만. 그리스놈들은 전부 도붓장수에 장사꾼들이라지?"

"폐하, 인간은 모두 한 혈통 아니겠습니까?"

여우 선생이 말했다.

"한 혈통이라고?"

왕은 빤히 쳐다보더니 너털웃음을 터뜨렸다.

"그렇게 생각하면 섭섭하지."

결국 계모가 곧 오리라는 소식을 처음 알려 준 사람은 유모가 아니라 왕 자신이었던 셈이다. 아버지는 대단한 혼인을 성사시켰다. 인근에서 가장 큰 나라인 카파드의 셋째 공주를 새 왕비로 맞이하기로 한 것이다. (이제 생각해 보면 왜 카파드가 우리처럼 가난한 왕국과 동맹하려 했는지 알겠다. 왜 아버지는 그의 새 장인이 이미 침몰하는 배라는 것을 알아차리지 못했을까? 결혼 자체가 그 증거였는데 말이다.)

결혼식은 몇 주 후에 올려졌지만, 내 기억으로는 거의 일 년에 걸쳐 준비한 듯한 느낌이다. 궁전 중앙 입구 둘레의 벽돌들은 전부 주홍빛으로 칠해졌고, 기둥의 방에는 새로운 벽걸이가 드리워졌으며, 국왕 부부의 커다란 새 침대를 마련하는 데 턱없이 많은 돈이 들어갔다. 그 침대는 동방의 나무로 만든 것으로서, 그 나무로 만든 침대에서 아이를 가지면 다섯 중 넷은 사내아이가 태어난다고 했다. ("다 어리석은 짓이란다, 얘야." 여우 선생이 말했다. "이런 일들은 자연의 섭리에 따라 일어나는 것이

거든.") 결혼식 날이 다가오면서 육축이 실려 오고 도살이 이어졌으며—짐승들의 가죽을 벗기는 냄새가 온 궁전에 진동했다.—빵과 술이 준비되었다. 그러나 어린 우리들은 이 방 저 방 돌아다니면서 구경하고 방해할 시간이 별로 없었다. 왕의 머릿속에 레디발과 나를 비롯한 열두 명의 귀족 딸들을 모아 신부를 위한 노래를 부르게 해야겠다는 생각이 떠올랐기 때문이었다. 그리스어 노래여야만 했다. 이웃 나라 왕들은 할 수 없는 것이었기 때문이다.

"황송하오나, 폐하……."

여우 선생이 거의 울 듯한 표정으로 말했다.

"가르쳐라, 여우, 그년들에게 노래를 가르치라니까."

아버지가 소리를 질렀다.

"너 같은 그리스놈의 뱃속에 좋은 음식과 술을 처넣고서도 내 결혼식 날 밤에 그리스 노래 한 곡 들을 수 없다는 게냐? 대체 뭐가 문제지? 그것들에게 그리스어를 가르치라는 게 아니야. 물론 그것들은 자기들이 뭘 노래하는지도 모를 테지. 허나 비슷한 소리는 낼 수 있을 게 아니냐? 어디 두고 보겠다. 제대로 못해 내면 네놈 등가죽이 그 붉은 수염보다 더 붉어질 줄 알아라."

얼토당토않은 계획이었다. 나중에 여우 선생이 말하기를, 그리스 결혼 축가를 우리 야만인들에게 가르치면서 마지막 남아 있던 붉은 터럭조차 잿빛이 되었다고 했다.

"예전에는 여우였는데 이젠 오소리가 되었군."

우리들의 노래가 진전을 보이자 왕은 웅깃의 사제를 데려와 들어 보게 했다. 나는 아버지가 두려운 것과는 사뭇 다르게 사제가 두려웠다.

그 당시에 나를 두렵게 했던 것은 사제 주변에 떠돌던 성스러운 냄새—신전의 피 냄새(대개는 비둘기 피였으나 인간도 제물로 바치곤 했다.)와 짐승의 기름이 타고 털이 그슬리는 냄새, 오래된 향냄새—였다고 생각한다. 그것은 웅깃의 냄새였다. 어쩌면 사제의 옷도 날 무섭게 했는지 모르겠다. 그의 옷은 온갖 종류의 짐승 가죽과 말린 오줌통으로 만들어졌으며, 가슴께에는 새대가리 형상의 거대한 가면이 걸려 있었다. 마치 사제의 몸에서 새 한 마리가 자라나온 듯했다.

사제는 결혼 축가를 한마디도 알아듣지 못했고 음악조차 이해하지 못했다. 다만 "이 젊은 처자들이 베일을 씁니까, 벗습니까?"라고 물었을 뿐이다.

"물으나 마나 아닌가?"

왕은 너털웃음을 터뜨리며 엄지손가락으로 내 쪽을 가리켜 보였다.

"아무려면 내가 왕비를 혼비백산시킬까 봐? 당연히 베일을 씌워야지. 그것도 아주 두꺼운 베일을."

소녀들 중 하나가 킥킥거렸는데, 그때 처음으로 내가 추하게 생겼다는 사실을 분명히 자각했던 것으로 생각된다.

그 때문에 나는 전보다 더 계모가 두려워졌다. 내가 추하게 생겨서 레디발보다 내게 더 잔인하게 굴 것 같았다. 바타의 말 때문에만 겁이 난 것은 아니었다. 나는 계모가 나오는 이야기들을 많이 알고 있었다. 드디어 밤이 왔고 기둥들이 서 있는 궁전 입구는 횃불로 환하게 밝혀졌다. 우리는 모두 그 앞에 모여 서서 여우 선생이 가르쳐 준 대로 노래를 부르기 위해 애를 쓰고 있었는데—여우 선생은 우리 노래에 찡그렸다가 미소를 지었다가 고개를 끄덕였다가 했으며, 한번은 끔찍하다는 듯 두 손을 치켜들기도 했다.─그 와중에도 내 머릿속에는 여러 이야기에 나오는 여자아이들의 고초가 맴돌고 있었다. 드디어 밖에서 함성이 들리더니 더 많은 횃불이 밝혀졌고, 연이어 신부가 마차에서 들려 내려왔다. 신부는 우리만큼이나 두꺼운 베일을 쓰고 있어서 체구가 아주 자그마하다는 것밖에는 알 수가 없었다. 마치 어린아이를 들어 내리는 것 같았다. 그렇다고 내 두려움이 사그러든 것은 아니었다. 우리 속담에 "작은 것들이 더 독하다"는 말도 있었으니까. 우리는 (여전히 노래를 부르면서) 신부를 신혼 침실로 모시고 가 베일을 벗겨 주었다.

　이제 와서 생각하면 아름다운 얼굴이었는데, 당시에는 그런 생각을 하지 못했다. 내가 본 것은 몹시 겁에 질려 있는 모습, 나보다 더 겁에 질려 있는 모습이었다. 신부는 정말로 무서워하고 있었다. 그녀는 자신을 맞이하려고 입구에 서 있는 아버지를 처음 본 순간부터 계속 그런 상태에 있었기 때문에, 나는 그녀의 눈에 비친 우리 아버지의 모습을 확인하기 위해 돌아보지 않을 수가 없었다. 아버지는 소녀의 두려움을 덜어 줄 만한 눈썹이나 입술이나 허리나 자세나 목소리를 가진 사람이 아니었다.

　우리는 신부의 화려한 옷을 한 겹 한 겹 벗겨 나갔으며, 한층 더 왜소해져 눈망울만 도드라져 보이는 하얀 몸뚱이가 왕의 침대 위에서 떨고 있는 것을 보고 물러 나왔다. 우리 노래는 형편없었다.

2

아버지의 둘째 부인에 대해서는 거의 할 말이 없다. 글룸 왕국으로 시집온 첫해를 넘기지 못했기 때문이다. 왕비는 사람들이 기대할 만한 때가 되기 무섭게 아이를 가졌으며, 왕은 활기에 넘쳐 여우 선생만 만나면 태어날 왕자에 대해 무언가를 이야기하려 들었다. 왕비가 임신한 후 왕은 매달 웅깃에게 거창한 제사를 드렸다. 왕과 왕비 사이가 어떠했는지는 모른다. 딱 한 번, 카파드 왕의 전령이 다녀간 후 왕이 왕비에게 다음과 같이 말하는 것을 들었을 뿐이다. (그때 나는 목욕을 한 후 머리칼을 말리느라 창가에 머리를 기대고 있었고, 왕과 왕비는 정원을 거닐고 있었다.)

"이봐, 내 가축을 시장에 잘못 내놓은 형국이 된 것 같군. 당신 아버지가 두 성읍을 잃었다는데. 아니, 셋이지. 그 점은 얼버무리면서 감추려 했지만 말이야. 같은 배에 타기 전에 자기가 침몰하고 있는 중이라고 말해 주었다면 고마웠을 텐데."

어찌 되었든지 간에 왕비는 향수병을 심하게 앓았던 것 같다. 우리 나라의 겨울 날씨가 워낙 혹독하니 남쪽에서 온 왕비로서는 견디기가 힘들었을 것이다. 왕비는 이내 창백하게 말라 갔다. 왕비를 두려워할 필요는 없었다. 처음부터 왕비가 나를 더 무서워했다. 게다가 겁이 많은 한편 아주 다정한 데가 있어서 계모라기보다는 언니 같았다.

아기가 태어나는 날 밤에는 당연히 아무도 잠들면 안 되었다. 누구라도 밤에 잠이 들면 아기가 세상으로 깨어 나오기를 거부하기 때문이라고 했다. 탄생을 기다리는 횃불이 벌겋게 타오르는 가운데 우리는 모두 기둥의 방과 침실 사이의 대연회장에 앉아 있었다. 모든 문을 열어 두어야 했기 때문에 불꽃이 심하게 일렁이며 깜박였다. 문을 닫았다가는 산모의 자궁 문이 닫힐지도 몰랐다. 연회장 가운데 거대한 불이 피워졌다. 매시간 웅깃의 사제가 불 주변을 아홉 번 돌고 제물을 집어던졌다. 왕은 의자에 앉아 밤새도록 고개 한 번 까딱하지 않았다. 나는 여우 선생 옆에 앉아 있었다.

"할아버지, 너무 무서워요."

내가 선생에게 속삭였다.

"애야, 자연이 가져다주는 것은 무엇이든 두려워해서는 안 된단다."

여우 선생도 속삭였다.

그런 후 깜빡 잠이 들었나 보다. 깨어 보니 우리 어머니가 돌아가시던 날처럼 여인네들이 곡을 하며 가슴을 치는 소리가 들려왔다. 내가 잠든 사이에 모든 상황이 바뀌어 버렸다. 추위로 몸이 떨려 왔다. 불길은 사그라졌고, 왕의 의자는 비었으며, 침실 문은 마침내 닫혔고, 그 안에서 울려나오던 무시무시한 소리도 멈추었다. 제사를 또 드린 것이 분명했다. 짐승을 잡은 냄새가 났고 바닥에는 피가 흥건한 데다 사제는 제사용 칼을 닦고 있었다. 나는 잠이 덜 깨어 멍한 상태였다. 너무나 불길한 생각에 깜짝 놀라 깼던 터였다. 가서 왕비를 보아야겠다는 생각이 들었다. 침실 문에 다다르기도 전에 여우 선생이 나를 붙잡아 세웠다.

"딸아, 딸아, 지금은 안 된다. 정신이 나갔느냐? 폐하께서—"

바로 그때 문이 벌컥 열리더니 아버지가 밖으로 나왔다. 그 얼굴을 보는 순간 잠이 확 달아났다. 아버지는 창백한 분노에 휩싸여 있었다. 화가 나서 벌겋게 달아올라 있을 때에는 폭풍처럼 사방을 휩쓸고 다니며 위협을 해도 별로 무서울 것이 없었다. 그러나 창백해질 경우에는 치명적이었다.

"술."

아버지가 그리 크지 않은 소리로 말했다. 그 또한 좋지 않은 신호였다. 노예들은 두려울 때 으레 그렇게 했듯이 아버지가 귀애하는 시동을 밀어 보냈다. 아이는 주인처럼 하얗게 질린 얼굴로 성장을 하고(아버지는 어린 노예들을 아주 곱게 차려 입혔다.) 왕의 술병과 잔을 들고 뛰어오다가 바닥의 핏물에 미끄러져 뱅그르르 돌며 둘 다 떨어뜨리고 말았다. 아버지는 번개처럼 단도를 뽑아 시동의 옆구리를 찔렀다. 소년은 핏물과 술이 범벅되어 있는 바닥에 죽어 넘어졌고, 몸이 쓰러지는 충격으로 술병이 데굴데굴 굴러갔다. 정적 속에 그 소리가 크게 퍼져 나갔다. 그때 나는 연회장 바닥이 매우 고르지 못하다는 것을 알아챘다. (후에 바닥을 다시 깔았다.)

아버지는 잠시 자신의 단도를 멍하니 바라보았다. 그러더니 아주 점잖게 사제 쪽으로 다가갔다.

"이제 뭐라고 웅깃을 변호할 셈인가?"

아버지가 여전히 낮은 소리로 말했다.

"웅깃이 내게 빚진 걸 다 토해 놓는 게 좋을걸. 내 튼실한 가축들을 언제 다 갚을 셈이지?"

그리고 잠시 후 다시 말했다.

"예언자여, 말해 보라. 웅깃을 가루로 만들고 그대를 맷돌로 갈아 버리면 어떻게 될까?"

그러나 사제는 그런 왕 앞에서도 눈 하나 깜짝하지 않았다.

"지금 이 순간에도 웅깃은 듣고 계십니다, 폐하."

사제가 말했다.

"그리고 기억하실 겁니다. 폐하가 이미 하신 말씀만으로도 모든 후손들에게 참담한 저주가 내리기에 충분합니다."

"후손이라고."

왕이 말했다.

"후손이라 했겠다."

여전히 조용한 목소리였으나 몸은 부들부들 떨리고 있었다. 얼음장 같은 분노가 하시라도 터져 나올 참이었다. 죽은 시동의 몸뚱이가 왕의 눈에 띄었다.

"누가 이런 짓을 한 거지?"

왕이 물었다. 그리고 여우 선생과 나를 돌아보았다. 온몸의 피가 왕의 얼굴로 몰리는가 하더니 마침내 지붕이 들썩거릴 정도로 엄청난 소리가 터져 나왔다.

"딸, 딸, 딸년들뿐이로구나."

왕이 부르짖었다.

"그리고 또 딸년이 태어나다니. 어쩌면 이리도 끝이 없단 말이냐? 하늘에 계집애들이 창궐하여 신들이 내게 딸 풍년을 내리시는 것이냐? 이년─ 네 이년─"

왕이 내 머리채를 휘어잡더니 앞뒤로 흔들어 팽개치는 바람에 풀썩 바닥에 쓰러졌다. 이런 상황에서는 어린아이라도 울지 않는 법이다. 눈앞의 캄캄한 어둠이 가시면서 왕이 여우 선생의 목덜미를 잡고 흔들어 대는 모습이 보였다.

"내 식량을 오래도 축낸 이 늙다리 떠벌이 녀석아."

왕이 말했다.

"이럴 줄 알았으면 차라리 개나 한 마리 사는 편이 훨씬 더 나았을 걸. 이제 더 이상 네놈이 편히 놀고 먹는 꼴은 보지 않겠다. 누가 와서 이놈을 내일 당장 광산으로 끌고 가거라. 아무리 늙은 몸뚱이라도 일주일은 일할 수 있겠지."

연회장은 다시 죽음 같은 정적에 빠져들었다. 왕이 갑자기 손을 내두르고 발을 구르면서 소리쳤다.

"이런 낯짝, 낯짝, 낯짝들! 대체 뭘 그리 보고 있는 게냐? 이러다간 내가 미치고 말지. 꺼져! 나가라고! 이 떼거지들아, 내 눈앞에서 썩 물러나!"

우리는 가능한 한 서둘러 연회장을 빠져나왔다.

여우 선생과 나는 동쪽 약초밭에 면한 작은 문을 지났다. 거의 새벽녘이 되어 있었고, 실비가 내리기 시작했다.

"할아버지."

나는 흐느껴 울며 말했다.

"당장 도망쳐서야 해요. 지금 당장. 사람들이 할아버지를 광산으로 끌고 가기 전에요."

그는 고개를 저었다.

"이제 난 너무 늙어서 멀리 달아나지도 못한단다. 게다가 왕이 도망친 노예를 어떻게 처리하는지는 너도 잘 알잖니."

"하지만 광산이라니까요, 광산! 제가 할아버지와 함께 갈게요. 만약 잡히면 제가 그러자고 했다고 말할게요. **저기만** 넘으면 글롬 왕국을 거의 다 벗어나는 거예요."

나는 회색산 산등성이를 가리켰다. 비껴 오는 실비 속에서 부옇게 터 오는 여명을 등에 지고 있는 산이 시커멓게 보였다.

"어리석은 짓이다, 딸아."

여우 선생은 마치 내가 조그만 아이라도 되는 것처럼 토닥이며 말했다.

"사람들은 내가 널 팔아넘기려 했다고 생각할걸. 그래, 난 그보다 더 멀리 달아나야겠다. 날 도와 다오. 강가에 가면 줄기에 자줏빛 점이 박힌 작은 풀이 있을 게야. 그 뿌리를 구해 다오."

"독초 뿌리인가요?"

"음, 그렇단다. (애야, 애야, 그렇게 울지 마라.) 합당한 이유가 있다면 인간 스스로의 의지로 세상을 떠나는 것이 자연의 순리에 맞는다고 내가 몇 번이나 말하지 않았느냐? 인생이란—"

"그렇게 세상을 뜨는 사람들은 저승에 가서 진창 속을 헤집고 다녀야 한대요."

"쉿, 쉿. 아직도 그런 야만인 같은 말을 할 참이냐? 죽으면 원소元素로 돌아가는 법. 태어남을 받아들였으면 죽음도 트집 잡지 말고—"

"예, 알아요, 저도 알아요. 하지만 할아버지, 신들이나 저승에 대한 이야기를 정말로 하나도 믿지 않으시나요? 할아버지도 믿지요, 그렇죠? 지금 떨고 계시잖아요."

"그래서 부끄럽지. 육신은 떨리니까. 하지만 내 속의 신까지 떨게 하지는 말아야지. 육신이 날 이런 바보로 만들 지경이 되었다는 건 이미 너무 오래 살았다는 뜻이란다. 우리는 이렇게 낭비할 시간이 없어."

"잠깐만요!"

내가 말했다.

"이게 무슨 소리죠?"

나는 모든 소리에 예민해져 있었다.

"말들이다."

여우 선생이 빗줄기를 뚫고 잘 보기 위해 눈을 찡그리며 울타리 틈으로 내다보았다.

"정문을 향해 오고 있구나. 보아하니 파르스 왕국의 전령 같은데. 왕의 기분이 풀리는 데에는 전혀 도움이 되지 못하겠다. 너 얼른 가서…… 아, 제우스여, 이미 늦었군요."

문 안에서 부르는 소리가 났다.

"여우 선생, 여우 선생, 폐하가 부르시오."

"강제로 끌려가느니 내 발로 걸어가는 편이 낫지."

여우 선생이 말했다. 그러고는 "잘 있거라, 딸아"라고 인사하고 그리스 식으로 내 눈과 머리에 입을 맞추었다. 그러나 나는 그를 따라나섰다. 왕을 직접 알현할 참이었다. 그러나 간청을 할지, 저주를 할지, 아예 왕을 죽여 버려야 할지 아무 생각이 없었다. 기둥의 방에 들어서니 많은 이방인들이 와 있었다. 왕이 열린 문 사이로 소리쳐 불렀다.

"자, 여우, 네가 할 일이 있다."

그러더니 나를 보고는 이렇게 말했다.

"그리고 너. 넌 그 흉물스런 얼굴을 디밀어 사내들의 아침 술자리를 망치지 말고 여인네들의 처소로 가거라."

그날 내내 나는 다시없는(인간사만 놓고 말하자면) 두려움에 떨었다. 배와 가슴 사이가 텅 빈 것 같은 두려움이 느껴졌다. 왕의 마지막 말이 나에게 위안이 되었는지 아닌지는 모르겠다. 그 말만 들었을 때에는 왕의 분노가 지나간 듯 보였으나, 언제 다시 터져 나올지 알 수 없는 일이었다. 더구나 나는 왕이 분노 때문이 아니라 짓궂은 장난기로, 또는 자신이 화가 났을 때 작정했던 일이 다시 생각나서 잔인한 짓을 하는 것을 본 적이 있었다. 왕은 예전에도 궁전의 늙은 노예를 광산으로 보내 버렸다. 그러나 마냥 혼자 두려워하고 있을 수는 없었다. 곧 바타가 와서 옛날 우리 어머니가 돌아가셨을 때처럼 나와 레디발의 머리털을 밀고 왕비가 산고를 겪다가 죽었으며 딸은 살았다는 이야기를 (혀를 끌끌 차 가면서) 끝없이 해 댈 것이었다. 곡소리가 들릴 때부터 이미 짐작했던 소식이었다. 나는 머리털을 자르기 위해 앉아서 생각했다. 여우 선생이 광산에서 죽는다면 사실 내 머리털은 거기에 바쳐야 하는데. 색이 흐리고 숱 적은 머리털이 레디발의 황금빛 곱슬머리 다발 옆으로 떨어졌다.

저녁에 여우 선생이 와서 더 이상 광산 이야기는 나오지 않았다고 말해 주었다. 적어도 현재로서는 그렇다는 것이었다. 내가 종종 질색하며 싫어했던 일이 이번에는 우리의 구원이 되었다. 그 즈음에 왕은 여우 선생을 우리 여자아이들을 가르치는 곳에서 기둥의 방으로 끌어내 집무를 보게 하는 경우가 부쩍 많았다. 여우 선생이 계산하는 일과 읽고 쓰는 일에 능하다는 사실(처음에는 그리스어로만 읽고 쓸 수 있었으나 이제는 우리말로도 할 수 있었다.)과 글롬의 어느 누구보다 훌륭한 조언을 해 줄 수 있다는 사실을 알아챈 것이다. 바로 그날 여우 선생은 왕이라면 절대로 생각해 내지 못할 훌륭한 협상을 파르스 왕과 벌일 수 있도록 도와주었다. 여우 선생은 진정한 그리스인이었다. 왕은 이웃 나라 국왕이나 위험한 귀족에게 그저 "된다", "안 된다"라는 대답밖에 할 줄 몰랐지만, 여우 선생은 "된다"라고 할 때는 번개같이, "안 된다"라고 할 때는 술이 목구멍으로 넘어가듯 부드럽게 말할 줄 알았다. 약한 적은 우리를 가장 절친한 친구로 믿게 할 수 있었으며, 강한 적은 우리가 그들보다 갑절이나 강한 것처럼 믿게 할 수 있었다. 광산으로 보내 버리기에는 너무나 아까운 인물이었다.

왕비는 죽은 지 사흘째 되는 날 화장되었으며, 아버지는 아기에게 이스트라라는 이름을 붙여 주었다.

"좋은 이름이다."

여우 선생이 말했다.

"아주 좋은 이름이야. 이 이름을 그리스어로는 뭐라고 하는지 알고 있겠지."

"프시케요, 할아버지."

내가 말했다.

갓난아기들은 궁전 안에 흔하디흔했다. 노예의 아이들과 아버지의 사생아들로 득시글거렸으니까. 아버지는 가끔씩 "음탕한 것들! 이건 내 집이 아니라 웅깃의 사원 같구나"라고 말하면서, 눈먼 강아지 버리듯 아기들도 한 뭉텅이씩 물에 빠뜨려 죽이겠다고 위협하곤 했다. 그러면서도 남자 노예가 여종들을 임신시키면, 그래서 특히 사내아이가 태어나면 은근히 좋아했다. (왕의 총애를 얻지 못한 계집아이들은 크자마자 팔려 나갔다. 어떤 아이들은 웅깃의 사원으로 보내지기도 했다.) 그럼에도 불구하고 나는 죽은 왕비를 좋아하고 있었으므로(약간은), 여우 선생의 일이 해결되자 그날 저녁에 프시케를 보러 갔다. 그리하여 한 시간 뒤에는 이제까지의 모든 슬픔에서 벗어나 기쁨을 누리게 되었다.

아기는 아주 컸다. 어머니의 작은 몸에서 나옴직한 연약하고 작은 아기가 아니었고, 피부도 매우 희었다. 마치 자기가 누워 있는 방을 구석구석 환하게 밝혀 놓는 것 같았다. 아기는 자고 있었다. (아주 작은 숨소리가 들렸다.) 요람에 누운 아기 중에 프시케만큼 조용한 아기는 본 적이 없었다. 그렇게 아기를 보고 있는데, 여우 선생이 발끝으로 걸어 들어와 내 어깨 너머로 아기를 내려다보았다. 그러더니 속삭였다.

"모든 신들을 걸고 맹세하는데, 이 어리석은 늙은이도 이 집안에 진정 왕가의 혈통이 흐르고 있다는 걸 믿게 되는구나. 절세미인 헬레네[1]가 다시 태어나 누워 있는 것 같다."

바타는 프시케를 위해 붉은 머리에다 (자기처럼) 술을 좋아하는 부루퉁한 유모를 고용했다. 나는 곧장 그들의 수중에서 아기를 빼내 왔다. 그리고 새 유모로 자유인이면서 농부인 자의 아내를 고용했는데, 내가

....
1) 미케네의 왕자 메넬라오스의 아내로서 트로이 전쟁의 원인이 된 미인.

본 사람들 중에 가장 정직하고 건강한 여인이었다. 유모와 아기는 그 후 밤낮으로 내 방에서 지내게 되었다. 바타는 그저 자신의 일손이 덜어진 것만을 기뻐했으며, 왕은 이런 일을 알지도 못했을 뿐만 아니라 아예 상관조차 하지 않았다. 여우 선생은 말했다.

"딸아, 아무리 아기가 여신처럼 아름다워도 네가 너무 수고하지는 말려무나."

그러나 나는 웃기만 했다. 이전의 날들 전부를 합친 것보다 그 무렵에 더 많이 웃었던 것 같다. 수고라니? 나는 그 무엇보다 프시케를 들여다보는 기쁨에 빠져 잠을 놓칠 때가 허다했다. 아기가 언제나 웃었기 때문에 나도 웃었다. 아기는 석 달도 되기 전에 웃었다. 그리고 두 달도 되기 전에 나를 알아본 것이(여우 선생은 아니라고 했지만) 확실했다.

내 생애 최고의 나날들이었다. 여우 선생도 아기를 끔찍하게 사랑했다. 나는 오래 전 그가 자유인이었을 때 틀림없이 딸이 있었을 거라고 생각했다. 그는 이제 정말 할아버지 같았다. 우리 세 사람—여우 선생과 프시케와 나—은 항상 같이 어울려 지냈다. 레디발은 공부를 혐오했기 때문에 왕에 대한 두려움만 없었다면 여우 선생 근처에도 오지 않았을 것이다. 그런데 이제 왕은 세 딸을 마음에서 깡그리 지워 버린 듯 보였으므로 레디발도 제멋대로 하고 다녔다. 동생은 키가 컸고 둥근 가슴이 봉긋 솟았으며 다리가 기름하니 멋진 몸매를 갖추어 가고 있었다. 미인이 될 상이었으나, 프시케 같지는 않았다.

프시케의 아름다움에 대해—그 아이는 나이가 들 때마다 각각 그 나이에 어울리는 아름다움을 보여 주었다.—꼭 한마디 해야 할 말이 있는데, 프시케를 본 사람들은 남녀를 막론하고 이구동성으로 같은 말을 하곤 했다. 그 아이의 아름다움은 일단 보고 나서 다시 곱씹어 볼 때에야 비로소 놀라게 되는 그런 아름다움이었다. 같이 있을 때에는 놀랍지 않았다. 오히려 세상에서 가장 자연스러운 피조물처럼 보였다. 여우 선생이 즐겨 말했듯이 "자연에 부합되는" 피조물처럼 보였던 것이다. 모든 여자, 아니 모든 피조물이 마땅히 그러해야 하며 원래 그러했어야 하는데 어쩌다 운명의 장난으로 잃어버린 것을 프시케는 가지고 있었다. 실제로 그 아이를 본 사람들은 잠시 동안 자신들도 그것을 잃지 않은 듯한 착각에 빠지곤 했다. 그 아이는 자기 주변을 온통 아름답게 만들었다. 진흙을 밟으면 진흙이 아름다워졌다. 빗속을 달리면 빗줄기가 은빛으로 반짝였다. 두꺼비를 집어 들면―그 아이는 온갖 짐승에게 위험하리만치 별난 애정을 가지고 있었다.―두꺼비까지 아름다워졌다.

예나 지금이나 한 해 한 해는 어김없이 돌고 도는 법이지만, 내 기억에 그 시절은 온통 봄과 여름뿐이었던 것 같다. 지금 돌이켜 보아도 그때는 아몬드 나무와 벚나무가 더 일찍 꽃을 피우고 더 오래 꽃을 피웠던 것으로 생각된다. 그렇게 바람이 불었는데도 어떻게 꽃이 지지 않았는지 모르겠다. 푸른 하늘과 하얀 구름 아래 나뭇가지들이 노상 흔들리며 춤을 추던 모습, 언덕과 계곡을 흐르는 시냇물처럼 그 그림자가 프시케의 몸으로 흐르며 일렁이던 모습이 눈에 선하다. 나는 아낙이 되어 그 아이의 진짜 엄마로 살고 싶었다. 소년이 되어 그 아이와 사랑을 나누고 싶었다. 배다른 자매가 아닌 친자매가 되고 싶었다. 그 아이가 노예여서 내가 해방시켜 주고 부유하게 만들어 줄 수 있었으면 했다.

여우 선생은 이제 단단히 신임을 얻어, 아버지가 필요로 하지 않을 때면 어디든지 우리를 데려갈 수 있었으며 궁전에서 몇 마일 떨어진 곳까지도 데려갈 수 있었다. 그래서 여름이면 종종 서남쪽 언덕 꼭대기에 온종일 나가 있곤 했다. 글롬 왕국이 한눈에 내려다보이고, 맞은편으로는 회색산이 바라다보이는 곳이었다. 우리는 거친 산등성이의 굴곡 하나하나가 전부 눈에 익을 때까지 산에서 눈을 떼지 않았다. 우리 중 누구도 산에 가 보거나 그 반대편이 어떻게 생겼는지 보지 못한 탓이었다. 프시케는 그 산을 거의 처음 보자마자(그 아이는 아주 민감하고 사려 깊은 아이였으므로) 사랑에 빠져 버렸다. 그 아이는 산에 대한 이야기들을 지어 냈다. 아이는 말했다.

"이담에 내가 크면 아주아주 위대한 여왕이 되어 세상에서 가장 위대한 왕과 결혼할 거예요. 그럼 왕이 저 산꼭대기에 황금과 호박으로 성을 지어 주겠지요."

여우 선생은 손뼉을 치며 노래했다.

"안드로메다[2]보다 예쁘고, 헬레네보다 예쁘고, 아프로디테보다 예쁘다네."

"길한 말씀을 하셔야죠, 할아버지."

나는 여우 선생이 꾸중하며 놀릴 것을 알면서도 이렇게 말했다. 여우 선생의 노래를 들었을 때, 바위를 만지기도 힘들 정도로 뜨거운 여름날이었음에도 어떤 부드럽고 차가운 손이 내 왼쪽 옆구리를 슬며시 쓰다듬는 것 같아 몸이 떨려 왔기 때문이다.

"이런 야만인!"

여우 선생이 말했다.

....
2) 카시오페이아의 딸. 카시오페이아가 딸의 아름다움을 자랑했다가 포세이돈의 노여움을 샀다.

"불길한 건 외려 네 말이야. 신성한 자연은 그렇지 않단다. 질투가 없지."

그러나 선생이 뭐라고 하든, 웅깃에 대해 그렇게 말하는 것은 좋지 않은 일이었다.

3

좋은 시절을 끝장낸 사람은 레디발이었다. 레디발은 언제나 멍청했는데 이제는 음탕하기까지 하여, 새벽 한 시까지 바타의 창문 바로 아래에서 (타린이라는 이름의) 젊은 경비병과 시시덕거리며 입맞춤을 했다. 바타가 저녁 일찌감치 술을 마시고 곯아떨어졌다가 막 깨어난 참이었다. 참견꾼에 타고난 수다쟁이였던 유모는 곧바로 왕을 찾아가 잠을 깨웠다. 왕은 마구 욕을 퍼부었지만 유모의 말은 믿었다. 그는 자리에서 일어나 무장한 군인을 몇 명 데리고 정원으로 나가서 어리둥절해 있는 두 연인을 급습했다. 그 소동으로 온 궁전이 발칵 뒤집혔다. 왕은 이발사를 불러와 그 자리에서 타린을 고자로 만들어 버렸다. (타린은 상처가 회복되자마자 링갈로 팔려 갔다.) 소년의 비명이 채 흐느낌으로 잦아들기도 전에 왕은 여우 선생과 나를 돌아보며 무섭게 다그쳤다. 왜 여우 선생은 제자를 돌보지 않았나? 왜 언니는 동생을 돌보지 않았나? 추궁 끝에 엄명이 내려졌다. 두 번 다시 레디발을 우리 눈밖에 벗어나게 해서는 안 된다는 것이었다. 아버지는 말했다.

"어딜 가든 뭘 하든 저 난잡한 년을 데리고 다녀라. 여우, 만약 저년이 남편을 구하기도 전에 정조를 잃는다면 저년보다 네가 더 큰 비명을 지르게 될 게야. 살가죽이 벗겨지지 않도록 조심하라고. 그리고 너, 도깨비 같은 딸년, 넌 네 장기만 살리면 돼. 웅깃에게 맹세해도 좋다! 네 얼굴을 보고서도 남자들이 도망가지 않는다면 그게 외려 이상한 일이지."

레디발은 왕의 분노에 완전히 겁을 집어먹고 명령에 복종했다. 그래서 언제나 우리를 따라다녔다. 그러면서 프시케와 나에게 품고 있던 얼마 되지 않는 애정조차 급속하게 식어 버렸다. 레디발은 하품을 하거나 다투거나 빈정거렸다. 명랑하고 진실하고 순종적이어서 미덕 그 자체가 인간으로 환생한 듯한(여우 선생의 표현이었다.) 프시케도 레디발의 눈에는 들지 못했다. 어느 날 레디발이 프시케에게 손을 댔다. 그 순간 나도 모르게 레디발에게 올라타 얼굴을 땅에 처박고 피투성이로 만들어 버렸다. 내 두 손은 레디발의 목을 조르고 있었다. 여우 선생이 간신히 나를 떼어 놓았고, 결국 우리 사이에는 모종의 평화협정이 맺어졌다.

이렇게 레디발이 끼어들면서 우리 세 사람이 누렸던 안온함은 전부 깨져 버리고 말았다. 그리고 이런 불행이 그 후에도 하나하나 조금씩 더해지면서 마침내 우리 모두를 파멸시키기에 이르렀다.

내가 레디발과 싸움을 벌인 다음 해에 첫 번째 흉년이 닥쳤다. 같은 해에 아버지는 이웃 나라 왕가 두 곳과 혼인을 맺으려 했으나 두 곳에서 다 퇴짜를 맞았다. (여우 선생이 귀띔해 준 말이었다). 세상은 변하고 있었고 카파드와 맺은 대연합은 올무가 되었다. 세태는 글룸에 불리하게 돌아가고 있었다.

　같은 해에 또 다른 작은 사건이 일어나 나를 무척 떨게 만들었다. 여우 선생과 나는 배나무 뒤에 앉아 철학에 심취해 있었다. 프시케는 혼자 노래하며 돌아다니다가 숲을 지나 샛길이 내다보이는 궁전 정원 끝까지 나가게 되었다. 레디발이 뒤를 따랐다. 나는 귀로는 여우 선생의 말을 듣고 있었지만, 눈으로는 두 사람을 좇고 있었다. 그들은 길에 있는 누군가와 이야기를 나누는 듯하더니 이내 되돌아 왔다.

　레디발은 코웃음을 치며 프시케 앞에서 허리를 굽혀 절을 하고 제 머리에 흙을 뿌리는 시늉을 했다.

　"다들 여신께 경배드려야지?"

　레디발이 말했다.

　"무슨 말이지, 레디발?"

　또 새로운 심술을 부리려는 것을 알아챈 내가 넌더리를 내며 물었다.

　"우리 배다른 동생이 여신이 된 걸 몰랐단 말이야?"

　"무슨 말이니, 이스트라?"

　내가 물었다. (레디발이 끼어든 후로는 프시케라고 부르지 않았다.)

　"여신 동생께서 어서 말씀해 보시지."

　레디발이 말했다.

　"거짓말을 못한다는 칭찬을 지겹도록 들었으니, 어디 한번 경배받은 이야기를 해 보라고."

　"그런 게 아니에요."

　프시케가 말했다.

　"어떤 아이 엄마가 나더러 아이에게 입 맞춰 달라고 했을 뿐이에요."

"오호, 그 여자가 대체 왜 그랬을까?"

레디발이 말했다.

"왜냐하면, 왜냐하면 내가 입 맞춰 주면 아기가 아름다워질 것 같다고."

"네가 너무 아름다우니까. 그 말을 빠뜨리면 안 되지. 그 여자가 그렇게 말했잖아."

"그래서 어떻게 했니, 이스트라?"

내가 물었다.

"입 맞춰 주었지요. 좋은 아주머니였어요. 난 그 아주머니가 마음에 들었어요."

"그러고 나서 그 여자가 도금양 가지를 꺾어 네 발 아래 바치고 절한 다음 제 머리에 흙을 뿌렸다는 얘기도 해야지."

레디발이 말했다.

"이스트라, 전에도 이런 일이 있었니?"

내가 물었다.

"네, 가끔."

"얼마나 자주?"

"몰라요."

"두어 번?"

"그보다는 더 돼요."

"그럼 한 열 번쯤?"

"아니, 그보다는 더 많이. 모르겠어요. 기억이 안 나요. 왜 그렇게 쳐다봐요? 내가 잘못한 건가요?"

"아, 그건 위험한 일이란다. 위험한 일이라고."

내가 말했다.

"신들은 시기심이 많아. 참지도 못하고—"

"딸아, 그런 걱정은 조금도 하지 마라."

여우 선생이 말했다.

"신성한 자연은 질투하지 않는단다. 신들, 네가 항상 걱정하는 신들은 전부 시인들이 거짓말로, 엉터리로 지어 낸 거야. 이 문제는 백 번도 넘게 토론했잖니."

"아—함."

레디발은 하품을 하더니 풀밭에 벌렁 드러누워 아랫도리가 다 보일 정도로 허공에 대고 발길질을 해 댔다. (순전히 점잖은 노인네를 당황케 만들 심산으로 하는 짓이었다.)

"아—함, 배다른 동생은 여신이요 노예는 조언자라. 이러면 누가 글롬의 공주가 되고 싶겠어? 웅깃 여신이 우리 새로운 여신을 어떻게 생각하시려나 모르겠네."

"웅깃의 생각을 알기란 쉽지 않지."

여우 선생이 말했다.

레디발은 빙글 돌아 뺨을 풀밭에 대고 누웠다. 그러더니 여우 선생을 올려다보며 은근한 소리로 말했다.

"하지만 웅깃의 사제가 어떻게 생각할지 알아보긴 쉽지. 내가 한번 알아볼까나?"

사제에 대한 해묵은 두려움과 미래에 대한 정체 모를 더 큰 두려움이 한꺼번에 엄습해 왔다.

"언니."

레디발이 나를 불렀다.

"푸른 돌이 박힌 목걸이 나 줘. 어머니가 언니한테 물려준 거 말이야."

"그래, 가져. 들어가서 줄게."

내가 말했다.

"그리고 이봐, 노예."

레디발이 여우 선생에게 말했다.

"그 태도 좀 고치시지. 그리고 아버지께 말씀드려서 어디 왕가에 좀 시집가게 해 줘. 젊고 용감한 왕, 노란 수염에 정력적인 왕이어야 해. 문 꼭 닫고 아버지랑 기둥의 방에 들어가 있을 땐 뭐든지 네 맘대로 할 수 있잖아. 네가 진짜 글롬의 왕이라는 건 세 살짜리도 다 아는 사실이라고."

그 다음 해에 반란이 일어났다. 아버지가 거세시킨 타린이 반기를 든 것이다. 타린 자신은 대단한 혈통이 아니었기에(그는 왕가 근처에도 못 올 집안 출신이었다.) 왕은 그의 아버지에게 복수할 힘이 있다고는 생각지도 못했다. 그러나 타린의 아버지는 자신보다 강한 자들과 함께할 공통의 명분을 마련했고, 결국 북서쪽의 강한 영주 아홉 명이 들고일어났다. 아버지는 직접 전장에 나가 역도들을 무찔렀다. (아버지가 갑옷을 입고 말을 타고 나가는 것을 보니 이전 어느 때보다 사랑에 가까운 마음이 느껴졌다.) 그러나 양쪽에서 큰 학살극이 벌어졌고, 더구나 패한 쪽에는 필요 이상으로 큰 학살극이 벌어졌다. 그 일은 피비린내와 증오를 남겼다. 모든 상황이 끝난 후 왕은 전보다 더 무력해졌다.

그해에 두 번째 흉년이 이어졌고, 열병이 처음 발생했다. 가을에 여우 선생이 그 열병에 걸려 거의 죽을 뻔했다. 나는 여우 선생과 함께 지낼 수가 없었다. 그가 병들자 왕이 나를 불러 "자, 너도 그리스어로 읽고 쓰고 떠들 줄 알지. 네가 일해라. 여우의 자리를 대신해야지"라고 말했기 때문이다. 그 즈음에는 할 일이 아주 많았던 탓에 나는 기둥의 방에서 거의 모든 시간을 보냈다. 여우 선생에 대한 걱정으로 병이 다 날 지경이었지만, 아버지와 일하는 것은 생각보다 훨씬 덜 무서웠다. 그 무렵에 왕은 날 덜 미워하게 되었다. 나중에 가서는 사랑까지는 아니어도, 남자가 남자를 우정으로 대하듯이 말하기에 이르렀다. 나는 아버지가 심각한 상황에 처해 있다는 것을 알았다. 이웃 나라의 어떤 왕가에서도 아버지의 딸들을 데려가려 하지 않았고 자신들의 딸들도 내주려 하지 않았다. (우리가 다른 계급과 결혼하는 것은 법으로 금지되어 있었다.) 귀족들은 왕위 계승 문제를 놓고 수군거렸다. 사방에 전쟁의 위협이 있었지만, 그중 어떤 것도 막을 힘이 없었다.

여러 번 금지령이 내려졌음에도 불구하고 여우 선생을 간호한 사람은 바로 프시케였다. 그렇다. 프시케는 여우 선생 방에 들어가지 못하게 막고 서 있는 사람이 누구든 물어뜯고 싸우려 들었다. 프시케의 분노는 전부 사랑에서 비롯된 것이었지만, 여하튼 그 아이에게도 아버지의 불같은 피가 흐르고 있었던 것이다. 여우 선생은 이전보다 여위고 머리가 하얗게 세어 버리긴 했지만 자리를 털고 일어났다. 그러나 신이 얼마나 간교하게 우리를 대적하는지 보라. 프시케가 간호해서 여우 선생이 회복되었다는 이야기가 널리 퍼져 나갔다. 바타 하나만으로도 나팔만큼이나 시끄러운데 또 다른 수다쟁이들이 가세한 것이다. 아름다운 공주가 손으로 만져서 열병을 치유해 준다는 이야기가 만들어졌다. 그 이야기는 공주가 만져 주어야만 열병이 낫는다는 이야기로 금세 발전해 버렸다. 채 이틀도 지나지 않아 성읍 백성 절반이 궁전 앞으로 몰려왔다. 허수아비 같은 몸을 간신히 일으켜 찾아온 자들, 백약을 동원한들 일 년도 더 못 갈 것 같은 목숨을 조금이라도 연장해 보고자 안달하는 노망난 늙은이들, 아기들, 반쯤 죽어 들것에 실려 온 병자들. 나는 빗장 걸린 창문 너머로 그들을 내려다보았다. 후끈한 땀 냄새, 마늘 냄새, 땟국이 흐르는 옷 냄새를 맡으며 딱하면서도 두렵다는 생각이 들었다.

"이스트라 공주님!"

사람들이 소리쳤다.

"치유의 손길을 내려 주십시오. 우리가 다 죽게 생겼습니다! 고쳐 주십시오, 고쳐 주십시오, 고쳐 주십시오!"

"빵도 주십시오."

다른 목소리들이 말했다.

"왕가의 곡식창고를 열어 주십시오! 굶어 죽을 지경입니다."

처음에 사람들은 궁전 입구에서 좀 떨어진 곳에 서 있었다. 그런데 점점 더 가까이 다가왔다. 그들은 이내 문을 두드리기 시작했다. 누군가 말했다.

"불을 가져와."

그 뒤에서 좀더 작은 소리들이 흐느꼈다.

"고쳐 주세요, 고쳐 주세요. 공주님의 손길로 고쳐 주세요."

"이스트라를 내보내야겠다. 저들을 막을 길이 없어."

아버지가 말했다. 경비병의 3분의 2는 이미 열병으로 쓰러진 상태였다.

"이스트라가 저들을 고칠 수 있을까요? 그 아이가 할아버지를 고친 게 맞나요?"

내가 여우 선생에게 물었다.

"그럴 수도 있지. 누군가 치유의 손길을 베푸는 건 자연에 어긋나는 일이 아니란다. 아무도 모를 일이지."

여우 선생이 대답했다.

"나가겠어요."

프시케가 말했다.

"우리 백성들이잖아요."

"떨거지들이지!"

아버지가 말했다.

"내가 다시 채찍을 휘두르면 오늘 한 짓들을 쓰라리게 후회하게 될 게다. 하지만 지금은 서둘러라. 아이를 단장시켜. 저 애는 아름다우니까 다행이야. 기개도 있고 말이지."

시녀들이 프시케에게 여왕의 옷을 입히고 머리에 관을 씌운 다음 문을 열었다. 눈물 한 방울 나지 않아도 머릿속은 온통 울음으로 가득 차 멍멍해지는 경험을 해 보았을 것이다. 지금도 그때 프시케가 여왕처럼 날렵하고 꼿꼿한 자세로 어둡고 서늘한 연회장을 지나 뜨겁고 병균이 득시글거리는 대낮의 햇빛 속으로 나서던 모습을 생각하면 그렇게 멍멍해진다. 문이 열리는 순간 사람들이 뒤로 물러서며 서로 밀쳐 댔다. 아마 군사들의 창이 튀어 나오리라 생각했던 것 같다. 그러나 잠시 후 흐느낌과 외침은 완전히 사라져 버렸다. 모든 남자가(많은 여자들도) 무룷을 꿇었다. 그들 중 태반은 한 번도 보지 못했을 프시케의 아름다움이 마치 공포가 엄습하듯 그들을 엄습한 것이다. 잠시 후 낮은 웅얼거림이 거의 흐느낌처럼 시작되었다. 그 소리는 점점 커져서 헐떡이는 외침으로 터져 나왔다.

"여신이다, 여신이야."

한 여자의 목소리가 낭랑하게 울려 퍼졌다.

"웅깃이 인간의 몸을 입고 나타나셨다."

어린아이가 배운 내용을 암송하듯, 프시케는 천천히, 진중하게 모든 더러운 것들 사이로 걸어 나갔다. 그 아이는 사람들을 만져 주고 또 만져 주었다. 그들은 그 아이의 발 앞에 엎드렸고, 그 발과 옷자락과 그림자와 그 아이가 밟고 지나간 땅에 입을 맞추었다. 프시케는 계속해서 만지고 또 만졌다. 한도 끝도 없는 듯했다. 무리는 줄어들기는커녕 점점 더 늘어났다. 그 아이는 몇 시간이 지나도록 사람들을 만져 주었다. 달구어진 공기에 현관 그늘 아래 서 있는 우리까지 숨이 막힐 것 같았다. 대지와 공기 전체가 결코 오지 않을(우리는 그것을 알고 있었다.) 천둥과 폭풍우를 고통스럽게 갈구했다. 나는 프시케가 점점 창백해지고 있는 것을 보았다. 걸음이 비틀거리고 있었다.

"폐하!"

내가 말했다.

"저대로 두면 저 애는 죽어요."

"딱한 일이다만, 그렇다고 멈추게 하면 저들이 우리 모두를 죽이려 들걸."

왕이 말했다.

그 일은 해질 무렵이 되어서야 끝이 났다. 우리는 프시케를 침실로 옮겼고, 다음날 아이는 열병을 앓았다. 그러나 결국은 병을 이겨 냈다. 열에 들떠 있는 동안 아이는 회색산 등성이에 있는 자신의 성채, 황금과 호박으로 지은 성채에 대해 헛소리를 했다. 최악의 상황에서도 아이의 얼굴에는 죽음의 그늘이 나타나지 않았다. 죽음조차 감히 범접하지 못하는 것 같았다. 원기를 회복한 프시케는 전보다 더 아름다워졌다. 어린 아이 티가 완전히 사라졌다. 새롭고 더 찬란한 광채가 생겨났다.

"아, 저런 여인이라면 트로이와 미케네가 그토록 오래 재앙을 겪은 것도 이상한 일이 아니라네. 죽지 않는 기품을 무섭도록 닮았도다."

여우 선생이 노래했다.

성 안의 병자들 중 일부는 죽었고 일부는 살아났다. 살아난 자들이 프시케가 만져 준 자들이었는지 아닌지는 신들만이 알 것이나, 신들은 입을 열지 않는다. 그러나 처음에 사람들은 의심치 않았다. 매일 아침 궁전 밖에 프시케에게 바치는 예물을 놓고 갔다. 도금양 가지와 화환에 서부터 벌꿀 케이크까지, 더 나아가 웅깃을 위한 신성한 제물인 비둘기까지.

"괜찮을까요?"

내가 여우 선생에게 물었다.

"아주 두려운 일이기는 하지."

그가 말했다.

"그래도 한 가지 다행은 웅깃의 사제가 열병에 걸려 누워 있다는 거야. 당장은 해코지할 것 같지 않구나."

그 무렵에 레디발은 아주 경건해져서 웅깃의 사원에 자주 제물을 바치러 다니곤 했다. 여우 선생과 나는 충성스러운 늙은 노예를 붙여 레디발이 악한 짓을 하지는 않는지 살펴보게 했다. 나는 레디발이 남편을 구하는 기도를 하는 줄 알았다. (왕의 명령으로 여우 선생과 나에게 묶이게 된 이후 레디발은 시집가기를 간절히 바라고 있었다.) 또 한 시간이라도 우리의 시선에서 벗어나는 것이 좋았을 것이다. 그것은 우리도 마찬가지였다. 그러나 오가는 길에 아무와도 말을 하지 말라고 레디발에게 엄히 일러 두었다.

"염려 푹 놓으시지, 언니."

레디발이 말했다.

"알다시피 백성들이 경배하는 건 내가 아니라고. 나는 여신이 아니거든. 이미 이스트라를 본 남자들 눈엔 언니나 나나 똑같아 보일걸."

4

그때까지만 해도 나는 평민들이 어떤 자들인지 알지 못했다. 그래서 그들이 프시케를 경배하는 것이 한편으로는 불안하면서도 한편으로는 안심이 되었다. 웅깃이 이처럼 자신의 영예를 훔쳐 간 인간에게 그 신성한 힘을 어떻게 행사할까 하는 생각과 더불어, 사제와 성내의 반대세력들이(아버지는 이제 적들이 아주 많았다.) 세치 혀와 돌멩이와 창으로 무슨 짓을 저지를까 하는 생각으로 가끔씩 혼란스러웠기 때문이다. 후자의 경우라면 프시케를 향한 백성들의 사랑이 방패막이 노릇을 할 수 있을 성 싶었다.

그러나 그런 생각은 그리 오래가지 못했다. 우선 폭도들은 궁전 문도 두드리면 열린다는 사실을 알게 되었다. 그들은 프시케의 열병이 채 낫기도 전에 다시 문 앞에 몰려와 외쳤다.

"곡식을 주십시오, 곡식을! 우리는 굶주리고 있습니다. 왕의 곡식창고를 열어 주십시오."

처음에는 왕도 곡식을 조금 나누어 주었다. 그는 말했다.

"다시는 오지 마라. 나도 더 이상 줄 게 없어. 웅깃에게 맹세한다! 들판에서 곡식이 나지 않는데 내가 무슨 수로 만들어 내겠느냐?"

"왜 곡식이 나지 않을까요?"

무리들의 뒤편에서 한 목소리가 말했다.

"폐하의 아들들은 어디 있습니까? 왕자들은 어디 있습니까?"

다른 목소리가 말했다.

"파르스 왕은 아들이 열셋이라는데."

또 다른 목소리가 말했다.

"왕이 아들을 내지 못하니 땅도 곡식을 내지 못할 수밖에."

네 번째 목소리가 말했다. 이번에는 왕이 말한 자를 찾아내 옆에 있던 궁수에게 고개를 끄덕였다. 눈 깜짝할 사이에 화살이 말한 자의 목을 꿰뚫었고 폭도들은 도망쳤다. 그러나 그것은 어리석은 짓이었다. 아버지는 아무도 죽이지 말든가 아니면 다 죽여 버렸어야 했다. 어쨌든 아버지가 더 이상 줄 게 없다고 한 것은 맞는 말이었다. 두 해째 흉년이 계속되고 있었고, 곡식창고에는 종자로 쓸 곡식 외에는 남은 것이 거의 없었다. 궁전 사람들도 부추와 콩죽과 물 탄 맥주로 연명하고 있었다. 나는 프시케가 열병에서 회복되는 동안 무언가 영양가 있는 것을 먹이기 위해 별별 꾀를 다 짜내야 했다.

그 다음에 일어난 일은 이것이었다. 프시케가 나은 직후, 나는 왕의 집무실인 기둥의 방을 벗어나(나를 보낸 후에 왕은 여우 선생을 곁에 붙잡아 두었다.) 레디발을 찾으러 나섰다. 나는 늘 레디발을 살피는 일에 마음을 썼다. 왕은 자신의 일로 나를 잡아 두고 레디발은 신경도 쓰지 않다가 나중에 제대로 감시하지 않았다고 혼내기 일쑤였다. 그날은 다행히 웅깃의 신전에서 돌아오는 레디발과 바타를 바로 만날 수 있었다. 그즈음 바타와 레디발은 음모를 꾸미는 도둑들처럼 찰싹 붙어 다녔다.

"날 찾으러 다닐 필요는 없는데, 간수 언니."

레디발이 말했다.

"난 멀쩡하거든. 위험한 건 내가 아니야. 우리 꼬마 여신을 마지막으로 본 게 언제지? 언니의 어여쁜 동생이 어디 갔냐고?"

"정원에 있겠지."

내가 말했다.

"그리고 꼬마라니, 그 아이가 너보다 머리 절반만큼은 더 커."

"이런, 어떡하지! 내가 신을 모독했나? 여신께서 천둥으로 벌하시면 어쩌지? 그래, 키는 크더라. 시장 골목길에 서 있는 게 멀리서도 보일 만큼 말이야. 반 시간쯤 전에 봤지. 왕의 딸이 혼자 뒷골목을 돌아다니는 것은 안 될 일이지만, 여신이 어딘들 못 가겠어."

"이스트라가 성읍에 혼자 나갔다고?"

내가 말했다.

"그럼요. 옷을 걷어붙이고 잽싸게 가던 걸요. 이렇게…… 이렇게."

바타가 지껄였다. (바타는 흉내 내는 재주가 형편없으면서도 항상 남의 흉내를 냈다. 내가 아주 어릴 적부터 그랬던 것으로 기억한다.)

"웬만하면 배짱 좋은 어린 공주님을 따라갔을 텐데, 어떤 문 안으로 쏙 들어가 버리대요."

"저런, 저런. 아직 어려서 뭘 모르는구나. 하지만 별 탈 없이 돌아오겠지."

"별 탈 없이! 그거야 모를 일이지요."

"무슨 정신없는 소리야, 유모. 엿새 전만 해도 백성들은 그 아이를 경배했어."

바타가 "난 몰라요"라고(모든 걸 너무나 잘 알면서도) 말했다.

"어쨌든 오늘은 경배받지 못할 걸요. 그렇게 손을 얹고 축복하면서 돌아다니다가 어떤 꼴이 될지 내 진작 알아 봤지. 정말 꼴좋지 뭐야! 열병이 전보다 더 퍼졌다고요. 어제는 백 명이나 죽었다고, 대장간집 마누라네 사돈집 총각이 그러던 걸요. 손을 대서 열병이 나은 게 아니라 외려 덧났대요. 어떤 여자 말로는 공주님이 자기 늙은 아버지를 만졌는데, 집에 돌아가기도 전에 죽어 넘어졌다는 거예요. 그렇게 된 게 그 노인네 하나가 아니라는데. 사람들이 이 늙은 유모 말만 좀 들었어두—"

나는 더 이상 듣지 않았다. 현관으로 나가 성읍을 바라보았다. 반 시간이면 긴 시간이다. 나는 현관 기둥 그림자가 서서히 모양새를 바꾸어 가는 것을 보면서, 젖먹이 때부터 익숙하게 알고 지냈던 것들이 악마처럼 새롭고 낯설게 보일 수도 있다는 걸 처음으로 알게 되었다. 마침내 프시케가 기진맥진한 모습으로 허둥지둥 돌아오는 모습이 보였다. 프시케는 내 팔목을 잡더니 목구멍에 내내 울음이 걸려 있었던 양 침을 꿀꺽 삼키고 내 침실까지 쉴 틈 없이 잡아끌고 갔다. 그리고 의자에 앉히더니 자신도 바닥에 털썩 주저앉아 내 무릎에 머리를 파묻었다. 우는구나 생각했는데, 이윽고 고개를 든 프시케의 얼굴에 눈물 자국은 없었다.

"언니."

프시케가 말했다.

"뭐가 잘못된 거지요? 내가 뭘 잘못했을까요?"

"뭘 잘못했냐고, 프시케? 아무것도 잘못한 거 없어. 그런데 왜 그런 말을 하는 거지?"

"사람들이 왜 나를 저주받은 자라고 부를까요?"

"누가 감히 그런 소릴 해? 혀를 뽑아 버려야겠다. 그런데 너 어딜 다녀온 거니?"

전후 사정이 밝혀졌다. 프시케는 우리에게 한마디 말도 없이 성읍에 나갔다. (나는 너무나 어리석은 짓이었다고 생각했다.) 그 아이의 유모였던 늙은 아낙이 성읍에 살고 있었는데, 열병에 걸려 앓는다는 소리를 듣고 자기가 만져 주려고 그 집을 찾아간 것이다.

"다들 내가 만져 주어서 나았다고 했잖아요. 누가 알겠어요? 그럴 수도 있지요. 내 느낌엔 그런 것 같았어요."

나는 큰 잘못을 했다고 나무랐는데, 그때 프시케가 앓고 난 후 얼마나 자라 버렸는지 똑똑히 인식하게 되었다. 프시케는 내 나무람을 아이처럼 받아들이지 않았고, 아이처럼 제 행동을 변명하지도 않았다. 그저 진지하고 조용하게 바라보는 모습이 마치 나보다 더 나이든 사람 같았다. 그것이 내 마음을 아프게 찔렀다.

"그런데 누가 널 저주했지?"

"유모 집을 나올 때까지는 별 일이 없었어요. 그런데 거리에 있는 사람들이 아무도 나한테 인사를 하지 않는 거예요. 한두 여자는 내가 지나갈 때 치맛자락을 모아 쥐고 휙 피하는 것도 같았어요. 어쨌든 돌아오는 길에 처음으로 아이 하나를, 채 여덟 살도 안 된 귀여운 사내아이를 만났는데, 날 빤히 쳐다보더니 땅에 침을 뱉더군요. 난 '무례하구나!' 하면서 웃으며 손을 내밀었지요. 그랬더니 작은 악마처럼 험한 얼굴로 날 노려보다가 겁을 내고 소리를 지르면서 집으로 뛰어 들어가는 거예요. 그러고 나서 잠시 혼자 걷다가 남자들이 한 무리 모여 있는 데를 지나게 되었어요. 그런데 그 사람들도 내가 지나가는 걸 험악한 얼굴로 바라보면서 내 등에 대고 일제히 '저주받은 자다, 저주받은 자야! 스스로 여신이 되다니' 하는 거예요. 그러더니 한 사람이 말했어요. '저 여자 자체가 저주 덩어리야.' 그러더니 내게 돌을 던졌어요. 아니, 다치진 않았어요. 하지만 도망쳐야만 했지요. 대체 왜들 그러는 걸까요? 내가 무슨 짓을 했기에?"

"무슨 짓?"

내가 말했다.

"그들을 고쳐 주었지. 그들을 축복해 주고 그 더러운 병에 옮아 주었다. 그 감사의 보답이 바로 이런 거로구나. 오, 갈기갈기 찢어 죽일 놈들! 애야, 일어나라. 가자. 우리는 아직도 왕의 딸이야. 폐하께 가야겠다. 왕이 기분대로 내 머리채를 휘어잡고 때린다 해도 이 말씀은 드려야겠어. 정말이지 그런 것들에게 빵을 내주다니. 내 이것들을— 이것들을—"

"그만, 언니, 그만."

프시케가 말했다.

"난 아버지가 언니를 때리는 걸 참고 볼 수가 없어요. 그리고 정말 피곤해. 저녁을 먹어야겠어요. 언니, 화내지 말아요. 언니가 그렇게 말할 땐 꼭 아버지 같아. 나랑 같이 여기서 저녁을 먹어요. 오래 전부터 느꼈듯이 무언가 나쁜 일이 다가오고 있는 건 맞지만, 오늘 밤에 닥치진 않겠지요. 시녀를 부를게요."

꼭 아버지 같다는 말을 프시케에게서 듣는 것이 가슴 아팠지만, 그리고 지금도 가끔 그 통증이 느껴지곤 하지만, 나는 화를 가라앉혔다. 우리는 함께 식사를 하고 형편없는 저녁식사를 농담거리로 삼아 그 나름대로 행복한 시간을 보냈다. 그것은 신들이 내게서 빼앗아 가지 못한 것들 중에 하나였다. 그날 밤 프시케가 무슨 말을 하고 무슨 행동을 했는지, 순간순간 어떤 모습을 하고 있었는지 지금도 낱낱이 기억하고 있다.

그러나 내 예감과 상관없이(그때까지만 해도 나는 그것이 무엇의 전조였는지 분명히 몰랐다.) 멸망은 다음날에도 찾아오지 않았다. 글롬 왕국의 모든 상황이 서서히, 꾸준히 악화되고 있는 것 말고는 별 일 없이 시간이 흘러갔다. 셰닛 강은 메마른 진흙바닥 위에 물구덩이 몇 개만 남아 있는 정도가 되었다. 강에서 죽은 것들 때문에 악취가 풍겼다. 물고기들이 죽었고 새들도 죽거나 날아가 버렸다. 가축도 전부 죽거나 도살당했고, 도살할 필요조차 없는 것들만 남았다. 벌들도 죽어 버렸다. 40년간 소문도 들어 본 적 없던 사자들이 회색산 등성이까지 내려와 그나마 남아 있던 양들을 잡아먹었다. 기근은 끝날 줄을 몰랐다. 그 무렵 내내 나는 궁전에 드나드는 모든 사람들을 지켜보면서(가능한 한) 귀를 세우고 기다렸다. 왕이 여우 선생과 나에게 기둥의 방에서 할 일을 잔뜩 맡긴 것이 다행이었다. 이웃 나라에서 전령과 서신들이 매일같이 날아들어 얼토당토않은 일을 요구하거나 옛 분쟁을 다시 들추어내거나 잊혀진 조약을 주장하곤 했다. 그들은 글롬의 상황을 알고 마치 죽어 가는 양 주변에 모여드는 쉬파리나 까마귀 떼처럼 몰려들었다. 아버지는 하루 아침에도 열두 번이 넘게 분통을 터뜨렸다. 그럴 때면 여우 선생의 **뺨**을 갈기거나 내 귀나 머리채를 휘어잡고 흔들어 대곤 했다. 그렇게 발작을 일으키는 사이사이 눈에 눈물이 그렁한 모습을 보면, 조언을 구하는 왕이라기보다는 구해 달라고 애원하는 어린아이 같았다.

"꼼짝없이 잡혀 버렸다! 도무지 빠져나갈 길이 없어. 이놈들이 날 차근차근 죽일 셈이로구나. 대체 내가 무슨 죄를 지었다고 이런 불행이 쏟아지는 걸까? 평생 신을 두려워하며 살아왔는데."

그 무렵에 단 한 가지 나아진 점이 있다면 열병이 궁전을 떠난 것이었다. 숱한 노예들을 잃었지만 다행히 군사들은 무사했다. 한 명만 죽었을 뿐, 모두 군대로 복귀했다.

웅깃의 사제가 열병에서 회복되었다는 소식을 들은 것도 그때였다. 사제의 병은 아주 오래 계속되었다. 사제는 열병에 걸렸다가 나았다가 또 다시 걸리곤 했기 때문에 이렇게 살아난 것이 놀라울 정도였다. 그런데 이 병은 늙은이보다 젊은이들의 목숨을 더 쉽게 앗아가는 이상하고도 불길한 특징이 있었다. 회복되었다는 소식이 들린 지 이레째 되는 날, 사제가 궁전을 찾아왔다. 기둥의 방 창문으로 사제가 오는 것을 보고 있던 왕은(나도 보고 있었다.) 이렇게 중얼거렸다.

"저 산 송장 같은 늙은이가 왜 군대를 끌고 오는 거지?"

정말로 많은 창병들이 그의 가마 뒤를 따르고 있었다. 웅깃의 사원에는 자체 경비대가 있었는데, 사제가 대거 끌고 나온 것이었다. 창병들은 창을 궁전 문에서 떨어진 곳에 내려 놓았고 사제의 가마만 안으로 들어왔다.

"군대는 더 이상 들이지 않는 편이 좋을 게다."

왕이 말했다.

"반역이냐, 그저 위세를 자랑하는 거냐?"

왕은 궁전 경비대 대장에게 명령을 내렸다. 그가 전투 가능성을 염두에 두지는 않았다는 것을 안다. 그러나 나는 아직 젊었으므로 전투를 기대하는 마음도 없지 않았다. 나는 한 번도 전투가 벌어지는 것을 본 적이 없는 데다 대부분의 젊은 여자들처럼 어리석은 구석도 있어서 전혀 두렵지 않았다. 오히려 기분 좋은 작은 흥분까지 느껴졌다.

가마꾼들이 가마를 내려놓고 사제를 들어 내렸다. 몹시 늙고 눈까지 먼 사제는 앞을 인도해 줄 어린 신녀를 둘 거느리고 있었다. 전에도 그런 아이들을 보기는 했지만, 웅깃의 신전을 밝히는 횃불 빛으로만 보았을 뿐이다. 햇빛 아래 서 있는 아이들의 모습은 야릇했다. 젖꼭지 끝을 금색으로 칠하고 엷은 황갈색의 거대한 가발을 쓴 얼굴에 진한 화장까지 해서 마치 나무로 만든 가면처럼 보였다. 사제는 두 소녀의 어깨를 하나씩 짚고 궁전 안으로 들어왔다. 그들이 들어서자마자 아버지는 군사들에게 문을 닫아 걸라고 명령했다.

"저 늙은 늑대 같은 인간이 무슨 꿍꿍이가 없다면 이런 함정에 발을 들여놓을 리가 없지. 어쨌든 만반의 대비를 해야 한다."

신녀들이 사제를 기둥의 방으로 인도했다. 사제가 자신을 위해 마련된 의자에 부축을 받으며 앉았다. 그는 숨이 턱에 차서 말을 꺼내기까지 한참을 앉아 있었는데, 노인네들이 흔히 그렇듯이 잇몸을 우물우물 씹는 듯한 시늉을 했다. 두 소녀는 의자 양쪽에 뻣뻣이 선 채 의미 없는 눈동자로 짙게 칠해진 가면 밖을 똑바로 바라보고 있었다. 노인에게서 나는 냄새와 소녀들이 바른 기름과 향유 냄새, 웅깃의 냄새가 방을 가득 채웠다. 아주 거룩한 분위기가 되었다.

5

아버지는 사제를 맞아 회복을 축하하며 술을 권했다. 그러나 사제는 손을 들어 사양하면서 말했다.

"아닙니다, 폐하. 이 말씀을 전하기 전까지는 음식도, 술도 입에 대지 않기로 굳게 맹세했습니다."

사제는 이제 술술 말을 했지만, 소리는 여전히 미약했다. 그가 병을 앓느라 부쩍 여윈 것을 알 수 있었다.

"웅깃의 종이여, 말해 보라. 전할 말이라는 게 뭐지?"

왕이 말했다.

"폐하, 이것은 웅깃의 소리이자 글룸의 모든 백성과 장로들과 귀족들의 소리이기도 합니다."

"그들 모두가 이 말을 전하라고 자넬 보냈단 말인가?"

"그렇습니다. 지난 밤, 웅깃의 사원에 모두가 모여, 그러니까 모두를 대표할 만한 사람들이 모여 오늘 새벽까지 함께 있었습니다."

"쓰레기 같은 것들이 한데 모여 있었다고?"

왕이 인상을 찌푸리며 말했다.

"왕명도 없이 회의를 소집하다니 새로운 방식이로군. 왕은 부르지도 않고 자기들끼리 모였다니 더욱 새로워."

"폐하, 폐하를 모시지 않은 데는 이유가 있습니다. 우리는 폐하의 말씀을 듣기 위해서가 아니라 폐하께 드릴 말씀을 정하기 위해 모인 것입니다."

아버지의 표정이 매우 험상궂어졌다. 사제가 말했다.

"우리는 함께 모여 우리에게 닥친 재앙들을 전부 꼽아 보았습니다. 첫째는 계속 심각해지고 있는 기근입니다. 둘째는 역병입니다. 셋째는 가뭄입니다. 넷째는 늦어도 내년 봄쯤에는 터질 전쟁입니다. 다섯째는 사자입니다. 그리고 폐하, 마지막은 폐하께 아들이 없다는 것으로서 이것은 웅깃이 싫어하시는 바―"

"됐어."

왕이 소리쳤다.

"이 늙은 멍청아, 내 배가 아프다는 걸 너나 다른 잘난 척하는 놈들 말을 들어야만 알겠나? 웅깃이 싫어한다고? 그럼 왜 고쳐 주지 않는 거지? 수소와 숫양과 염소를 배부르게 집어삼켰으면서. 다 합치면 그 위에 배도 띄울 수 있을 만큼 많은 피를 바쳤다고."

사제는 앞이 보이지 않으면서도 마치 왕을 바라보듯 고개를 홱 쳐들었다. 사람이 달라 보일 정도로 여윈 모습을 더 잘 볼 수 있었다. 그는 대머리독수리 같았다. 전보다 더 무섭게 느껴졌다. 왕은 눈길을 떨구었다.

"대지가 순수하지 못하면 아무리 많은 수소와 숫양과 염소를 바쳐도 웅깃의 은총을 받을 수가 없습니다."

사제가 말을 이었다.

"제가 웅깃을 50년간, 아니 63년간 받들어 모시면서 확실하게 배운 바가 한 가지 있습니다. 여신의 분노는 이유 없이 임하지 않으며, 속죄 없이 끝나지 않는다는 것입니다. 저는 폐하의 아버지 대, 할아버지 대부터 웅깃께 제물을 바쳐 왔는데 언제나 마찬가지였습니다. 폐하가 즉위하시기 오래 전, 이 나라가 에수르 왕에게 패한 적이 있습니다. 왕의 조부 시대에 한 병사가 그 누이와 동침하여 낳은 아이를 살해한 탓이었습니다. 그는 저주받은 자였습니다. 우리가 그를 찾아내 속죄하고 난 후에야 글룸의 군대는 에수르 군대를 양 떼 쫓듯 쉽게 물리칠 수 있었습니다. 왕의 선친께서 말씀하셨는지 모르겠지만, 한 어린 계집이 웅깃의 아들인 회색산의 신을 몰래 저주한 적도 있었습니다. 그러자 홍수가 났습니다. 그는 저주받은 자였습니다. 우리가 그를 찾아내 속죄했더니 셰닛의 물결이 제자리로 돌아왔습니다. 지금 제가 폐하께 고한 모든 표징으로 볼 때 지금 웅깃의 분노는 그 어느 때보다 맹렬하다는 것을 알 수 있습니다. 어젯밤 신전에 모인 모든 이들의 의견도 동일했습니다. 모두가 저주받은 자를 찾아내야 한다고 말했습니다. 자기 자신이 바로 그 저주받은 자일 수도 있음을 다들 알았지만, 그럼에도 반대하는 사람은 하나도 없었습니다. 저 또한 제가 저주받은 자일 수도 있음을 알았으나 조금도 반대하지 않았습니다. 폐하께서도 마찬가지일 것입니다. 대지가 정화되기 전까지는 이 재앙들을 고침받지 못할 것이기 때문입니다. 웅깃의 원수를 갚아야 합니다. 이제 수소나 숫양으로는 여신의 분노를 가라앉힐 수가 없습니다."

"여신이 인간 남자를 제물로 원하신다는 말이냐?"

왕이 말했다.

"그렇습니다."

사제가 말했다.

"인간 여자를 원하실 수도 있지요."

"내가 이 전쟁에서 포로를 하나 잡아다 줄 것을 기대하는 건 아니겠지. 다음에 도둑놈이 한 놈 잡히면 웅깃 앞에서 목을 잘라도 좋다."

"폐하, 그것으로는 안 됩니다. 폐하도 아실 텐데요. 우리는 저주받은 자를 찾아내야 합니다. 그 여자가(남자일 수도 있지만) 대속죄제의 제물이 되어 죽어야 합니다. 도둑을 바친다면 수소나 숫양을 바치는 것과 무엇이 다르겠습니까? 평범한 제물로는 안 됩니다. 대속죄제물을 바쳐야 합니다. '야수'가 다시 나타났습니다. 그가 오시는 날 대속죄제물을 바쳐야 합니다. 저주받은 자를 바쳐야 합니다."

"야수라고? 그 이야기는 처음 듣는데."

"그럴지도 모릅니다. 왕들은 아는 바가 매우 적은 듯합니다. 궁전 안에서 일어나는 일조차 잘 모르지요. 그러나 저는 듣고 있습니다. 저는 밤에도 아주 오랫동안 깨어 있곤 합니다. 그러면 웅깃께서 말씀해 주시지요. 저는 이 땅에서 일어나는 무서운 일들에 대해 듣습니다. 인간이 신을 흉내 내고 신들께 돌아가야 할 경배를 훔쳐 가는—"

나는 여우 선생을 보며 입술만 움직여 소리 없이 말했다.

"레디발."

왕은 뒷짐을 진 채 손가락을 바삐 움직이며 방 안을 오락가락했다.

"네가 망령이 났나 보다."

왕이 말했다.

"야수 이야기는 우리 할머니 때나 듣던 건데."

"당연히 그렇지요."

사제가 말했다.

"그때 마지막으로 나타났으니까요. 대속죄제물을 바쳤더니 사라져 버렸지요."

"야수를 본 자가 있어? 어떻게 생겼다고 하던가, 응?"

"폐하, 가장 가까이에서 본 자라 해도 그것이 어떻게 생겼다고 말하기는 어렵습니다. 그러나 최근에 많은 이들이 목격했습니다. 회색산에서 왕가의 가축을 돌보는 양치기 우두머리도 사자가 처음 나타난 날 밤에 보았다고 합니다. 그가 횃불을 들고 사자에게 덤볐는데, 횃불 빛으로 그 사자 뒤에 서 있는 야수를 보았답니다. 아주 검고 크고 끔찍한 형상이더랍니다."

사제가 말하는 동안, 나와 여우 선생이 서판과 글 쓰는 도구들을 놓고 앉아 있던 책상 쪽으로 왕이 다가왔다. 여우 선생은 긴 의자 끝으로 미끄러져 가더니 아버지의 귀에 무언가 속삭였다.

"말 한 번 잘했다, 여우."

아버지가 중얼거렸다.

"크게 말해라. 사제도 듣도록."

여우 선생이 말했다.

"왕의 분부를 받고 말하는 바, 양치기의 이야기는 매우 의심스럽습니다. 만약 그가 횃불을 들고 있었다면 필연적으로 사자 뒤에 거대한 검은 그림자가 생겨났을 것입니다. 양치기는 겁에 질린 데다 잠에서 막 깨어난 상태였습니다. 그러니까 그림자를 보고 괴물로 착각한 것이지요."

"그것은 그리스인들의 지혜일 뿐."

사제가 말했다.

"글롬 사람은 노예의 조언을 받지 않는다. 아무리 그자가 왕의 총애를 받는 자라 하더라도. 그러나 폐하, 그 야수가 진정 그림자였다 하더라도, 그래서 어쨌단 말입니까? 많은 이들이 야수는 **그림자**라고 말합니다. 그림자가 성으로 내려오기 시작하면 조심해야 합니다. 폐하는 고귀한 혈통이시니 정녕 아무것도 두렵지 않으시겠지요. 그러나 백성들은 두려워할 것입니다. 그 두려움은 너무나 커서 저도 그들을 제어할 수 없을 것입니다. 폐하의 백성들은 궁전을 모조리 불태워 버릴 것입니다. 불태우기 전에 폐하부터 잡아 가둘 것입니다. 그러니 대속죄제를 드리는 편이 현명합니다."

"대체 어떻게 하라는 것이냐? 나는 한 번도 그런 걸 본 적이 없어."

왕이 말했다.

"대속죄제는 웅깃의 신전에서 드리는 것이 아닙니다."

사제가 말했다.

"제물은 야수에게 바쳐집니다. 비전秘傳에 따르면, 야수는 웅깃 자신일 수도 있고 웅깃의 아들인 회색산의 신일 수도 있습니다. 또는 둘 다일 수도 있지요. 제물을 산에 있는 '거룩한 나무'에 데리고 올라간 다음, 나무에 묶어 놓고 옵니다. 그러면 야수가 찾아오지요. 그렇기 때문에 폐하가 방금 도둑을 바치겠다고 한 말에 웅깃이 진노하신다고 아뢴

것입니다. 대속죄제물은 온전해야 합니다. 거룩한 말씀에 따르면 이렇게 바쳐진 남자는 웅깃의 남편이 되고 여자는 그 아들의 아내가 됩니다. 남자든 여자든 야수의 만찬이 되는 것이지요. 야수가 웅깃이면 제물로 바쳐진 남자와 동침하고, 웅깃의 아들이면 제물로 바쳐진 여자와 동침합니다. 어떤 경우든지 제물은 삼켜지게 되어 있습니다……. 여러 가지 다른 이야기들이 있지요……. 여러 가지 성스러운 이야기들……. 여러 가지 위대한 비전들이 있습니다. 어떤 이들은 사랑하는 거나 삼키는 거나 매한가지라고 말합니다. 성스러운 말씀에 따르면 여자가 남자와 동침하는 것은 곧 남자를 삼키는 것입니다. 그러니 폐하께서 도둑이니 늙어 죽기 직전인 노예니 전장에서 포획한 겁쟁이 따위를 대속죄제물로 바치겠다고 하시는 것은 핵심에서 벗어나도 한참 벗어난 말씀입니다. 이 땅에서 가장 빼어난 자라 해도 이 제물로 바쳐지기에는 부족할 텐데 말이지요."

왕의 이마는 이제 식은땀으로 끈끈해져 있었다. 신의 거룩함과 그에 대한 두려움으로 방 분위기는 점점 더 무거워지고 있었다. 그때 갑자기 여우 선생이 소리쳤다.

"주인님, 주인님, 한 가지만 말씀드리겠습니다."

"말해 봐."

왕이 말했다.

"주인님, 사제가 지금 허황된 말을 늘어놓고 있는 걸 모르시겠습니까? 그림자가 여신이자 신이기도 한 짐승이라니, 또 사랑하는 것이 곧 잡아먹는 것이라니, 여섯 살짜리도 그보다는 말이 되는 소리를 할 겁니다. 조금 전에는 이 가증스러운 제사의 제물로 저주받은 자, 이 땅에서 가장 사악한 자를 바쳐 벌을 받게 해야 한다더니, 이제는 이 땅에서 가장 빼어난 자, 온전한 제물에게 신과 혼인하는 상을 주어야 한다지 않습니까? 둘 중 어느 쪽인지 물어 보십시오. 둘 다일 수는 없습니다.”

여우 선생이 말을 꺼냈을 때 그나마 고개를 들었던 희미한 희망조차 완전히 사라지고 말았다. 이런 말은 해 봐야 아무 소용이 없었다. 여우 선생이 무슨 생각을 했는지는 알 만했다. 그는 사제의 말에 참을성을 잃은 나머지 자신의 모든 지략도, 어떤 점에서는 프시케에 대한 사랑과 염려까지도 잊고 만 것이었다. (그리스 남자들뿐 아니라 명료한 정신을 가진 입바른 남자들은 다 그렇다는 것을 나는 알게 되었다.)

“오늘 아침에는 그리스의 지혜를 많이 듣게 되는군요, 폐하.”

사제가 말했다.

“그런 말은 전에도 들었습니다. 굳이 노예한테까지 배울 필요가 없지요. 이것은 아주 미묘한 문제입니다. 그리스의 지혜는 비를 내려 주거나 곡식을 자라게 하지 못합니다. 그러나 제물은 그 두 가지를 다 해 줄 수가 있습니다. 그리스의 지혜는 기꺼이 죽을 용기도 주지 못하지요. 저기 있는 폐하의 그리스 노예는 전투에서 졌을 때 창으로 자신의 심장을 찌르는 대신 무기를 버리고 적에게 포박당해 팔리는 쪽을 택했습니다. 그런 자들이 이런 성스러운 일들을 이해할 리가 만무하지요. 그들은 신들이 책에 쓰인 글자에 불과한 양 분명하게 보여 달라고 요구합니다. 폐하, 저는 삼대에 걸쳐 신들을 섬겨 오면서 신들이 마치 소용돌이치는 강물처럼 흘러 들어왔다 흘러 나갔다 하며 우리 눈을 어지럽힌다는 것과 그 어떤 명료한 말로도 신들을 참으로 설명할 수 없음을 알게 되었습니다. 거룩한 곳은 곧 어두운 곳입니다. 거기에서 얻는 것은 생명과 힘이지 지혜와 언변이 아닙니다. 거룩한 지혜는 물처럼 맑고 옅은 것이 아니라 피처럼 진하고 검붉은 것입니다. 저주받은 자가 왜 가장 빼어난 자인 동시에 가장 악한 자가 될 수 없다는 것입니까?"

말을 하는 동안 사제는 점점 더 매서운 새 같아졌다. 그의 무릎 위에 얹혀져 있는 새 가면과 닮은 것 같기도 했다. 그의 목소리는 크지 않았지만 더 이상 늙은이처럼 떨리지 않았다. 여우 선생은 책상에 눈길을 고정시킨 채 쭈그리고 앉아 있었다. 전쟁터에서 끌려왔다는 조롱이 그의 상처를 불로 지지는 듯 아프게 한 것 같았다. 내게 힘만 있었다면 틀림없이 사제를 목매달고 여우 선생을 왕으로 추대했을 것이다. 그러나 지금 어느 쪽이 이길 것인지 알아채기는 어렵지 않았다.

"자, 자."

왕이 걸음을 빨리 하며 말했다.

"다 맞는 말이라고 치자. 나는 사제도 아니고 그리스놈도 아니야. 나는 나라고. 아직은 내가 왕이렷다. 그래서 대체 어떻게 하라는 거냐?"

"그래서 우리는 저주받은 자를 찾아내기로 결정하고 거룩한 제비뽑기를 했습니다."

사제가 말했다.

"처음에 우리는 저주받은 자가 평민들 중에 있는지 물었습니다. 대답은 아니라는 것이었습니다."

"어서 말해 봐, 어서."

왕이 말했다.

"저는 빨리 말할 수가 없습니다. 숨이 차서 그렇게 못합니다."

사제가 말했다.

"그 다음으로 우리는 그자가 장로들 가운데 있는지 물었습니다. 그 대답도 아니라는 것이었습니다."

왕의 얼굴에 기묘한 반점들이 나타났다. 그의 두려움과 분노는 정확하게 균형을 이루고 있어서, 어느 쪽이 승리할지 아무도 장담할 수가 없었다.

"그 다음으로 우리는 그자가 귀족들 가운데 있는지 물었습니다. 그 대답도 아니라는 것이었습니다."

"그 다음엔 뭘 물었지?"

왕이 사제에게 가까이 다가서며 낮은 소리로 물었다. 사제는 말했다.

"그 다음으로 우리는 물었습니다. 그자가 궁전 안에 있느냐? 대답은 그렇다는 것이었습니다."

"그래."

왕이 숨이 가쁜 듯 말했다.

"그래, 내 짐작대로야. 처음부터 냄새가 났다고. 새로운 방식으로 반역을 일으킬 속셈이로군. 반역을 일으킬 속셈이야."

왕은 더 큰 소리로 말했다.

"반역이다."

그는 순식간에 문으로 달려가 고함을 쳤다.

"반역이다! 반역이야! 경비대! 바르디아! 내 경비대는 어디 있나? 바르디아는 어디 있지? 바르디아를 불러와."

쇳소리들이 철컥거리더니 경비병들이 뛰어왔다. 아주 강직한 인물인 경비대장 바르디아도 들어왔다.

"바르디아."

왕이 말했다.

"오늘 내 문 앞에 사람들이 너무 많구나. 필요한 만큼 군사들을 이끌고 가서 저 문 앞에 창을 들고 서 있는 역도들을 해치워라. 해산시키지 말고 죽여 버려. 죽이라고, 알겠어? 한 놈도 살려 두지 마라."

"신전 경비대를 죽이란 말씀이십니까, 폐하?"

바르디아가 왕을 보았다가 사제를 보았다가 다시 왕을 보면서 물었다.

"신전의 쥐새끼들이지! 신전의 뚜쟁이들이야!"

왕이 외쳤다.

"귀가 먹은 게냐? 두려운 게냐? 내가— 내가—"

왕은 분노로 말을 잇지 못했다.

"어리석은 짓입니다, 폐하."

사제가 말했다.

"글롬의 모든 백성들이 무장하고 있습니다. 지금쯤 궁전 문이라는 문은 모두 무장한 자들이 점거하고 있을 겁니다. 폐하의 경비대는 그 십분의 일밖에 되지 않습니다. 그리고 그들조차 싸우려 들지 않을 것입니다. 당신은 웅깃에 맞서 싸우겠소, 바르디아?"

"내 곁에서 내빼 버릴 테냐, 바르디아?"

왕이 말했다.

"내 양식을 받아먹은 네가? 바린의 숲에서 내 방패로 너를 가려 주었을 때 기뻐했던 네가?"

"그날 폐하는 제 목숨을 건져 주셨습니다."

바르디아가 말했다.

"저는 달리 할 말이 없습니다. 웅깃께서 저를 보내 폐하를 위해 많은 일을 할 수 있게 해 주시기를 바랍니다. (내년 봄에는 그럴 기회가 오겠지요.) 목숨이 붙어 있는 한 저는 글롬의 왕과 글롬의 신들을 위해 싸울 것입니다. 그러나 왕과 신들이 서로 갈라선다면, 그것은 위대한 분들끼리 알아서 해결할 문제입니다. 저는 왕권과도, 영들과도 맞서 싸우지 않겠습니다."

"이런― 계집애 같은 놈!"

왕의 목소리가 새된 피리소리처럼 끽끽거렸다. 왕은 이어서 말했다.

"물러가라! 너와는 나중에 이야기하겠다."

바르디아는 경례를 하고 나갔다. 큰 개가 자신에게 덤비는 하룻강아지를 무시하듯 왕의 모욕에는 신경도 쓰지 않는 듯한 표정이었다.

문이 닫히자 왕은 다시 하얗게 질린 얼굴로 아주 조용히 단검을 휘두르며(프시케가 태어나던 날 시동을 찔러 죽인 바로 그 검이었다.) 성큼성큼 세 걸음 만에 사제에게로 다가가 두 소녀를 어깨로 밀쳐 내고 단검 끝으로 사제의 옷을 헤쳐 살갗을 겨누었다.

"이 늙어빠진 멍청아."

왕이 말했다.

"이제 네놈의 음모가 어떻게 될까? 응? 이 칼끝이 느껴지나? 간지러운가? 그래? 그럼 이건 어때? 빨리 찌르든 천천히 찌르든 내 맘대로 네놈의 심장을 쑤셔 줄 수 있다. 벌 떼들이 밖에서 윙윙대고 있는지는 몰라도 여왕벌은 여기에 있지. 자, 이제 어쩔 셈인가?"

나는 그 사제만큼 놀라울 정도로 침착한 자는(인간들만 놓고 말하자면) 본 적이 없다. 보통 사람이라면 단검은 고사하고 손가락만 갈비뼈 사이로 들어와도 침착성을 잃고 말 것이다. 그러나 사제는 침착했다. 의자 팔걸이 위에 놓여 있는 손조차 움직이지 않았다. 그는 고개 하나 까딱하지 않은 채 여전한 목소리로 말했다.

"빨리든 천천히든 폐하 맘대로 찌르십시오. 그렇다고 달라질 것은 하나도 없습니다. 제가 살든 죽든 대속죄제는 꼭 드려야 합니다. 저는 웅깃의 힘으로 이 자리까지 온 것입니다. 숨이 붙어 있는 한 웅깃의 말씀을 전해야 합니다. 아마 죽어서도 그럴 겁니다. 사제는 완전히 죽지 않는 법이니까. 저를 죽이신다면 지금보다 더 자주, 밤낮없이 폐하의 궁전을 찾게 되겠지요. 다른 이들은 저를 보지 못해도 폐하는 보실 겁니다."

최악의 일격이었다. 여우 선생의 가르침을 받은 나는 사제들이란 자기 세력을 확장하고 땅을 늘리거나 적들에게 해를 입히기 위해 웅깃의 입을 빌리는 모략꾼 내지는 정치적 야심가에 불과하다고 생각했고, 적어도 그렇게 말해 왔다. 그런데 그게 아니었다. 사제는 웅깃의 존재를 확신하고 있었다. 단검이 자기 몸을 쿡쿡 찌르고 있는데도 보이지 않는 눈을 깜박이지도 않고 왕에게 고정시킨 채 독수리 같은 얼굴로 앉아 있는 그를 보고 있자니, 나 또한 웅깃의 존재를 믿지 않을 수가 없었다. 우리의 진짜 적은 인간이 아니었다. 방은 영들과 거룩한 두려움으로 가득 차 있었다.

짐승의 신음 소리 같기도 하고 으르렁대는 소리 같기도 한 소리를 내며 아버지가 사제에게서 몸을 돌려 자기 의자에 풀썩 앉았다. 그는 등을 뒤로 기댄 채 피곤한 사람처럼 두 손으로 얼굴을 쓸어내리고 머리를 헝클어뜨렸다.

"계속 말해 봐. 끝을 내라고."

왕이 말했다.

"그러고 나서,"

사제가 말했다.

"우리는 저주받은 자가 왕인지 물어보았습니다. 그 대답 또한 아니라는 것이었습니다."

"뭐야?"

살아오면서 가장 말하기 부끄러운 일이지만, 왕의 얼굴이 환하게 밝아졌다. 거의 웃음이 나올락 말락 한 표정이었다. 나는 그들의 표적이되고 있는 프시케 때문에 아버지가 내내 두려워하며 싸우고 있는 줄 알았다. 그러나 아버지는 프시케나 우리들 생각은 안중에도 없었다. 그런데도 믿을 만한 사람들의 말에 따르면 전쟁터에서는 용감하다고 하니.

"계속해."

왕이 말했다. 그러나 목소리는 달라져 있었다. 마치 10년은 젊어진 듯 명랑해진 것이다.

"제비 뽑힌 자는 폐하의 막내딸이었습니다. 공주가 바로 저주받은자입니다. 이스트라 공주를 대속죄제물로 바쳐야 합니다."

"정말 난감하군."

왕이 말했다. 그러나 나는 그의 심각하고 침울한 목소리가 부러 꾸며낸 것임을 알아챘다. 왕은 자신의 안도감을 감추고 있었다. 미칠 것 같았다. 나는 순간적으로 왕의 발 아래 몸을 던졌고, 탄원하듯 그의 다리를 부여잡고 나도 모를 말들을 하면서 울고 애원하며 전에는 한 번도 부르지 않았던 "아버지"를 목 놓아 불렀다. 왕은 분위기를 바꿀 수 있어서 좋았을 것이다. 나를 걷어차려 했으나 내가 계속 발에 매달려 구르고 또 구르면서도 얼굴과 가슴이 멍투성이가 되기까지 물러나지 않자, 나를 일으켜 어깨를 붙잡더니 있는 힘을 다해 바닥에 내팽개쳤다.

"이년!"

왕이 소리쳤다.

"이년! 사내들이 의논을 하는데 계집이 소리를 높이다니! 이 더럽고 뻔뻔하고 악독한 년! 그렇지 않아도 신들이 내 앞에 근심거리와 걱정거리들을 잔뜩 쌓아 놓았는데 어디서 소란을 떨며 광대 짓을 벌이는 게냐? 가만 두면 금세라도 깨물고 덤빌 태세로구나. 이제 보니 네 얼굴이 영락없는 암여우로다. 한 번 더 그런 짓을 하면 경비대를 시켜 매질을 해 줄 테다. 웅깃의 이름을 걸고 말이야! 신들에 사제에 사자에 그림자 야수에 반역자에 겁쟁이들로도 부족해서 계집애까지 날 괴롭힌단 말이냐?"

왕은 분통을 터뜨릴수록 기분이 나아지는 모양이었다. 나는 헐떡이느라 더 이상 흐느낄 수도, 일어설 수도, 말할 수도 없었다. 사람들이 내 머리 위에서 프시케의 죽음을 모의하고 있었다. 그 아이를 제 방에 가두자는 말이 나왔다. 아니, 오각형의 방에 가두는 게 더 안전하다고 했다. 궁전 경비대뿐 아니라 신전 경비대까지 합세해서 경비하자고 했다. 인간은 바람에 흔들리는 갈대 같아서 언제 마음이 바뀌어 구하려 들지 모르니 궁전 전체를 지키자는 것이었다. 그들은 마치 여행이나 연회를 준비하는 사람들처럼 냉정하면서도 신중하게 의논하고 있었다. 나는 정신을 잃고 울부짖는 소리 가득한 어둠 속으로 빨려 들어갔다.

6

"다시 정신을 차릴 게야."

아버지의 목소리가 들렸다.

"저쪽을 들어라, 여우. 이 애를 의자로 옮기자고."

두 사람이 나를 들어올리고 있었다. 아버지의 손은 내 생각보다 부드러웠다. 이후의 경험으로 볼 때 군인의 손은 부드러운 경우가 많았다. 방에는 우리 셋뿐이었다.

"자, 이 아가씨야, 이러면 좀 나을 테지."

나를 의자로 옮긴 후 입에 포도주 잔을 대 주며 아버지가 말했다.

"이런, 아기처럼 흘리고 있구나. 천천히. 그래. 이제 됐다. 이 개구멍 같은 궁전 안에 아직도 날고기가 남아 있다면 멍든 데 붙여야겠다. 이것아, 애비를 그렇게 역정 나게 하면 쓰냐. 사내는 여자가 일에 간섭하는 걸(딸년이 간섭하는 건 더더구나) 못 참는다."

그는 일종의 부끄러움을 느끼고 있었다. 나를 때렸기 때문일까, 싸워 보지도 않고 프시케를 내주었기 때문일까? 누가 알겠는가? 내 눈에 비친 그는 아주 비열하고 불쌍한 왕일 뿐이었다.

왕은 잔을 내려놓았다.

"어쩔 수 없는 일이었다."

그가 말했다.

"소리를 지르고 소란을 떨어 봐야 아무 소용이 없다고. 그래, 여우가 지금 막 그러는데 네가 좋아하는 그리스에서도 이런 일이 있었다는구나. 하긴 그 얘길 너 있는 데서 한 건 내가 생각해도 어리석은 짓이었다만."

"주인님."

여우 선생이 말했다.

"제 이야기는 아직 끝나지 않았습니다. 그리스 왕이 자기 딸을 제물로 바친 것은 틀림없는 사실입니다. 그러나 그 후에 왕은 왕비에게 살해당했고, 아들은 어미를 죽였습니다. 그리고 저승의 원혼들 때문에 미쳐 버렸지요."

이 말에 왕은 머리를 긁으며 아주 멍한 표정을 지었다.

"신들이 하는 짓이라니."

왕이 중얼거렸다.

"무슨 일을 하라고 해 놓고 나중에는 그 일을 했다고 벌을 주다니. 난 마누라도, 아들도 없으니 다행이잖나, 여우."

그제야 나는 다시 소리를 낼 수 있었다.

"폐하, 정말 그렇게 하시려는 건 아니겠지요. 이스트라는 폐하의 딸이에요. 내주시면 안 돼요. 아직 그 아이를 구하려는 노력도 해 보지 않으셨잖아요. 무언가 방법이 있을 거예요. 대속죄제를 드리기 전에 분명히—"

"저년 말하는 것 좀 보게!"

왕이 말했다.

"어리석기는. 그 아이는 내일 바쳐질 거야."

나는 또 한 번 기절할 뻔했다. 이스트라를 무조건 바쳐야 한다는 소식만큼이나 나쁜 소식이었다. 그 소식만큼이나? 아니 그보다 더 나쁜 소식이었다. 이제껏 느껴 보지 못한 슬픔이 몰려왔다. 딱 한 달만이라도— 한 달만이라도라니, 한 달이면 영원이나 다름없었다.—프시케의 목숨을 연장시킬 수 있다면 너무나 행복할 것 같았다.

"애야, 이편이 낫단다. 프시케에게도, 우리에게도 이편이 나아."

여우 선생이 그리스어로 속삭였다.

"뭐라고 지껄이는 게냐?"

왕이 말했다.

"두 사람 다 애들을 겁주는 머리 둘 달린 괴물이라도 보듯이 날 쳐다보는구나. 나더러 어쩌라는 게냐? 여우, 똑똑한 네놈이 내 입장이라면 어떻게 하겠어?"

"우선 싸우겠습니다. 어떻게든 시간을 벌어야지요. 공주가 마침 달거리 중이라 당장 신부가 되기는 어렵다고 말하겠습니다. 꿈속에서 새 달이 될 때까지 대속죄제를 연기하라는 계시를 받았다고 하겠습니다. 사람들을 매수하여 사제가 제비뽑기에 속임수를 썼다는 증언을 하게 만들겠습니다. 강 건너 사제의 땅에서 소작농으로 일하는 사람들 중에 그를 좋아하지 않는 자들이 대여섯 명 있으니까요. 그리고 잔치를 열겠습니다. 시간을 벌기 위한 일이라면 뭐든지 하겠습니다. 그래서 열흘의 시간이 생기면 파르스 왕에게 비밀 전령을 보내겠습니다. 전쟁만 아니라면 그가 원하는 모든 것을 주고서라도 공주를 구하겠습니다. 글룸 왕국과 왕관이라도 내놓겠습니다."

"뭐야?"

왕이 으르렁거렸다.

"남의 것에 함부로 손대지 않는 편이 좋을걸."

"그래도 주인님, 만약 제가 왕이요 아버지라면 공주를 구하기 위해 왕관뿐 아니라 목숨까지 내놓겠습니다. 싸웁시다. 노예들을 무장시키고, 남자답게 싸우면 자유의 몸으로 풀어 주겠다고 약속하십시오. 지금이라도 왕의 식솔들로 군대를 만들 수가 있습니다. 최악의 경우가 닥친다 해도 우리 모두 죄 없이 죽음을 맞이할 것입니다. 딸의 피로 손을 더럽히고 저승에 가는 것보다는 낫지요."

왕은 다시 한 번 의자에 풀썩 앉더니, 아주 미련한 아이를 가르치는 선생처럼(여우 선생이 레디발에게 그러했듯이) 필사적인 인내심을 발휘하며 말하기 시작했다.

"나는 왕이다. 나는 네게 조언을 청했다. 대개 왕의 조언자들은 왕권과 국가를 어떻게 수호할 것인지에 대해 말해 주는 법이지. 그게 왕에게 조언한다는 말의 의미다. 그런데 네 조언은 내 왕관을 던져 버리고, 내 나라를 파르스에 팔아 치우고, 내 목까지 내놓으라는 거로구나. 다음엔 두통을 치료하기 위해 아예 머리통을 잘라 버리라고 하겠군."

"알겠습니다, 주인님."

여우 선생이 말했다.

"용서하십시오. 왕의 안위야말로 우리가 어떤 값을 치르고라도 지켜 내야 하는 것임을 잊었군요."

여우 선생을 잘 아는 내가 보기에, 그의 얼굴은 왕에게 침을 뱉는 것보다 더한 경멸감으로 가득 차 있었다. 사실 여우 선생은 종종 그런 표정으로 왕을 바라보곤 했지만, 왕은 깨닫지 못했다. 이제는 깨닫게 해야겠다고 마음먹었다.

"폐하."

내가 말했다.

"우리의 몸속에는 신의 혈통이 흐르고 있습니다. 이런 가문이 수치를 뒤집어쓰고도 견딜 수 있을까요? 사람들이 폐하의 주검 앞에서 '이 사람은 계집애 뒤에 숨어서 목숨을 건졌다'라고 말하면 어쩌시려고요?"

"여우, 저년 말 좀 들어 봐, 저년 말 좀 들어 보라고."

왕이 말했다.

"저러고도 애비가 왜 제 눈두덩을 퍼렇게 만들었는지 모른다 하겠지! 저년 얼굴은 더 망가뜨릴 데도 없어. 이것 보세요, 잘난 여주인님, 하루에 두 번이나 후려치면 내 마음도 편치 않겠지만 어쨌든 내 인내심을 너무 시험하지는 마시지요."

왕은 벌떡 일어나 다시 걸어다니기 시작했다.

"그 무뢰배 놈들이 죽일 놈들이지!"

왕이 말했다.

"네가 날 미치게 만들 작정이로구나. 누가 들으면 **네** 딸년을 야수에게 바치는 줄 알겠다. 계집애 뒤에 숨는다고 했겠다. 그 애가 누구 딸년인지는 아무도 괘념치 않는구나. 그 앤 내 거야. 내 몸에서 나온 결실이라고. 그러니 손해도 내가 보는 거지. 화를 내며 울고불고해야 할 사람은 바로 나란 말이다. 제 자식도 마음대로 못한다면 뭐 하러 낳겠느냐? 대체 그 애가 너와 무슨 상관이냐? 이렇게 울고 짜며 날 비난하는 걸 보니 내가 눈치 채지 못한 고약한 무언가가 숨어 있나 보군. 설마 어여쁜 이복동생에게 연정을 품고 있는 건 아니겠지. 더군다나 너 같은 추물이 말이야. 그건 자연의 법도가 아니다. 엄밀히 조사해 봐야겠어."

왕이 정말 그렇게 믿는지 아닌지는 알 수 없었지만, 그렇게 믿을 가능성도 있었다. 왕은 기분 내키는 대로 믿어 버리는 성격이었고, 궁전 안의 어느 누구보다 우리 자매의 생활에 대해 아는 바가 없었다.

"그래."

왕이 전보다 조용하게 말했다.

"동정받아야 할 사람은 바로 나다. 내 육신의 일부를 바치라는 말을 들은 자는 바로 나야. 그러나 난 내 의무를 다할 게다. 내 딸 하나 구하자고 나라를 망치지는 않겠다고. 너희는 내게 속살거려 일을 크게 만들려 했다. 전부터 늘 그랬지. 그 애는 나도 딱하게 생각한다. 하지만 사제가 옳아. 웅깃에게 마땅히 바쳐야 할 제물이라면 바쳐야지. 우리 전체의 안전이 달려 있는데 계집애 하나가 대수겠느냐? 아니, 장정이라 해도 마찬가지지. 다수를 위해 하나가 희생하는 건 지극히 옳은 일이야. 전쟁을 할 때는 늘 그런 일이 생기는 법이라고."

술기운과 내 속의 격정이 다시 한 번 내게 힘을 주었다. 나는 자리에서 벌떡 일어나 말했다.

"아버지, 아버지 말씀이 옳아요. 백성을 위해 한 사람이 죽어야 하는 게 맞지요. 이스트라 대신 저를 야수에게 바쳐 주세요."

왕이 말없이 다가오더니 (아주 부드럽게) 내 손목을 잡고 방 끝으로 데려가 큰 거울 앞에 섰다. 왜 거울을 침실에 걸지 않았는지 의아할 수도 있겠지만, 그는 그 거울이 몹시 자랑스러워 손님들이 다 볼 수 있는 자리에 걸고 싶어 했다. 그 거울은 먼 이방의 땅에서 만들어진 것으로서, 인근에는 그에 비견될 만한 거울을 가진 왕이 없었다. 보통 사람들이 쓰는 거울로는 이지러지고 흐릿한 모습밖에 볼 수 없었다. 그런데 왕의 거울로는 완전한 모습을 볼 수 있었다. 나는 혼자 기둥의 방에 있어 본 적이 없었기 때문에 한 번도 그 거울을 들여다보지 않았다. 왕은 나를 그 앞에 세웠고, 우리는 나란히 서 있는 우리 두 사람의 모습을 볼 수 있었다.

"웅깃은 이 나라 최고의 미인을 며느리로 삼고 싶어 한다."

왕이 말했다.

"그런데 **저런 걸** 바치겠다고."

왕은 한참 동안 나를 가만히 내버려 두었다. 아마도 내가 울거나 고개를 돌려 버릴 줄 알았던 모양이다. 이윽고 왕이 말했다.

"이제 물러가거라. 오늘은 누구도 네 기분을 맞추어 줄 수 없다. 가서 생고기나 얼굴에 붙이고 있어. 여우와 난 바쁘다."

기둥의 방에서 나오면서 처음으로 옆구리에 통증을 느꼈다. 넘어지면서 옆구리가 뒤틀린 모양이었다. 그러나 그 짧은 시간에 바뀌어 버린 궁전 분위기를 보니 다시 통증이 사라져 버렸다. 사람들이 북적대는 듯했다. 할 일이 있는 노예든 없는 노예든 심각한 표정으로 삼삼오오 모여 있었다. 짐짓 슬픈 척하면서도 활기를 띠며 쑥덕거리고 있기도 했다.

(노예들은 궁전에 큰 소식이 있을 때마다 으레 그렇게 하기 때문에 이제는 신경도 쓰이지 않는다.) 많은 수의 신전 경비대가 현관에 모여 있었다. 신녀들은 연회장에 앉아 있었다. 궁전 마당에서 향냄새가 풍겨왔다. 제사가 진행되는 중이었다. 웅깃은 이미 궁전을 지배하고 있었다. 신의 악취가 곳곳에서 코를 찔렀다.

계단 발치에서 만난 사람은 다름 아닌 레디발이었다. 레디발은 마구 울며 뛰어와 온갖 소리를 지껄여 댔다.

"오, 언니, 언니, 너무 끔찍해. 오, 불쌍한 프시케! 프시케 하나만 바치는 거 맞지? 우리 전부 가야 하는 건 아니지? 난 이렇게 될 줄 몰랐어― 이러려는 건 아니었는데― 내가 그런 게 아니야― 오, 오, 오……."

나는 레디발에게 얼굴을 바짝 들이대고 낮지만 분명한 소리로 말했다.

"레디발, 내가 단 한 시간만이라도 글롬의 여왕이 되거나 궁전의 안주인이 된다면 너를 매달아 서서히 태워 죽일 거다."

"오, 잔인해, 잔인해."

레디발이 흐느꼈다.

"어떻게 그런 말을 할 수 있지? 난 이미 너무나 비참하다고. 언니, 화내지 말고 날 좀 위로―"

나는 레디발을 밀치고 걸어갔다. 레디발의 눈물이라면 어릴 적부터 익히 보아 왔다. 그 눈물이 전부 가짜였다고는 할 수 없었다. 그러나 시궁창 물보다 나을 것이 없었다. 그때도 확신했지만 지금도 분명히 알고 있는 사실은, 레디발이 프시케에 대한 소문을 웅깃의 신전에 퍼뜨렸으며 그것도 악의적으로 퍼뜨렸다는 것이다. 이런 결과를 의도한 것은 아니었기에(레디발은 자기 의도를 헤아려 보는 경우가 없었다.) 자기 나름대로 는 유감스러웠을 것이다. 그러나 새 애인이 나타나면, 아니 새 브로치만 생겨도 눈물을 닦고 언제 그랬냐는 듯 웃음을 터뜨릴 것이었다.

계단 꼭대기에 이르자(그리스와 달리 우리 나라 궁전에는 위층 방들과 회 랑들이 있다.) 숨이 좀 찼고 옆구리가 더 아파 왔다. 한쪽 다리도 절었던 것 같다. 나는 급하게 프시케가 갇혀 있는 오각형의 방으로 갔다. 문은 바깥 걸쇠로 잠겨 있었고(나도 그곳을 왕실 감옥으로 쓴 적이 있다.) 무장한 남자가 그 앞을 지키고 있었다. 바르디아였다.

"바르디아."

내가 헐떡이며 말했다.

"들어보내 줘. 이스트라 공주를 만나야 해."

바르디아는 나를 다정하게 바라보면서도 고개를 저었다.

"안 됩니다, 공주님."

"바르디아, 우리 둘 다 가둬 놓으면 되잖아. 이 문 말고는 다른 출구 도 없으니까."

"탈옥은 다 그렇게 시작되는 법입니다, 공주님. 공주님이나 이스트 라 공주님께는 죄송하기 그지없지만 들여보낼 수가 없습니다. 폐하의 분부가 지엄합니다."

"바르디아."

나는 눈물이 글썽한 채 왼손으로 옆구리를 짚으며(통증이 심했으므로) 말했다.

"이스트라가 살아 있는 마지막 밤이야."

그는 고개를 돌리며 다시 말했다.

"죄송합니다."

나는 더 이상 말하지 않고 돌아섰다. 그의 얼굴은 그날 내가 본 얼굴 중에 가장 다정한 것이었으나(여우 선생은 늘 예외지만) 그 순간만큼은 아버지나 사제보다, 아니 레디발보다 더 미웠다. 다음 순간 나는 미친 짓을 하고 말았다. 나는 최대한 서둘러 왕의 침실로 달려갔다. 왕은 그곳에 무기를 보관해 두고 있었다. 나는 장식 없는 훌륭한 칼을 빼 살펴보면서 얼마나 무거운지 가늠해 보았다. 내가 휘두르기에도 전혀 무겁지 않을 정도였다. 나는 칼날과 칼끝을 만져 보았다. 명민한 군사라면 날카롭다고 하지 않겠지만, 그 당시 내 생각에는 날카로운 것 같았다. 나는 재빨리 프시케가 갇혀 있는 방으로 돌아갔다. 내 분노는 여자의 것이었지만 속에는 남자의 용맹함이 있어 "덤벼라, 바르디아!"라고 소리치며 달려들었다.

물론 그것은 무기라고는 들어 본 적이 없는 어린 여자의 어리석기 짝이 없는 시도로 끝나 버렸다. 어떻게 공격할 것인지 미리 가늠했음에도 절룩이는 다리와 옆구리의 통증 때문에(깊이 숨을 쉬기조차 힘들었다.) 제대로 힘을 쓸 수가 없었다. 그런데도 바르디아는 약간의 솜씨를 발휘해야 했다. 물론 나를 보호하기 위해서였다. 그는 이내 내 손에서 칼을 빼앗아 갔다. 나는 손으로 있는 힘껏 옆구리를 누른 채 땀에 범벅이 된 모습으로 와들와들 떨며 그 앞에 서 있었다. 바르디아는 땀도 흘리지 않았고 숨도 헐떡이지 않았다. 그에게는 너무나 쉬운 일이었던 것이다. 내가 그토록 무력하다는 사실이 새로운 비통함이 되어, 또는 이전의 비통함에 더해져서 나를 비참하게 만들었다. 나는 어린애처럼 넋을 놓고 울었다. 마치 레디발처럼.

바르디아가 말했다.

"공주님이 남자가 아닌 것이 안타깝기 그지없군요. 공주님은 팔 뻗는 길이도 길고 시선도 민첩합니다. 어떤 신병도 처음부터 공주님만큼 하지는 못할 겁니다. 공주님을 훈련시킬 수 있다면 좋겠습니다. 정말 안타깝기—"

"아, 바르디아, 바르디아."

나는 흐느꼈다.

"차라리 날 죽여 줘. 지금 당장 이 참담함에서 벗어나고 싶어."

"아니, 공주님 생각대로 금방 죽지는 않습니다."

그가 말했다.

"금방 죽는 게 아니라 서서히 죽게 되지요. 칼을 꽂았다가 빼는 순간 사람이 죽는다는 건 이야기 속에서나 가능한 일입니다. 물론 머리를 베면 끝이겠지만."

나는 더 이상 말을 할 수가 없었다. 눈물로 온 세상이 어룽져 보였다.

"제기랄, 도저히 못 참겠군."

바르디아의 눈에도 눈물이 고였다. 그는 아주 다정한 사람이었다.

"하나는 너무 용감하고 하나는 너무 아름답구나. 그렇지만 않아도 이렇게 마음이 쓰리지는 않을 텐데. 자! 공주님! 울음을 그치십시오. 제 목숨을 걸고 웅깃의 노여움을 무릅쓰겠습니다."

나는 그를 바라보았으나 여전히 말을 할 수가 없었다.

"저 안에 계신 공주님을 위해 보잘 것 없는 제 목숨을 내놓겠습니다. 경비대장인 제가 일개 보초처럼 이곳을 지키고 서 있는 이유가 궁금하시겠지요. 다른 사람에게 시키고 싶지 않았습니다. 불쌍한 공주님이 사람을 부르시거나 혹 어떤 이유에서든 밖에서 사람이 들어가야 할 일이 생긴다면, 그래도 낯선 자보다는 제가 들어가는 편이 좀더 익숙하실 테니까요. 어렸을 때는 제 무릎에 앉아서 노셨으니까……. 인간이 된다는 게 어떤 건지 과연 신들이 알까요?"

"날 들여보내 줄 거야?"

"조건이 있습니다. 제가 문을 두드리면 바로 나오셔야 합니다. 지금은 이곳이 조용하지만 잠시 후에는 부산스러워질 겁니다. 제가 듣기로는 곧 신녀 둘이 당도한다고 합니다. 공주님께 가능한 한 시간을 벌어 드리겠습니다. 그러나 제가 신호를 하면 꼭 나오셔야 합니다. 세 번 문을 두드리겠습니다. 이렇게."

"그러면 당장 나올게."

"맹세하십시오, 공주님. 이 칼에 대고."

나는 맹세했다. 바르디아는 좌우를 살피더니 걸쇠를 열고 말했다.

"빨리 들어가세요. 하늘이 두 분을 돌보아 주시길."

7

그 방 창문은 너무 작고 높이 달려 있어서 대낮에도 불을 켜야 한다. 그래서 감옥으로 쓰는 것이다. 증조할아버지가 탑 이층으로 쓰려고 짓기 시작했으나 미처 마무리하지 못한 곳이었다.

프시케는 타오르고 있는 등불 옆 침대에 앉아 있었다. 물론 나는 그 아이를 보자마자 달려가서 끌어안았기 때문에 그 모습을 얼핏 볼 수밖에 없었다. 그러나 그 장면, 프시케와 침대와 등불이 있는 그 장면은 영원히 내 기억 속에 남아 있다.

내가 무어라고 말을 꺼내기도 전에 그 아이가 말했다.

"언니, 사람들이 무슨 짓을 한 거예요? 이 얼굴하고 눈 좀 봐! 아버지가 또 때렸군요!"

그 순간 프시케가 이즈음 내내 나를 어린애나 희생자 대하듯 달래며 위로해 왔다는 깨달음이 서서히 찾아왔다. 그렇지 않아도 너무나 괴로운 터에 이 깨달음이 또 다른 작은 고통의 소용돌이를 만들어 냈다. 행복한 시절에 나누었던 사랑과는 사뭇 다른 종류의 사랑이었다.

민첩하고 다정한 프시케는 내 생각을 곧 알아채고, 내가 어릴 적에 여우 선생이 붙여 주었던 이름으로 나를 불러 주었다. '마야'는 그 아이가 가장 처음 했던 말 중에 하나였다.

"마야, 마야, 말해 봐요. 아버지가 무슨 짓을 한 거지요?"

"아, 프시케!"

내가 말했다.

"그게 무슨 상관이니? 차라리 아버지가 날 죽여 버렸으면 좋겠어! 저들이 너 대신 내 목숨을 가져갔으면 좋겠어!"

그러나 그 아이는 물러서지 않았다. 결국 내 이야기를 전부 털어 놓게 하는 바람에(누가 그 아이의 말을 거스를 수 있을까?) 우리에게 주어진 얼마 안 되는 시간을 낭비해 버렸다.

"애, 그만 하자."

마침내 내가 말했다.

"그게 다 무슨 상관이니? 아버지가 우리랑 무슨 상관이냐고? '그 사람은 우리 아버지도 아니야'라고 하면 우리 어머니들을 모욕하는 일이 될 테지. 그렇더라도 **아버지**라는 이름 자체가 저주로구나. 그 사람은 전투가 벌어져도 여자 등 뒤에 숨고 말걸."

그러자 그 아이가 미소를 지었다. (내게는 다소 섬뜩하게 느껴지는 미소였다.) 그 아이는 거의 울지 않았고, 내가 볼 때 그나마 운 것도 대개는 내가 불쌍해서였다. 이제 그 아이는 여왕처럼 몸을 곧추 세우고 미동도 없이 앉아 있었다. 죽음이 다가오고 있다는 표시는 전혀 없었다. 다만 손이 매우 차가웠을 뿐이다.

"오루알."

그 아이가 말했다.

"내가 언니보다 할아버지 수업을 더 잘 받았나 봐요. 우리가 아침마다 했던 말, 잊어버렸어요? '오늘도 나는 잔인한 자와 겁쟁이와 거짓말쟁이와 욕심쟁이와 술주정꾼을 만나리라. 저들은 선악을 구분하지 못해 그런 것이다. 이 악이 저들에게는 임했고 내게는 임하지 않았다. 그러므로 저들을 불쌍히 여길 것이요 결코—'"

그 아이는 여우 선생의 목소리를 사랑스럽게 흉내 내고 있었다. 바타가 흉내 내는 모습은 보기에 흉했지만, 그 아이는 사랑스럽게 흉내 낼 줄 알았다.

"오, 얘야, 어떻게—"

나는 다시 목이 메었다. 그 아이의 말은 우리의 슬픔과 너무나 동떨어진, 사소한 것으로 들렸다. 적어도 지금은 이런 이야기를 해서는 안 될 것 같았다. 하지만 더 나은 말이 무엇인지는 알 수가 없었다.

프시케가 말했다.

"마야, 약속해 주세요. 지나친 짓은 하지 않을 거죠? 자기 목숨을 끊는 짓 같은 건 하지 않을 거죠? 선생님을 생각해서라도 절대 그러면 안 돼요. 우리 세 사람은 정다운 친구잖아요. (그저 '친구'일 뿐이라고?) 이제는 선생님과 언니뿐이에요. 서로 의지하고 더 가까이 지내야지요. 그래요, 마야, 꼭 그래야 해요. 힘든 전쟁터에서 싸우는 군인처럼요."

"오, 네 심장은 무쇠처럼 단단하구나."

내가 말했다.

"폐하께는 자식으로서 제 인사를, 어떤 식으로든 예를 갖추어서 전해 주세요. 바르디아는 신중하고 예의 바른 사람이니, 죽음을 앞둔 딸이 아버지께 뭐라고 말해야 하는지 가르쳐 주겠지요. 마지막 순간에 무례하고 무지하게 보이면 안 되잖아요. 하지만 그것 말고는 폐하께 더 전할 말이 없네요. 저한테 아버지는 낯선 분이에요. 푸줏간 집 아기보다 더 모르는 사람이지요. 그리고 레디발 언니한테는─"

"욕이나 퍼붓거라. 죽어서도 할 수만 있다면─"

"아니에요, 아니에요. 작은언니는 자기가 무슨 짓을 했는지 모르는 걸요."

"프시케, 아무리 네 부탁이라 해도 레디발을 불쌍히 여길 수는 없어. 선생님이 뭐라고 말씀하신다 해도."

"레디발 언니와 똑같이 되고 싶어요? 그래요? 아니지요? 그러니까 불쌍히 여겨야 해요. 내가 가지고 있던 보석들을 내 마음대로 처분해도 된다면 언니와 내가 정말 좋아했던 것들을 드릴게요. 크고 비싸지만 우리에게 별 의미가 없는 보석들은 작은언니한테 다 주세요. 언니와 선생님이 가지고 싶은 건 다 가져요."

나는 더 이상 참을 수가 없어서 그 아이의 무릎에 얼굴을 파묻고 울었다. 입장이 바뀌어 그 아이가 내 무릎에 얼굴을 파묻고 우는 것이라면 얼마나 좋을까!

"고개를 들어요, 마야."

그 아이가 곧바로 말했다.

"신부 될 사람 마음을 그렇게 찢어 놓으면 어떻게 해요."

제 입으로 그 말을 꺼내다니. 나는 차마 들을 수도 없었던 말을.

"오루알."

프시케가 아주 부드럽게 말했다.

"우리에게는 신의 피가 흐르잖아요. 혈통을 부끄럽게 하면 안 되지요. 마야, 넘어져도 울면 안 된다고 가르쳐 준 사람은 언니였잖아요."

"넌 하나도 무섭지 않은가 보구나."

내가 말했다. 의도는 그렇지 않았지만 마치 무서워하지 않는다고 꾸짖는 듯한 말투였다.

"딱 한 가지 무서운 게 있기는 해요."

그 아이가 말했다.

"제 영혼 한 구석에 희미한 의심의 무서운 그림자가 있어요. 만약, 만약 산의 신이 없고 거룩한 그림자 야수도 없다면, 나무에 묶여서 갈증과 굶주림에 시달리며 바람과 햇빛 속에 하루하루 말라 죽어 가는 거라면, 까마귀나 살쾡이에게 매일 조금씩 뜯겨 먹히는 거라면 어떻게 하지요? 만약 그런 거라면, 오, 마야, 마야……."

그제야 프시케는 다시 아이처럼 울었다. 토닥이며 같이 우는 것밖에 무엇을 할 수 있었겠는가? 이 말은 쓰기가 몹시 부끄럽지만, 이때야말로 우리의 불행에 처음으로 어떤 감미로움이 찾아든(내게는) 순간이었다. 나는 바로 이런 것을 맛보기 위해 그 아이가 갇힌 곳을 찾았던 것이다.

그 아이가 나보다 먼저 정신을 차렸다. 그 아이는 다시 여왕처럼 고개를 꼿꼿이 들고 말했다.

"하지만 그럴 리가 없어요. 지금까지 사제가 저와 함께 계셨어요. 전에는 그분을 잘 몰랐지요. 그분은 할아버지의 생각과는 다른 분이에요.

언니, 할아버지가 모든 진리를 다 아시는 건 아니라는 느낌이 점점 더 강하게 들어요. 오, 할아버지도 많은 진리를 아시기는 하지요. 할아버지의 가르침이 없었다면 내 마음은 마치 동굴처럼 어두웠을 거예요. 하지만…… 뭐라고 표현해야 할지 모르겠어요. 할아버지는 세상을 하나의 성읍이라고 하셨지요. 하지만 그 성읍은 어디에 세워지지요? 그 밑에 있는 땅 위에 세워지잖아요. 또 성벽 밖에는? 거기에는…… 위험만 있는 게 아니라 먹을거리들도 있지 않나요? ……자라나는 것이 있는가 하면 썩는 것이 있고, 원기를 주는 것이 있는가 하면 독을 주는 것이 있고, 젖은 채로 빛나는 것도 있고……. 어느 정도는(정확히 어느 정도인지는 모르겠는데) 마치, 그래요, 마치 신전 같은—"

"그래, 웅깃의 신전 같단 말이지."

내가 말했다.

"온 땅에 웅깃의 냄새가 진동하고 있지 않니? 너와 내가 신들에게 더 아첨을 해야 할까? 이렇게 우리를 갈기갈기 찢어 놓고 있는데……. 오, 나는 어떻게 견뎌야 하지? ……신들이 이보다 더 심한 짓도 할 수 있을까? 물론 선생님의 생각은 틀렸어. 선생님은 웅깃에 대해 아무것도 모른다고. 세상을 너무 좋은 쪽으로만 생각했지. 신이란 없다고, 또 있어도 인간보다 나은 존재일 거라고 생각했어. (어리석게도!) 너무 선량한 사람이라 신들이 정말 있을 뿐 아니라 가장 악한 인간보다 더 악하다는 생각은 하지도 못한 거야."

"아니면,"

프시케가 말했다.

"신들이 정말 있지만 사실 이런 짓은 하지 않는지도 몰라요. 설사 이런 짓을 한다 해도 우리 눈에 보이는 것과는 다를 수도 있지 않을까요? 난 어떤 식으로 신과 결혼하게 될까요?"

나는 약간 화가 났다. 그 아이를 위해 죽을 각오까지 되어 있었으면서도(적어도 이것만큼은 사실이다.) 그 밤만 지나면 죽음을 맞이할 동생에게 화를 낼 수 있었다니. 그 아이는 너무나 사려 깊게, 차근차근 말하고 있었다. 마치 배나무 아래서 세월 가는 줄 모르고 여우 선생과 논쟁을 벌이던 때처럼. 우리가 헤어진다는 사실은 전혀 괘념치 않는 듯했다.

"오, 프시케!"

나는 거의 비명을 지르듯이 소리쳤다.

"이것이야말로 비겁한 살인 행위가 아니고 뭐겠니? 자기들이 숭배하던 너, 두꺼비 한 마리 해치지 못하는 널 잡아다가 괴물의 밥으로 삼겠다고……."

그 아이가 사제의 말대로 야수의 먹이가 아닌 신의 신부가 된다고 믿는다면, 차라리 그 말에 맞장구를 치면서 용기를 주는 편이 나았을 거라고 말할 수도 있다. 나도 수천 번 자신에게 그렇게 말하곤 했다. 할 수만 있다면 위로해 주기 위해 그 아이를 찾아간 것이 아니었던가? 위안을 빼앗기 위해 찾아간 것은 절대 아니었다. 그럼에도 나는 자신을 주체할 수가 없었다. 프시케에게 약간의 자만심이 있었던 것처럼 내 속에도 일말의 자만심이 있어서 그 아이의 눈을 가려 주지 못하게 하고 끔찍한 현실을 숨기지 못하게 막았는지도 모르겠다. 아니면 괴로움 그 자체에 최악의 상황을 계속해서 말하게 만드는 가혹한 충동이 내포되어 있는 것인지도.

"알아요."

프시케가 낮은 소리로 말했다.

"언니는 야수가 제물을 삼켜 버릴 거라고 생각하는 거지요. 나도 거의 그럴 거라고 생각해요. 어쨌든 죽는 거지요. 오루알, 날 그것도 모르는 어린애로 생각하는 건 아니겠지요? 죽지 않으면 어떻게 글룸의 속죄양이 될 수 있겠어요? 내가 신에게 가는 거라면 당연히 죽음을 통과해야겠지요. 그렇다면 그 이상하기 짝이 없는 거룩한 말씀들도 다 사실일지 몰라요. 신에게 먹히는 것과 신과 결혼하는 것은 완전히 별개의 일이 아닐지도 모른다고요. 우리는 모르고 있어요. 사제도 모르고 선생님도 모르는 게 틀림없이 아주 많아요."

나는 입술을 깨물며 아무 말도 하지 않았다. 표현할 수 없는 더러운 생각이 속에서 끓어올랐다. 이 아이는 야수의 욕정이 굶주림보다 낫다고 생각하는 것인가? 벌레 내지는 거대한 도마뱀, 요괴와 짝이 되는 것이?

"죽음이라면,"

그 아이가 말했다.

"그래요, 저기 밖에 있는 바르디아는(난 바르디아가 좋아요.) 하루에도 몇 번씩 죽는 이들을 보고, 아무렇지도 않게 휘파람을 불며 시신을 수습하러 갈걸요. 죽음을 겁낸다면 할아버지의 가르침을 받은 것이 다 허사겠지요. 언니, 할아버지가 가끔 다른 그리스 현자들의 이야기를 해 주셨잖아요. 그 현자들이 말하기를, 죽음은 작고 어두운 방(우리가 전에 알고 있던 삶 전부)의 문을 열고 진정한 햇살이 비치는 넓은 곳, 진짜 세계로 들어가게 하는 일이라고, 거기에서 우리가 모두 만나ㅡ"

"오, 잔인하구나, 잔인해!"

내가 울부짖었다.

"날 여기 혼자 두고 가는 일이 너한테는 아무것도 아니란 말이지? 프시케, 날 정말 사랑하기는 한 거니?"

"사랑했냐고요? 마야, 언니와 할아버지 말고 내가 누구를 사랑했겠어요? (이제는 그 아이가 여우 선생을 끼워 넣는 것조차 마음에 들지 않았다.) 그리고 언니, 언니도 곧 나를 따라올 거잖아요. 오늘밤 내 눈에 어떤 인간의 삶인들 무궁해 보이겠어요? 또 내가 여기에서 산들 얼마나 더 나은 삶을 살 수 있을까요? 결국엔 어떤 왕에게 시집을 가겠지요. 그리고 아마도 그 왕은 우리 아버지 같은 사람일 테고요. 죽는 거나 시집가는 거나 별반 차이가 없다는 걸 다시금 깨닫게 되겠지요. 언니를 떠나는 것, 언니를 잃고 할아버지를 잃는 것, 처녀성을 잃는 것, 아이를 낳는 것, 그 모든 것이 죽음이지요. 진심이에요, 오루알, 진심이에요. 이 길이 최선이 아니라고는 생각지 않아요."

"이런 길이!"

"그래요. 내가 더 산다면 과연 무엇을 바라고 살게 될까요? 이 세상, 이 궁전, 이 아버지가 그렇게 잃기 아까운 것일까요? 우리는 이미 인생 최고의 시절을 보냈잖아요. 오루알, 꼭 할 말이 있어요. 이제껏 아무에게도, 언니에게도 하지 않은 말이에요."

가장 사랑하는 사람들 사이에도 비밀이 있을 수밖에 없다는 걸 지금은 안다. 그러나 그날 밤에 들은 그 말은 비수처럼 내 마음을 찔렀다.

"그게 뭐지?"

나는 서로 맞잡은 채 프시케의 무릎 위에 놓여 있는 우리 두 사람의 손을 내려다보았다.

"그건,"

그 아이가 말했다.

"내가 항상, 적어도 기억나는 때부터는 줄곧 죽음을 동경해 왔다는 거예요."

"오, 프시케, 내가 널 그리도 행복하지 못하게 한 거니?"

"아니, 절대 아니에요."

그 아이가 말했다.

"언니는 몰라요. 그런 종류의 동경심이 아니에요. 난 가장 행복할 때 가장 죽고 싶었어요. 우리 세 사람이 바람과 햇살을 받으며 언덕에 올랐던 그 행복했던 시절……. 그때는 글롬도, 왕궁도 눈에 들어오지 않았지요. 생각나요? 그 색깔과 냄새, 멀리 보이던 회색산이? 너무 아름다워서 동경하게 되었지요. 항상 그랬어요. 이 세계 너머 어딘가에 무언가가 있는 게 틀림없다는 생각이 들었어요. 모든 것이 '프시케, 이리 오렴!' 하고 부르는 것 같았어요. 하지만 (지금까지는) 갈 수도 없었고 어디로 가야 할지도 몰랐지요. 가슴이 미어졌어요. 마치 다른 새들은 다 집을 찾아 날아가는데 나 혼자 새장 안에 갇혀 있는 것 같았어요."

그 아이는 내 두 손에 입을 맞추고 손을 놓더니 자리에서 일어났다. 무언가 마음이 흔들리는 이야기를 할 때면 자리에서 일어나 이리저리 걸어다니는 아버지의 습관을 그대로 닮아 있었다. 그때부터 마지막 순간까지 내가 느낀 것은(그 느낌은 뼈저린 것이었다.) 내가 이미 그 아이를 잃었다는 사실, 다음날 있을 제사는 이미 시작된 과정의 마무리일 뿐이라는 사실이었다. 그 아이는 이미 내 손이 닿을 수 없는 곳, 자기 자신만의 세계에 가 있었다. (언제부터 그랬을까? 나는 왜 몰랐을까?)

신들을 고소하려고 이 책을 쓰기 시작했으니, 나 자신에 대한 고소도 쓰는 것이 공정하다. 그러니 이 말을 해야겠다. 프시케의 말을 들으면서, 내 모든 사랑 속으로 한 가닥 증오심이 들어오는 것을 느꼈다. 프시케의 말이 본인에게는 용기와 위안이 되었겠지만(그것은 아주 분명했다.) 나는 그 용기와 위안이 원망스러웠다. 마치 누군가 다른 사람, 무언가 다른 것이 우리 사이에 끼어든 것 같았다. 이런 원망의 죄 때문에 신들이 날 미워하는 것이라면, 나는 그 죄를 지은 것이 분명하다.

"오루알."

그 아이가 눈을 빛내며 말했다.

"난 이제 저 산에 가는 거예요. 우리가 저곳을 바라보며 얼마나 동경했는지 기억나요? 난 늘 황금과 호박으로 지은 내 집이 하늘을 찌를 듯 높이 솟아 있을 거라고 말하곤 했지만, 정말 그리로 가게 될 줄은 생각지도 못했잖아요? 가장 위대한 왕 중의 왕이 날 위해 그 집을 지어 줄 거라고 했는데. 언니가 그걸 믿을 수만 있다면! 그래요, 제 말을 들어 보세요. 슬픔으로 귀가 닫히고 마음이 굳어지면—"

"**내** 마음이 굳어졌다고?"

"날 향해 굳어진 건 절대 아니지요. 내 마음도 언니를 향해 굳어지지 않았고요. 하지만 내 말을 들어 봐요. 이런 일들이 우리 눈에 보이듯 그렇게 악하기만 한 걸까요? 신들에게는 인간의 피가 필요해요. 그래서 누군가의 피를 바치라고 하는 거겠지요. 이 땅의 다른 사람을 택했다면 그건 그저 무섭고 잔인한 불행에 그쳤을 거예요. 하지만 그들은 날 택했어요. 나야말로 언니 품에 안겨 있던 어린 시절부터 이 일에 준비되어 온 사람이잖아요, 마야. 내 평생 가장 행복했던 일은 저 산을 동경하는 것이었어요. 저 산까지 가는 것, 그 모든 아름다움의 근원을 찾는 것—"

"그게 가장 행복한 일이었다고? 오, 잔인하구나, 잔인해. 네 마음은 쇳덩이가 아니라 아예 돌덩이로구나."

나는 흐느꼈다. 프시케는 내 말조차 듣는 것 같지 않았다.

"—내 나라, 내가 태어났어야 했던 곳을 찾는 것이었다고요. 그게 아무것도 아니라고 생각하는 건가요? 그런 동경심이? 고향을 그리워하는 마음이? 사실은 그리로 떠나는 게 아니라 돌아가는 것 같은 느낌이에요. 지금까지 살아오는 내내 저 산의 신은 나를 원하고 있었어요. 오, 끝이 오기 전에 한 번만 고개를 들어 날 축복해 줘요. 난 내가 사랑하는 이를 찾아가는 거예요. 아직도 모르겠—"

"네가 한 번도 날 사랑한 적이 없다는 건 알겠다."

내가 말했다.

"네가 신들에게 가는 게 당연해. 너도 그들처럼 잔인해지고 있잖니."

"오, 마야!"

울부짖는 프시케의 눈에 마침내 또 다시 눈물이 고였다.

"마야, 난—"

바르디아가 문을 두드렸다. 더 좋은 말로 수습할 시간도, 입 밖에 낸 말을 주워 담을 시간도 없었다. 바르디아가 다시 한 번 더 세차게 문을 두드렸다. 칼에 대고 맹세했으니 칼처럼 지켜야 했다.

그리하여 우리는 마지막으로 어색한 포옹을 나누었다. 그런 아픈 기억이 없는 자들은 복이 있나니. 그러나 그런 아픈 기억을 가진 자들은, 그들은 과연 내가 쓰는 이 이야기를 끝까지 참고 읽을 수가 있을까?

8

프시케와 함께 있을 때에는 잊고 있었던 옆구리의 통증이 회랑으로 나오기가 무섭게 되살아났다. 의식이 아주 날카롭고 명료하게 살아 있는데도 슬픔조차 잠시 무디게 느껴질 정도로 심한 통증이었다. 나는 쇠사슬에 묶이지 않는 한 회색산의 거룩한 나무까지 프시케와 동행할 작정이었다. 심지어 거기 숨어 있다가 사제와 왕과 나머지 사람들이 다 돌아간 후 그 아이를 풀어 줄 생각까지 했다.

'만약 정말 그림자 야수라는 게 있어서 프시케를 구해 낼 수 없다면,' 나는 생각했다.

'차라리 그 손아귀에 붙잡히기 전에 내 손으로 그 아이를 죽이고 말겠어.'

그러려면 무엇을 좀 먹고 마신 후에 쉬어야 했다. (새벽이 다가오고 있었지만 아직 아무것도 먹지 못하고 있었다.) 그러나 무엇보다 먼저 이 살인

행위, 제사가 언제 벌어질지부터 알아내야 했다. 그래서 옆구리를 잡고 절룩이며 회랑을 걷다가 왕의 시종장인 늙은 노예를 찾아냈고, 그를 통해 모든 것을 알아낼 수 있었다. 그는 해 뜨기 한 시간 전에 제사 행렬이 궁전에서 출발한다고 말해 주었다. 나는 곧 방으로 돌아와 시녀에게 음식을 좀 가져오라고 시켰다. 그리고 음식이 올 때까지 앉아서 기다렸다. 크고 둔중한 먹먹함이 스멀스멀 기어 올라왔다. 아주 춥다는 것 외에는 아무 느낌도, 생각도 없었다. 음식이 왔지만 아무리 애를 써도 먹을 수가 없었다. 마치 헝겊뭉치를 입속에 쑤셔 넣는 것 같았다. 그래도 음료는 좀 마셨다. 음료라고 해 봐야 물 탄 맥주밖에 없어서 그것을 좀 마셨고, (맥주 때문에 속이 부대껴서) 물을 아주 많이 마셨다. 식사를 끝내기도 전에 깜박 잠이 들었던 것 같다. 큰 슬픔에 잠겨 있었던 것은 알겠는데 그게 뭐였는지는 기억해 낼 수가 없는 것을 보면 말이다.

시녀들이 나를 침대로 옮겨 주었고(그 손길을 느끼고 몸을 움츠리며 소리를 질렀다.) 나는 곧 죽음 같은 깊은 잠에 빠져 버렸다. 그래서 미리 일러둔 대로 해뜨기 두 시간 전에 시녀들이 나를 깨운 것이 바로 그 다음 순간인 것처럼 느껴졌다. 쑤시던 상처들이 자는 사이에 굳어 버리는 바람에 몸을 움직이려 하자 마치 불에 달군 부지깽이로 지지는 것처럼 아파서 비명을 질렀다. 한쪽 눈이 감겨 버렸기 때문에 그쪽은 소경이 된 것이나 다름없었다. 내가 고통스럽게 침대에서 일어나는 것을 본 시녀들이 제발 그냥 누워 있으라고 간청했다. 어떤 시녀들은 일어나도 소용이 없다고 말하기도 했다. 왕이 두 공주는 제사에 갈 수 없다고 말했다는 것이다. 한 시녀가 바타를 데려오는 것이 어떻겠느냐고 물었다. 나는 매서운 말투로 닥치라고 하면서, 내게 힘만 있었다면 한 대 때려 주었을 것이라고 말했다. 그 시녀는 착한 아이였으므로 그것은 옳지 못한 처사였다. (나는 바타의 간섭을 받지 않고 직접 시녀들을 골랐기 때문에 그 부분에서는 내내 운이 좋은 편이었다.)

시녀들은 어찌어찌 내게 옷을 입히고 식사를 하도록 도와주었다. 심지어 포도주까지 마련해 놓았다. 아마도 왕의 술병에서 훔쳐 온 모양이었다. 모두가 울고 있었다. 나는 울지 않았다.

시녀들이 내게 옷을 입히는 데 시간이 무척 많이 걸리는 바람에(내가 너무 고통스러워했기 때문이었다.) 포도주를 채 한 모금도 마시기 전에 음악이 들리기 시작했다. 신전의 음악, 웅깃의 음악이었다. 북과 뿔나팔과 딸랑이와 딱딱이 소리는 아주 거룩하면서도 위협적으로 들렸다. 음산하고 역겨운 소리, 사람을 미치게 하는 소리였다.

"서둘러!"

내가 말했다.

"시간이 되었어. 행렬이 나갈 거야. 오, 일어날 수가 없구나. 얘들아, 날 좀 도와다오. 더 서둘러! 안 되면 끌고라도 가. 신음을 하든 비명을 지르든 상관치 말고."

시녀들은 아주 힘겹게 나를 층계참까지 데려다 주었다. 기둥의 방과 왕의 처소 사이에 있는 대연회장이 내려다 보였다. 횃불이 이글거리고 사람들도 득시글거렸다. 경비병들도 많았다. 귀족 처녀들은 마치 결혼식에 참석한 신부 친구들인 양 베일에 화관까지 쓰고 있었다. 아버지도 아주 화려한 옷차림을 하고 있었다. 그리고 커다란 새대가리를 쓴 사람이 있었다. 냄새와 연기로 미루어 볼 때 정원의 제단에서 이미 짐승들을 많이 잡은 모양이었다. (땅이 아무리 메말라도 신들의 양식은 어떻게든 마련

되는 법이다.) 궁전 문이 열렸다. 차가운 첫 새벽빛이 문 사이를 뚫고 들어왔다. 문 밖에서는 사제들과 신녀들이 노래를 부르고 있었다. 어중이떠중이들도 모여 있는 게 틀림없었다. 간간이 웅성거리는 소리가 들려왔다. (누군들 그 소리를 놓칠 수가 있으랴?) 어떤 짐승도 함께 모였을 때 인간처럼 듣기 싫은 소리는 내지 않는다.

나는 한참 동안이나 프시케를 찾아내지 못했다. 신들은 우리보다 더 교활해서 우리가 미처 생각지 못하는 비열한 것들까지 늘 생각해 내는 법이다. 마침내 찾아낸 프시케의 모습은 그야말로 최악이었다. 그 아이는 왕과 사제 사이에 놓인 덮개 없는 가마에 허리를 꼿꼿이 세운 채 앉아 있었다. 내가 그 아이를 알아보지 못한 것은 마치 신녀처럼 화장을 시키고 금칠을 하고 가발을 씌웠기 때문이었다. 그 아이가 나를 보았는지 보지 못했는지조차 알 수 없었다. 두텁고 생기 없는 가면을 뒤집어쓴 듯한 얼굴로 앞을 응시하고 있는 눈길이 너무나 낯설었고, 대체 어느 쪽을 바라보고 있는지조차 가늠할 수가 없었다.

신의 기교는 그 나름대로 경탄할 만한 것이었다. 신들은 그 아이를 죽이는 것만으로도 모자라 아버지까지 살인자로 만들어야 직성이 풀리는 모양이었다. 내게서 그 아이를 빼앗아 가는 것만으로도 모자라 세 번씩 거듭해서 내 심장을 찢어야 직성이 풀리는 모양이었다. 처음에는 사형선고로, 그 다음에는 지난밤에 프시케의 입에서 나온 낯설고도 냉정한 말로, 그리고 이제는 분칠에 금칠까지 한 귀신 꼴로 그 아이의 마지막 모습을 망가뜨림으로. 웅깃은 세상에서 가장 아름다운 것을 빼앗아 추악한 인형으로 만들어 버렸다.

후에 시녀들에게 들은 바로는 내가 계단을 내려가려 하다가 쓰러졌다고 한다. 나는 침대로 옮겨졌다.

그 후로 여러 날을 앓았지만 기억나는 것은 거의 없다. 나는 정신이 온전치 않았고 잠도 전혀 자지 않았다. (나중에 들은 말이다.) 이 말 저 말이 뒤섞인 헛소리를 고통스럽게 계속 쏟아냈는데—그것은 기억이 난다.—결국은 다 같은 말이었다. 모든 생각이 채 인식하기도 전에 다른 것으로 바뀌어 버리곤 했는데, 새로 떠오른 망상도 결국은 언제나 같은 상처를 쑤셔 댔다. 그 망상들에는 일관성이 있었다. 신들이 얼마나 잔인한지 또 한 번 보라. 잠을 자도, 정신을 놓고 미쳐 버려도 그 망상들은 떨쳐 낼 길이 없다. 그것들은 꿈속까지 쫓아온다. 우리는 그야말로 그것들에 휘둘릴 수밖에 없다. 그나마 최선의 방책은(진정한 방책이란 없지만) 잠들지 않도록 정신을 바짝 차리고 열심히 일에 매달리는 것, 음악도 듣지 말고 하늘이나 땅도 쳐다보지 말고 (무엇보다) 아무도 사랑하지 않는 것이다. 프시케로 인해 마음이 갈가리 찢긴 상태에서 모든 환각들에 공통적으로 나타난 짓눌림은 프시케야말로 나의 가장 큰 원수라는 것이었다. 참을 수 없이 억울한 감정이 전부 프시케를 향하고 있었다. 나를 미워하는 장본인은 바로 프시케였다. 나는 복수하고 싶었다. 때로는 프시케와 레디발과 내 어린 시절로 되돌아가곤 했는데, 그때마다 프시케와 레디발은 날 몰아세우고 놀이에서 따돌렸으며 둘이서 팔짱을 낀 채 날 비웃었다. 때로는 아름다운 내가 불쌍하게 거세된 타린이나 바르디아 비슷한 사람과(어이없게도) 연애를 하기도 했다. (아마 바르디아는 내가 앓기 전에 마지막으로 본 남자였기 때문에 나타났을 것이다.) 그런데 신혼 침실에 들기 바로 직전에 내 팔뚝만한 크기의 프시케가 가발과 가면을 쓰고 나타나 손가락 하나로 내 연인을 끌고 가는 것이었다. 그들은 문가에서 나를 돌아보며 손가락질하고 비웃었다. 그나마 이런 것들은 가장 명료한 환상 축에 속했다. 그보다는 모든 것이 뒤죽박죽 섞여 있는 불확실한 환상에 빠질 때가 더 많았다. 프시케가 날 높은 절벽에서 떨어 뜨리거나, 내 머리채를 잡고 끌고 다니며 걷어차거나(왕이 하는 짓과 너무나 비슷했지만 환상 속에서 그짓을 하는 사람은 왕이 아닌 프시케였다.), 횃불이나 칼이나 채찍을 들고 광활한 늪지와 캄캄한 산을 넘어 나를 쫓아오는, 그래서 살기 위해 도망쳐야만 하는. 여하튼 그 모든 경우에 억울한 마음과 증오와 조롱이 섞여 있었고, 그것은 복수하겠다는 결심으로 연결되었다.

서서히 몸이 회복되면서 환상은 사라졌으나, 프시케가 내게 무언가 큰 상처를 입혔다는 느낌만큼은 확고하게 남게 되었다. 그러나 그것이 무엇인지 생각해 볼 만큼 온전히 정신을 차리지는 못했다. 시녀들은 내가 누워 있으면서 몇 시간이고 "잔인한 것, 잔인한 프시케. 마음이 돌덩이처럼 단단하구나"라고 중얼거렸다고 했다. 나는 곧 정신을 되찾았고, 내가 정말 그 아이를 사랑한다는 것과 그 아이가 일부러 날 억울하게 만든 건 아니라는 사실을 인식했다. 그럼에도 어찌되었든 마지막으로 만났을 때 내 이야기는 거의 하지 않고 회색산의 신과 왕과 여우 선생과 레디발에 대해, 심지어 바르디아에 대해서까지 이야기한 것이 못내 서운했다.

다음 순간, 나는 기분 좋은 소리가 계속 들려오고 있음을 알아챘다.

"이게 뭐예요?"

내가 물었다. (약하고 쉰 소리가 나와서 놀랐다.)

"뭐 말이냐, 얘야?"

여우 선생의 목소리가 들렸다. 선생이 몇 시간 전부터 내 침대 가에 앉아 있는 것을 이미 알고 있던 터였다.

"할아버지, 저 소리요. 우리 머리 위에서 나는 소리요."

"애야, 비가 오고 있단다."

여우 선생이 말했다.

"비도 오고 너도 회복되었으니 제우스 신께 감사를 드려야겠다. 그리고 난……. 어서 다시 자거라. 이거 먼저 마시고."

여우 선생의 손에서 잔을 받아들 때 보니 얼굴에 눈물기가 있었다.

뼈는 부러지지 않았고, 타박상과 그 밖의 통증들도 사라졌다. 그러나 몸은 많이 약해졌다. 일과 연약함은 신들이 우리에게서 빼앗아 가지 않은 두 가지 위안이다. 그에 대해서는 쓰지 않겠다. (이마저도 빼앗아 갈지 모르니까.) 다만 신들도 이 사실을 틀림없이 알고 있다는 점만 밝혀 두기로 하자. 나는 너무 몸이 쇠약해져서 슬픔이나 분노를 느낄 여력이 없었다. 기력이 온전히 돌아오기 전 며칠 동안이 차라리 행복했다. 여우 선생은 매우 다정하고 자상했으며(선생도 많이 약해져 있었다.) 시녀들도 그러했다. 나는 사랑받고 있었다. 내가 생각했던 것보다 더 많이. 이제 잠은 달았고, 비도 많이 왔으며, 비가 멈추는 사이사이 훈훈한 남풍이 창가로 불어 왔다. 햇살도 좋았다. 오랫동안 우리는 프시케 이야기를 꺼내지 않았다. 이야기할 기회가 있어도 늘 일상적인 대화만 나누었다.

사람들은 나에게 전해 줄 소식이 많았다. 내가 앓기 시작한 바로 그날부터 날씨가 바뀌었다. 셰닛 강에 다시 물이 차올랐다. 가뭄은 그쳤지만 작물들은 이미 말라죽은 뒤였다. (대부분의 밭이 그러했고, 한두 밭에만 아주 약간의 작물이 남아 있었다.) 그래도 푸성귀들은 다시 자라나기 시작했다. 무엇보다 풀밭이 놀라울 정도로 되살아났다. 생각보다 더 많은 가축을 살려 두었어야 했다. 열병도 씻은 듯 사라졌다. 내 병은 열병과는 다른 것이었다. 새들이 글룸으로 돌아왔기 때문에 남편들은 활이나 덫으로 그것들을 잡을 수 있었고 아낙들은 푸짐한 저녁을 차릴 수 있었다.

나는 여우 선생과 시녀들에게서 이런 이야기들을 전해 들었다. 여우 선생은 우리 둘만 있을 때 또 다른 소식을 전해 주었다. 아버지는 요즘 백성들에게 사랑을 받고 있다고 했다. 대속죄제 때(이렇게 해서 우리는 가슴에 맺힌 문제를 처음으로 입에 올리게 되었는데) 동정과 추앙을 함께 듬뿍 받은 모양이었다. 거룩한 나무 앞에서 아버지는 울부짖고 곡을 하고 옷을 찢으면서 수없이 프시케를 끌어안았다. (전에는 그런 적이 한 번도 없었다.) 그러면서 몇 번이나 말하기를 백성들을 위해서라면 자신이 가장 아끼는 딸도 아낌없이 바치겠다고 했다는 것이다. 여우 선생이 전해 들은 바에 따르면, 그 자리에 모인 군중이 모두 눈물을 흘렸다고 한다. 선생은 노예였고 이방인이었기 때문에 그 자리에 갈 수가 없었다.

"할아버지, 정말 치사한 사기꾼 아니에요?"

내가 말했다. (물론 우리는 그리스어로 말하고 있었다.)

"꼭 그런 건 아니란다, 애야."

여우 선생이 말했다.

"왕은 자신이 그 행동을 하고 있는 동안에는 정말 그렇다고 믿는 사람이야. 그의 눈물은 레디발의 눈물만큼 거짓되지만 또 그만큼 참되다고도 할 수 있지."

그러고 나서 선생은 파르스 왕국에서 들려온 놀라운 소식을 이야기해 주었다. 백성 중에 한 바보가 파르스 왕에게는 열세 아들이 있다고

한 적이 있다. 그러나 사실 그에게는 여덟 아들이 있었고, 그나마 하나는 어릴 때 죽고 없었다. 장자가 아둔하고 나라를 다스릴 능력이 없어서, 왕은 셋째인 아간을 후계자로 지명했다. (그것은 그 나라 국법이 허용하는 일이었다.) 그러자 둘째인 트루니아가 왕위 계승에서 제외된 것에 불만을 품고 이른바 자신의 권리를 되찾기 위해 반란을 일으켰는데— 어느 나라에나 있게 마련인 불평분자들을 소집하여—그 추종세력이 상당히 강력했다. 결국 파르스 왕국은 최소한 열두 달 동안 내전에 시달렸으며, 양쪽 다 힘을 잃고 무력해져 글롬은 그 방면의 위험을 전혀 받지 않게 되었다는 것이다.

며칠 후 여우 선생과 함께 있을 때(왕이 자주 그를 찾는 바람에 자주 만나지는 못했지만) 내가 물었다.

"할아버지, 아직도 웅깃은 시인과 사제들이 지어낸 거짓말이라고 생각하세요?"

"그렇고 말고. 왜?"

"웅깃이 신이 아니라면 내 불쌍한 동생이 죽고 나서 이런 일들이 생길 수 있을까요? 우리를 위협하던 위험과 역병이 전부 사라져 버렸어요. 아니, 바람조차 그날로 달라져 버렸지요. 그들이 저지른—"

나는 그 일을 짚어서 말할 수가 없었다. 기력이 돌아오면서 슬픔도 되살아났다. 그것은 여우 선생도 마찬가지였다.

"저주받은 우연이지, 저주받은 우연이야."

그가 중얼거렸다. 한편으로는 분노로, 또 한편으로는 눈물을 참으려는 노력으로(그리스 남자들은 여자만큼 쉽게 울었다.) 얼굴이 온통 일그러졌다.

"이런 우연들 때문에 야만인들의 믿음이 자라나는 게야."

"할아버지, 우연 같은 건 없다고 몇 번이나 말씀하셨잖아요?"

"네 말이 맞다. 내가 지금 한 말은 예부터 내려오던 말장난 같은 거란다. 내가 하려던 말은 이 모든 일과 저 살인행위 사이에는 아무런 연관성이 없다는 거야. 이 모든 일과 저 살인행위는 자연, 혹은 전체라는 그물망의 일부일 뿐이란다. 저 남서풍은 수천 마일 떨어져 있는 땅과 바다를 넘어 여기까지 불어왔다. 세계의 날씨가 처음부터 그 바람을 불러오게 되어 있었기 때문에 여기까지 불어온 거란 말이지. 모든 것은 한 그물망 안에 얽혀 있단다. 거기에서 실 한 가닥을 뽑아 낼 수도 없고 새로한 가닥을 집어넣을 수도 없지."

"그렇다면 프시케는 헛되이 죽은 거네요."

내가 팔꿈치에 의지해서 몸을 일으키며 말했다.

"왕이 며칠만 기다렸다면 프시케를 살릴 수 있었던 거잖아요. 모든일이 이렇게 풀리게 되어 있었으니까요. 이게 할아버지가 말하는 위안인가요?"

"그건 아니지. 모든 악한 행위들이 그렇듯이 그들이 저지른 악행은 헛되고 무지한 거란다. 악을 저지른 건 그들이지 그 아이가 아니야. 그게 우리의 위안이다. 사람들이 그러는데 그 아이는 나무에 묶이면서도 눈물 한 방울 흘리지 않고 손가락 하나 떨지 않았다는구나. 사람들이 자기만 남겨 두고 떠날 때에도 소리를 지르지 않았대. 그 아이는 정말이지 선한 모든 것으로 충만한 채 죽었다. 용기와 인내와 또— 또— 아아!—오, 프시케, 오, 내 어린 것—"

선생의 사랑이 선생의 철학을 눌러 버렸다. 선생은 망토를 머리 위로 끌어올리고 여전히 울면서 방을 나갔다.

다음날 그는 말했다.

"딸아, 내가 얼마나 발전하지 못한 인간인지 어제 보았지. 나의 철학적 사고는 너무 늦게 시작되었다. 넌 젊으니 더 발전할 수 있을 게야. 사랑과 이별은 인생에 반드시 찾아오는 일이란다. 그 두 번째를 잘 견뎌내지 못하는 건 악한 짓이지. 그 아이는 그 악에 사로잡히지 않았다. 열정의 눈이 아닌 이성의 눈으로 그 일을 본다면 그 아이야말로 인생의 선한 것들을 모두 취한 것이 아니겠느냐? 순결과 절제, 신중함, 유순함, 온후함, 용기, 또 명성이 뜬구름 같은 것이긴 하다만 어쨌든 그것도 친다면 이피게니아나 안티고네[3]와 이름을 나란히 하게 되겠지."

물론 그 이야기는 오래 전에 들은 것이었고 워낙 많이 들은 것이어서 시인들이 쓴 문장 거의 그대로 외우고 있었다. 그런데도 나는 한 번 더 그 이야기를 해 달라고 청했다. 나이가 들면서 보통 남자들(특히 그리스 남자들)은 자기 입으로 한 말에서 위안을 받는다는 걸 알았기 때문에, 일차적으로는 선생 자신을 위해 청한 것이었다. 하지만 나도 그 이야기들을 듣는 게 기뻤다. 그 이야기들은 잔잔하면서도 친숙한 것이었기에 건강이 회복되면서 무슨 생각을 할 때마다 섞여 들어오던 한없이 비참한 심정을 밀어낼 수가 있었다.

다음날 처음으로 자리에서 일어난 나는 여우 선생에게 말했다.

"할아버지, 나는 이피게니아는 못 되겠어요. 안티고네는 될 수 있을

---

3) 아가멤논의 딸 이피게니아는 트로이 전쟁 때 여신의 노여움을 풀기 위해 산 제물로 바쳐진 인물. 안티고네는 오이디푸스의 딸로서 나라의 금령에도 불구하고 들판에 버려진 오빠의 시체를 매장해 주었다가 결국은 죽음을 맞이한다.

것 같아요."

"안티고네? 애야, 어떻게?"

"안티고네는 오빠를 묻어 주었잖아요. 저도 그렇게 하겠어요. 유해
가 남아 있을 테니까요. 야수도 뼈까지 전부 먹어 치우지는 않겠지요.
그 나무에 가 보아야겠어요. 남은 걸 가져와서…… 그것들을…… 가져
올 수만 있다면 가져와서 제대로 화장해 주겠어요. 남은 게 너무 많아
가져올 수 없다면 그 자리에 묻어 주고요."

"경건한 일이다."

여우 선생이 말했다.

"자연의 법칙에는 맞지 않아도 인간의 풍습에는 맞는 일이야. 네가
그렇게 할 수 있다면 말이지. 그러나 지금은 산에 오르기에 너무 늦은
시기란다."

"그러니까 서둘러야지요. 첫눈이 내리려면 아직 25일쯤은 더 있어야
할 거예요."

"할 수 있을까, 애야. 그간 몹시 앓았는데."

"제가 할 수 있는 일은 그것뿐이에요."

내가 말했다.

9

나는 금세 궁전과 정원 주변을 다시 거닐 수 있게 되었다. 나는 사람들 몰래 산책했다. 여우 선생이 왕에게 내가 여전히 아프다고 말해 놓았기 때문이었다. 그렇지 않았다면 기둥의 방으로 끌려가 일을 해야만 했을 것이다. 왕은 종종 묻곤 했다.

"그 아이는 어디 있지? 평생 동안 침대에서만 빈둥거리겠다는 거냐? 굼벵이를 한없이 내 집에 두고 먹여 줄 순 없어."

프시케를 잃고 나서도 레디발과 나를 대하는 왕의 태도는 전혀 부드러워지지 않았다. 오히려 그 반대였다.

"왕의 말만 듣고 있자면 그만큼 자식을 사랑하는 아버지도 없는 것 같다니까."

여우 선생이 말했다. 신들은 그가 가장 사랑하는 딸을 데려가고 찌꺼기만 남겨 놓았다. 헤픈 계집(레디발)과 추물 도깨비(나). 여우 선생이 말해 주지 않아도 능히 짐작할 만한 일이었다.

나로서는 어떻게 회색산의 그 나무까지 가서 프시케의 유해를 거두어 올지 생각하는 것만으로도 바빴다. 별 일 아닌 듯 이야기했고 꼭 그렇게 하겠노라 결심도 했지만, 해결해야 할 어려움이 만만치 않았다. 나는 말이나 나귀를 타 본 적이 없었기 때문에 걸어가야만 했다. 길을 잘 아는 남자가 궁전에서 나무까지 가는 데 약 여섯 시간이 걸린다는 것을 알고 있었다. 길도 모르고 여자인 내가 가려면 최소한 여덟 시간은 걸릴 것이었다. 작업을 하는 데 두 시간. 그리고 돌아오는 데 여섯 시간. 모두 열여섯 시간이 필요했다. 한달음에 될 일이 아니었다. 산중에서 밤을 보낼 요량을 해야 했고 식량을 챙겨야 했으며(물은 산에서 구한다 해도) 따뜻한 옷가지도 가져가야 했다. 기력을 온전히 회복하기 전까지는 할 수 없는 일이었다.

사실(지금 생각해 보건대) 할 수만 있다면 여행을 미루고 싶은 마음이었다. 위험이나 고생 때문이 아니었다. 일단 그 일이 끝나고 나면 온 세상에서 내가 바라볼 것이 하나도 남지 않기 때문이었다. 내 앞에 이 일이 있다는 것은 이를테면 아무것도 없는 사막 같은 여생 앞에 아직은 방벽이 서 있는 것과 같았다. 그러나 일단 프시케의 뼈를 수습하고 나면 그 아이와 관련된 모든 것이 완전히 끝나 버릴 것만 같았다. 해야 할 큰 일을 앞둔 상황이었는데도 그 후에 밀어닥칠 황량한 세월을 생각하면 전에는 한 번도 경험하지 못한 상심의 물결이 밀려오곤 했다. 그 고통은 과거에 감내했던 고통이나 그 후에 감내한 고통과는 전혀 다른 성질의 것이었다. 나는 울거나 손을 쥐어짜지 않았다. 마치 병에 담긴 채 지하 저장실에 남겨진 물 같았다. 아무 움직임도 없는 물, 사람들이 마시지도, 붓지도, 쏟지도, 흔들어 보지도 않는 물. 그런 나날들이 끝없이 이어졌다. 마치 태양이 더 이상 움직이지 않아 그림자 자체가 땅에 못 박혀 있는 듯했다.

어느 날 이 죽은 듯한 상태가 최악에 달했을 때 나는 작은 문을 열고 안으로 들어갔다. 좁은 통로 양쪽으로 경비대 숙소와 착유장이 있었다. 나는 입구에서 주저앉았다. 몸이 피곤해서가 아니라(신들은 자비롭지 못하게도 나를 튼튼하게 만들어 놓았다.) 어느 쪽으로든 한 걸음 더 나아가거나 어떤 행동을 할 이유를 전혀 찾지 못해서였다. 살찐 파리 한마리가 문기둥을 기어 올라가고 있었다. 아무 목적도 없는 듯 엉금엉금 기어 올라가는 모습을 보며 마치 내 삶, 아니 세상 전부의 삶과 같다는 생각을 했던 것이 기억난다.

"공주님."

뒤에서 소리가 났다. 쳐다보니 바르디아였다.

"공주님, 솔직히 말씀드리겠습니다. 저도 슬픔을 아는 사람입니다. 저도 공주님 같았던 적이 있습니다. 한 시간을 한 해처럼 길게 느끼면서 멀거니 앉아 있었지요. 그런데 전쟁이 저를 치료해 주었습니다. 제 생각에 다른 치료법은 없는 것 같습니다."

"난 전쟁에 나갈 수가 없어, 바르디아."

내가 말했다.

"그 비슷한 일은 하실 수 있지요. 다른 공주님이 계셨던 방문 앞에서 (그 복되신 분이 편히 쉬시길!) 오루알 공주님은 시선이 민첩하고 팔 뻗는 길이도 길다고 말씀드렸지요. 제가 공주님의 기분을 맞추어 드리려고 한 말인 줄 아셨을 겁니다. 물론 그런 마음도 없지는 않았지요. 하지만 그건 사실이기도 했습니다. 숙소에는 지금 아무도 없고 연습용 칼도 있습니다. 들어오시지요. 한 수 가르쳐 드리겠습니다."

"싫어."

내가 멍하게 말했다.

"하고 싶지 않아. 그런 게 무슨 소용이 있어?"

"무슨 소용이 있냐고요? 한번 해 보십시오. 손목과 손과 눈과 온몸의 근육을 사용하고 있는 동안에는 누구도 슬퍼할 겨를이 없답니다. 공주님, 믿든 말든 사실입니다. 게다가 공주님처럼 운동에 재능 있는 분이 훈련을 받지 않는다는 건 백 배나 유감스러운 일입니다."

"싫다니까. 날 내버려 둬. 지금 당장 싸워서 날 찔러 죽일 생각이 아니라면."

"죄송합니다만 그건 여자들이나 하는 말이지요. 한번 해 보시면 절대 그런 말은 하시지 않을 겁니다. 어서요. 일어나실 때까지 저도 이러고 있겠습니다."

덩치가 크고 친절하며 몇 살 더 많은 남자는 슬픔에 빠져 부루퉁한 처녀를 설득할 힘을 가진 법이다. 결국 나는 일어나 그와 함께 들어갔다.

"그 방패는 너무 무겁습니다."

그가 말했다.

"여기 알맞은 것이 있군요. 슬쩍 걸치세요, 이렇게. 처음부터 잘 알아두셔야 할 점이 있습니다. 방패는 무기이지 벽이 아닙니다. 칼처럼 방패를 들고서도 매 순간 싸워야 하지요. 자, 보세요. 제가 방패를 이렇게 비트는 것이 보이시지요? 나비의 날개처럼 이리저리 흔들어야 합니다. 만약 격전 중이라면 사방에서 화살이며 창이며 칼끝이 날아올 테니까요.

자, 여기 공주님의 칼이 있습니다. 아니, 그렇게 쥐시면 안 돼요. 단단히 틀어쥐고 싶겠지만 가볍게 잡으셔야 합니다. 칼은 도망가는 짐승이 아니니까요. 좀 낫군요. 자, 왼발을 앞으로. 제 얼굴을 보지 마시고 칼을 보세요. 지금 공주님과 싸우고 있는 건 제 얼굴이 아닙니다. 자, 이제 수비하는 방법을 몇 가지 가르쳐 드리지요."

바르디아는 꼬박 30분을 가르쳐 주었다. 그것은 내가 해 본 일 중 가장 힘든 것이었고, 그것을 배우는 동안에는 다른 생각을 할 겨를이 없었다. 방금 전에 나는 일과 연약함이 위안이 된다고 말했다. 그러나 땀이 가장 친절한 친구다. 병든 생각을 치료하는 데 철학보다 훨씬 더 효험 있는 것이 바로 땀이다.

"됐습니다."

바르디아가 말했다.

"자세가 아주 좋아요. 좋은 검객이 될 수 있겠는데요. 내일 다시 오시겠습니까? 옷이 거추장스럽군요. 무릎 정도까지만 내려오는 옷이면 좋겠는데."

나는 너무 더워 착유장으로 건너가서 우유를 한 사발 들이켰다. 불행한 시절이 시작된 이후 참으로 맛있게 먹은 최초의 음식이었다. 내가 아직 거기 있는 동안 병사 하나가 들어오더니(우리가 훈련하는 모습을 본 것 같았다.) 바르디아에게 무슨 말인가를 건넸다. 바르디아가 대답했으나 뭐라고 하는지 들을 수가 없었다. 이윽고 그는 좀더 큰 소리로 말했다.

"음, 그래, 얼굴이 그렇게 생긴 건 딱한 일이지. 그러나 용감하고 정직하시다. 만약 어떤 남자가 앞을 보지 못하고 이분이 왕녀만 아니라면 좋은 아내가 되었을 텐데."

이것이 내가 들은 말 중에 그나마 사랑 고백에 가장 가까운 말이다.

그 후 나는 매일 바르디아와 훈련을 했다. 그가 내게 훌륭한 의사 노릇을 해 주고 있음을 곧 알게 되었다. 슬픔은 여전했지만, 멍한 느낌은 사라졌고 시간도 제 속도로 흘러갔다.

나는 곧 바르디아에게 회색산에 가고 싶다는 소망과 까닭을 털어놓았다.

"아주 좋은 생각입니다, 공주님."

그가 말했다.

"제가 미처 그리 하지 못한 게 부끄럽군요. 우리 모든 사람들이 복되신 분께 그 정도는 해 드렸어야 했는데. 공주님이 직접 가실 필요 없습니다. 제가 대신 가지요."

나는 내가 가야 한다고 말했다.

"그럼 같이 가시지요. 혼자서는 그곳을 찾지 못하십니다. 곰이나 늑대를 만날 수도 있고, 더 나쁘게는 산사람이나 범죄자를 만날 수도 있지요. 말 탈 줄 아십니까, 공주님?"

"아니, 한 번도 배운 적 없어."

바르디아는 미간을 모으며 생각에 잠겼다.

"말 한 마리면 되겠는데."

그가 말했다.

"제가 안장에 앉고 공주님이 제 뒤에 타시면 됩니다. 가는 데 채 여섯 시간도 안 걸릴 겁니다. 지름길이 있으니까요. 하지만 거기에서 수습하는 데 시간이 오래 걸릴 수도 있지요. 산에서 밤을 지내게 될 수도 있습니다."

"폐하께서 그렇게 오래 자리를 비우게 하실까, 바르디아?"

그는 껄껄 웃었다.

"아, 폐하께는 얼마든지 둘러댈 수 있습니다. 폐하께서는 공주님을 대하듯 우리를 대하지는 않으시니까요. 말씀은 심하게 하시지만 군인이나 목동이나 사냥꾼 같은 사람들한테는 그렇게 나쁜 주인이 아니시지요. 폐하는 그들을 이해하시고 그들도 폐하를 이해합니다. 폐하께서는 여자나 사제들, 정치가들에게 가장 심하게 구시지요. 사실 폐하는 그런 사람들을 어느 정도 두려워하시거든요."

내게는 참으로 낯선 이야기였다.

엿새 뒤 새벽, 젖 짜는 시각에 나는 바르디아와 함께 길을 나섰다. 구름이 심하게 끼어 마치 한밤중처럼 어두웠다. 여우 선생과 내 시녀들을 제외하고는 궁전 안의 어느 누구도 우리의 출발을 알지 못했다. 나는 무늬가 없고 모자가 달린 검은 색 망토를 입었고 베일로 얼굴을 가렸다. 망토 속에는 검술 훈련을 할 때 입었던 짧은 겉옷을 입었고 남자 허리띠를 맸으며 옆구리에는 날카로운 칼을 찼다.

"아마도 들고양이나 여우 정도나 만나게 될 겁니다."

바르디아가 말했다.

"그래도 남자든 여자든 무기 없이 산에 오를 수는 없지요."

나는 다리를 한 쪽으로 모으고 말에 올라 한 손으로 바르디아의 허리를 잡았다. 다른 한 손으로는 무릎 위에 올려놓은 단지를 붙들었다.

우리가 탄 말의 말굽 소리가 따가닥거리기는 했지만 성읍은 조용했다. 여기저기 창을 밝히는 불빛들만 보일 뿐이었다. 성에서 셰닛 강의 여울로 들어서는 우리의 등 뒤로 사나운 빗줄기가 몰아쳤으나 물을 건

너는 동안 그쳤고 구름도 걷히기 시작했다. 여전히 동틀 기미는 보이지 않았다. 해 뜨는 쪽으로 고약한 날씨가 밀려가고 있었기 때문이다.

오른쪽으로 웅깃의 신전이 보였다. 신전의 생김새는 이러하다. 높이는 사람 키의 두 배요 굵기는 사람 두께의 네 배인 크고 오래된 돌들이 달걀 모양으로 솟아 있다. 이 돌들은 아주 오래된 것으로서 아무도 누가 그것들을 이곳까지 가져와 세웠는지, 또 어떻게 가져왔는지 알지 못한다. 그 돌들 사이에 벽돌이 채워짐으로써 벽이 완성되어 있다. 골풀로 이어 놓은 지붕은 고르지는 않으나 어느 정도 돔 형태를 갖추고 있어서 전체적으로 둥그런 혹 모양으로 보이는 것이 마치 거대한 민달팽이가 들판에 누워 있는 것 같다. 그것은 거룩한 형상으로, 사제들은 온 세상을 품고 있던 알 내지는 온 세상이 한때 머물던 자궁을 닮은 모양이라고 말하며, 비전秘傳에 따라 실제 그 알 내지는 자궁이라고도 한다. 해마다 봄이 오면 사제가 그 안에 들어가 갇혀 있다가 서쪽 문으로 나오기 위해 싸우는 시늉을 한다. 새해가 탄생했다는 의미에서 그렇게 하는 것이다. 신전을 지나치며 보니 연기가 피어오르고 있었다. 웅깃 앞에는 항상 불을 피워 둔다.

웅깃을 등지면서 나는 기분이 달라지는 것을 느꼈다. 내가 모르는 땅으로 가고 있기 때문이기도 했지만, 또 한편으로는 그 모든 거룩함을 떠나 맞이하는 공기가 더 상쾌하게 느껴졌기 때문이기도 했다. 회색산은 이제 더 큰 모습으로 우리 앞에 우뚝 서서 날이 밝는 것을 막고 있었다. 그러나 뒤를 돌아 성 너머로 프시케와 나와 여우 선생이 함께 다니던 언덕들을 바라보니, 거기에는 이미 아침이 찾아와 있었다. 더 너머에는 서녘 하늘의 구름이 연한 장밋빛으로 물들고 있었다.

우리는 작은 산등성이들을 오르내렸다. 주로 오르막이 많았는데, 양쪽으로 초원이 펼쳐져 있는 좋은 길이었다. 왼쪽에 컴컴한 숲이 보였고, 길은 곧 그리로 휘어지게 되어 있었다. 그러나 바르디아는 거기에서 길을 벗어나 초원으로 들어섰다.

"저것은 '거룩한 길'입니다."

그는 숲을 가리키며 말했다.

"그 복되신 분은 저리로 가셨지요. (편히 쉬시길!) 우리는 더 가파르지만 빠른 길로 갈 겁니다."

우리는 초원 위를 한참 달렸다. 길은 완만하지만 꾸준히 위로 올라가 높은 산등성이에 닿게 되어 있어서 정작 회색산의 모습은 거의 보이지 않았다. 그곳에 올라 말이 숨을 고르도록 잠시 서 있는 사이에 모든 것이 바뀌어 버렸다. 그리고 내 갈등이 시작되었다.

이제 우리는 눈부시게 밝고 따뜻한(나는 망토를 벗어 던졌다.) 햇살 아래 서 있었다. 풀잎마다 무겁게 달린 이슬들이 보석처럼 반짝였다. 산은 내 생각보다 훨씬 더 크고 훨씬 더 멀리 있었으며, 맨 꼭대기 바위로부터 한 뼘 위에 해를 매달고 서 있는 모습이 도무지 견고한 실체처럼 보이지 않았다. 산과 우리 사이에는 거대한 계곡과 언덕, 숲과 절벽, 셀 수도 없는 작은 호수들이 있었다. 왼쪽, 오른쪽, 뒤쪽으로는 산등성이들이 하늘까지 첩첩 솟아 있는 색색의 세상이 펼쳐져 있었고, 저 멀리에는 우리가 바다라고 부르는 물(물론 그리스인들의 대해에는 비할 바가 못 되지만)이 번쩍거리고 있었다. 종달새가 노래했다. 그 소리만 제외하면 거대한 태곳적 정적이 주변을 감싸고 있었다.

내 갈등은 이것이었다. 내가 몹시 슬픈 마음으로 떠나온 것을 잘 알 것이다. 나는 슬픈 일을 하러 왔다. 그런데 마치 흥거운 듯한 소리, 건방진 듯한 소리가 들려왔다. 말로 전달된 것은 아니지만 그 소리를 말로 옮긴다면 이런 것이 될 것이다. "네 마음도 춤추어야 하지 않겠어?" 어리석게도 내 마음은 "그럼, 그렇고 말고"라고 대답할 뻔했다. 나는 마치 주문을 외듯이 내 마음이 춤추지 말아야 할 수많은 이유를 되뇌었다. 내 마음이 춤을 춘다고? 사랑하는 사람을 빼앗긴 나, 이제 다시는 사랑을 찾지 못할 추물 공주, 왕에게는 찬밥 신세, 가증스런 레디발의 감시자, 아버지가 죽고 나면 아마 살해당하거나 거지꼴을 면치 못할 내가? (글롬이 내게 무슨 짓을 할지 어찌 알겠는가?) 그런데도 나는 그 교훈을 새기고 있을 수가 없었다. 거대한 세상을 보니 터무니없는 생각이 떠올랐다. 마치 내가 영원히 떠돌아다니며 낯설고 아름다운 것들을 하나하나 세상 끝까지 찾아다니며 볼 수 있지 않을까 하는.

싱그럽고 촉촉한 주변 세상을 돌아보면서(앓기 오래 전부터 내가 본 것이라고는 메마르고 시든 것들뿐이었다.) 그동안 세상을 잘못 판단해 왔다는 느낌이 들었다. 세상은 그 마음까지 춤추고 있는 듯했고 다정히 웃고 있는 듯했다. 내가 추하게 생겼다는 사실이 믿어지지가 않았다. 마음에 즐거움이 밀려드는데 누가 자기의 추함을 **느끼겠는가?** 그럴 때에는 마치 흉측한 얼굴과 뼈만 앙상한 팔 다리 속 어딘가에 부드럽고 신선하며 나긋하고 매력적인 사람이 들어 있는 듯한 느낌이 드는 법이다.

그 산등성이에는 그저 잠시만 서 있었을 뿐이다. 그러나 그 후 구불구불한 길을 따라 큰 고개들을 오르락내리락하는 동안이나 가끔씩 위험한 등성이를 만나 종종 말에서 내려 끌고가는 동안에도 갈등은 계속되었다.

그때 그처럼 어리석은 행복감에 맞서 싸웠어야 마땅하지 않았을까? 굳이 다른 이유를 찾지 않더라도 그것이 지극히 합당한 처사였을 것이다. 웃으면서 프시케를 장사 지내러 갈 수는 없는 노릇이었다. 그러고서도 내가 그 아이를 사랑했다는 것을 다시 믿을 수 있겠는가? 이성도 그에 맞서 싸울 것을 요구했다. 이렇게 돌연히 웃음을 짓기에는 이미 세상을 너무나 잘 알고 있었다. 여우 같은 계집에게 세 번이나 속았으면서도 또 다시 넘어가려는 남편을 어떤 아내가 참고 봐주겠는가? 오랜 가뭄 끝에 별안간 맑은 하늘과 싱그러운 초원을 만났다고 해서, 앓던 끝에 건강을 되찾았다고 해서, 신들이 출몰하고 역병이 들끓으며 부패하고 포악한 세상과 다시 친구가 되려 하는 것은 바로 그런 남편 꼴이 되는 것이었다. 나는 이미 본 것이 있었다. 나는 바보가 아니었다. 그러나 그때까지만 해도 세상을 믿으면 안 되는 가장 강력한 이유는 알지 못했다. 지금은 안다. 신들이 이처럼 쉽게, 또는 강력하게 우리를 즐거움으로 초대하는 것은 무언가 새로운 고통을 준비해 놓았기 때문이다. 신들에게 인간은 거품이다. 크게 불어 놓고는 터뜨려 버리는.

나는 그것까지는 몰랐으면서도 자신을 억눌렀다. 자신을 다스렸다. 신들은 나를 기분 내키는 대로 불고 노는 일개 피리로 생각했던 것이 아닐까?

갈등은 진짜 회색산에 닿기 전 마지막 봉우리에 올랐을 때 끝이 났다. 고도가 아주 높아 햇살이 매우 강렬했음에도 살을 에는 듯 차가운 바람이 불었다. 발밑을 내려다보니 우리와 회색산 사이에 저주받은 검은 골짜기가 패여 있었다. 검은 이끼와 토탄土炭으로 뒤덮인 검은 습지, 큰 자갈, 크고 둥근 돌덩이들과 바위 부스러기들이 산에서 골짜기 쪽으로 제멋대로 기어 내려가고 있는 듯한 형상이었다. 마치 산이 앓는 종기가 울룩불룩 돌덩이로 솟아 나온 것 같았다. 그중에서도 혹처럼 하늘로 불쑥 솟아 있는 큰 바윗덩어리는(그것을 보려면 고개를 뒤로 젖혀야 했다.) 늙은 거인의 어금니처럼 보였다. 산 왼쪽이 깎아지른 절벽인 것만 빼면, 정면으로 바라본 산의 기울기는 지붕의 기울기 정도로 그리 가파른 편이 아니었음에도 마치 벽이 앞에 서 있는 것 같았다. 그 또한 시커먼 색이었다. 신들은 더 이상 기쁨을 선사하지 않았다. 가장 명랑한 사람의 마음조차 춤추기를 멈출 정도로 아무것도 없는 곳이었다.

바르디아가 오른쪽을 가리켰다. 그쪽 등줄기는 회색산과 우리가 서 있는 봉우리 사이의 안부鞍部까지 완만하게 내려오고 있었는데, 역시 뒤편에 아무것도 없이 하늘만 펼쳐져 있었다. 말안장처럼 패여 있는 그 위에 이파리 하나 없는 나무 한 그루가 하늘을 배경으로 서 있었다.

가는 길이 험하고 돌들이 자꾸 발밑에서 굴러 떨어졌기 때문에 우리는 말을 끌고 걸어서 검은 계곡으로 내려갔다. 제일 낮은 곳까지 내려가 신성한 길로(이 길은 왼쪽 멀리 북단에서 이 계곡으로 들어오는 통로였다.) 접어들었다. 목적지가 아주 가까워서 다시 오르막길을 가지 않아도 되었다. 길을 몇 번 돌아드니 안부가 나왔고, 다시 칼바람이 불었다. 나무에 거의 다 왔다고 생각하니 두려워졌다. 뭐라고 꼭 집어서 말할 수는 없었지만 뼈를 찾고 나면, 또는 시신까지 찾고 나면 그 두려움에서 놓여날 것 같았다. 지금 생각해 보면, 그때 나는 그 아이가 산 것도 죽은 것도 아닌 상태에 있을지도 모른다는, 철없는 아이가 느끼는 두려움을 느꼈던 것 같다.

우리는 드디어 목적지에 도착했다. 쇠로 만든 허리띠와 거기 달린 사슬이 앙상한 나무줄기에(그 나무는 껍질이 벗겨져 있었다.) 매달린 채 간간이 바람에 흔들리며 둔중한 소리를 내고 있었다. 뼈도, 찢어진 옷도, 핏자국도, 아무것도 없었다.

"어떻게 생각해, 바르디아?"

내가 물었다.

"신이 데려가신 겁니다."

바르디아가 약간 창백해진 얼굴로 낮게(그는 신을 두려워하는 사람이었다.) 말했다.

"여느 짐승은 이렇게 깨끗이 해치우지 않습니다. 뼈를 남기지요. 짐승이라면, 그림자 야수가 아닌 다음에야, 이렇게 사람의 몸만 쏙 빼 갈 수가 없어요. 그리고 보석도 남깁니다. 사람이라면야, 하지만 사람이라도 도구가 있어야 풀어 낼 수가 있지요."

우리의 여행이 이렇게 허무하게 끝날 줄은 몰랐다. 할 일도 없었고, 수습할 것도 없었다. 그 즉시 공허한 삶이 시작되려 했다.

"주변을 좀 찾아보는 게 어떨까."

내가 뭘 찾으리라는 기대도 없으면서 어리석게 말했다.

"그래요, 그럽시다, 공주님. 주변을 좀 찾아봅시다."

바르디아가 말했다. 나는 그것이 단순한 호의에서 나온 말임을 알았다.

그리하여 우리는 주변을 찾기 시작했다. 바르디아는 이쪽을, 나는 저쪽을 맡아 원을 그리면서 땅에 눈을 박고 찾았다. 어찌나 추운지 펄럭이는 망토에 맞은 다리와 뺨이 다 아플 정도였다.

나보다 앞서 동쪽으로 가서 안부 저 먼 곳을 찾고 있던 바르디아가 소리를 질렀다. 그를 쳐다보기 위해 얼굴에 마구 흩날리는 머리칼을 쓸어 넘겨야 했다. 나는 그에게로 달려갔다. 서풍에 망토가 돛처럼 힘을 받아 마치 날아가는 듯한 느낌이었다. 바르디아가 발견한 것을 보여 주었다. 루비였다.

"그 애가 이런 보석을 달고 있는 건 본 적이 없는데."

내가 말했다.

"달고 계셨습니다, 공주님. 마지막 가는 길에 말입니다. 사제들이 거룩한 장신구를 달아 주었습니다. 신발 끈에 루비가 여럿 달려 붉게 빛났지요."

"아, 바르디아! 그렇다면 누군가, 무언가가 그 애를 여기까지 끌고 왔다는 거네."

"아니면 신발만 끌고 온 걸 수도 있고요. 갈가마귀라면 그런 짓을 할 법도 하지요."

"계속 가 보자. 이 방향으로 더 멀리."

"조심하셔야 합니다, 공주님. 꼭 가야 한다면 제가 가겠습니다. 공주님은 여기 계시는 게 좋겠습니다."

"아니, 뭐가 두려워서? 어쨌든 난 남지 않겠어."

"이곳을 넘어간 사람은 아무도 없습니다. 제사를 지내는 사제들도 이 나무 너머로는 가지 않지요. 우리는 지금 산의 불길한 쪽에 아주 가까이 와 있습니다. 그러니까 거룩한 쪽에 가까이 와 있는 겁니다. 나무 너머에는 신들의 나라가 있다고 들었습니다."

"그러면 바르디아가 남아. 나는 신에게 당할 재앙이 더 이상 없으니까."

"공주님이 가시는 곳에는 저도 갈 겁니다. 하지만 신들에 대한 언급은 삼가도록 하지요. 아니, 아예 입도 열지 맙시다. 우선은 돌아가서 말을 끌고 와야겠습니다."

바르디아는 키 작은 관목 숲에 매어 둔 말을 찾으러 갔다. (그가 보이지 않는 동안 나 혼자 그 위험한 땅의 가장자리에 서 있었다.) 그가 아주 심각한 모습으로 말을 끌고 돌아왔고, 우리는 앞으로 나아갔다.

"조심하십시오."

그가 다시 말했다.

"언제 절벽 위를 지나게 될지 모릅니다."

과연 그의 말대로 그 다음 몇 걸음은 마치 허공을 딛는 것처럼 느껴졌다. 그리고 순식간에 가파른 비탈 끝이 나왔다. 그와 동시에 해가―검은 계곡으로 내려온 이후 내내 구름에 가려 있던―넘어갔다.

마치 신천지를 내려다보는 것 같았다. 발아래 여러 산들이 뒤섞여 솟아 있었는데, 그 광대한 지역 한복판에 보석처럼 반짝이는 작은 계곡이 오른편 남쪽 방향으로 트여 있었다. 그 트인 곳 쪽으로 따뜻하고 푸르른 땅과 언덕과 숲이 언뜻 내려다 보였다. 그 계곡 자체가 산 남쪽 턱의 갈라진 틈 같았다. 지대가 높은데도 저지대인 글롬보다 더 날씨가 온화한 듯했다. 그보다 더 푸른 잔디는 본 적이 없었다. 가시금작화가 한창이었고, 야생덩굴이 우거졌으며, 꽃을 피운 나무들이 여기저기 숲을 이루고 있었다. 그리고 맑은 물이 풍부히 흘러 웅덩이와 여울과 작은 폭포들을 만들어 냈다. 어느 쪽 비탈이 말을 끌고 내려가기에 가장 쉬울지 잠시 찾아본 후에 내려가기 시작했는데, 공기가 점점 따사롭고 신선해졌다. 이제는 바람도 잦아들어 서로의 말소리를 들을 수 있었다. 이내 냇물 소리와 꿀벌 소리가 들려왔다.

"이곳은 신들이 숨겨 둔 계곡인가 봅니다."

바르디아가 숨죽인 소리로 말했다.

"숨겨 두긴 정말 숨겨 두었네."

내가 말했다.

우리는 맨 아래까지 내려갔다. 공기가 어찌나 따뜻한지 계곡 중심부와 우리 사이를 가르며 세차게 흐르는 호박색 냇물에 얼굴과 손을 담그고 싶은 마음이 다 들 정도였다. 베일을 걷어 올리는데 두 사람이 외치는 소리가 들렸다. 하나는 바르디아의 소리였다. 그때 나는 보았다. 이름을 붙일 수 없는 충격(거의 공포에 가까운)이 정수리에서 발끝까지 꿰뚫고 지나갔다. 6피트도 안 되는 곳, 냇물 저쪽에 프시케가 서 있었다.

10

우선은 걷잡을 수 없는 기쁨에 울기도 하고 웃기도 하면서 무슨 말을 지껄이기는 했는데, 기억이 나지 않는다. (여전히 물이 우리를 가로막고 있었다.) 나는 바르디아의 목소리에 정신이 돌아왔다.

"조심하세요 공주님. 망령일지도 모릅니다. 혹은— 아! 아! 맙소사!— 신의 신부입니다. 여신입니다."

바르디아는 하얗게 질린 채 엎드려서 머리에 흙을 뿌려 댔다.

그를 탓할 수는 없었다. 그리스 식으로 말하자면 그 아이의 얼굴에서는 광채가 났다. 그러나 나는 거룩한 두려움 같은 것은 느끼지 않았다. 내가 프시케를 두려워하다니? 품에 안고 기르면서 말하고 걷는 법을 가르쳤던 내가? 그 아이는 햇빛과 바람에 그을려 있었고 누더기를 걸치고 있었다. 그러나 웃는 눈은 두 개의 별 같았고, 팔다리는 매끈하고 살이 적당히 올라 있었으며, (누더기만 빼면) 빈곤이나 고난의 흔적이 보이지 않았다.

"어서 와요, 어서요, 어서."

프시케가 말했다.

"오, 마야, 이 순간을 얼마나 기다렸는지 몰라요! 내 유일한 소원이었지요. 언니가 올 줄 알았어요. 오, 정말 행복해! 바르디아도 잘 왔어요. 바르디아가 언니를 데려왔지요? 당연히 그랬겠지요. 그럴 줄 알았어요. 어서 와요, 오루알, 개울을 건너오세요. 어디가 건너기 쉬운지 알려 줄게요. 하지만 바르디아— 당신은 건널 수가 없어요. 사랑하는 바르디아, 당신은—"

"아니, 아닙니다, 복되신 이스트라 공주님."

바르디아가 말했다. (적이 안심하는 눈치였다.)

"저는 일개 군인일 뿐인 걸요."

그리고 한층 낮은 목소리로 내게 물었다.

"가시겠습니까, 공주님? 여기는 아주 무시무시한 곳입니다. 아마도—"

"가겠냐고?"

내가 말했다.

"물이 아니라 불이 흐르고 있어도 갈 거야."

"물론 공주님과 우리는 다르시니까. 공주님께는 신의 혈통이 흐르고 있지요. 저는 말을 데리고 여기 있겠습니다. 여기는 바람도 없고 말에게 먹일 좋은 풀도 있으니까요."

나는 이미 냇가에 다다라 있었다.

"좀더 위쪽으로 와요, 오루알."

프시케가 말했다.

"여기가 건너기 제일 좋은 곳이에요. 저 큰 돌 바로 앞으로 오세요. 천천히요! 발을 잘 디디세요. 아니, 왼쪽 말고. 어떤 곳은 아주 깊어요. 이쪽으로 오세요. 자, 한 걸음만 더. 내 손을 잡아요."

앓느라 오랫동안 자리보전을 하고 실내에만 있어서 그런지 몸이 약해진 것 같았다. 그래서였는가, 물이 너무 차가워 숨이 멎는 듯했다. 또 물살은 어찌나 세찬지, 프시케가 손을 내밀어 잡아 주지 않았다면 휩쓸려 떠내려갔을 것이다. 오만가지 생각이 오가는 와중에 나는 잠시 이런 생각까지 했다.

'저 아이는 정말 건강해졌구나. 내가 한창 건강하던 때보다 더 건강해. 아름다운 데다 건강하기까지 하다니.'

그 다음 순간은 완전히 정신이 없었다. 나는 말했다 울었다 입을 맞추었다 숨을 골랐다 하며 어쩔 줄을 몰랐다. 그 아이는 나를 냇물에서 몇 걸음 위쪽으로 데려가 포근한 덤불 위에 앉히더니 자기도 옆에 앉았다. 그 아이가 갇혔던 날 밤처럼 두 사람의 손이 다시 내 무릎 위에서 포개졌다.

"이런, 언니."

그 아이가 말했다.

"내 집 문턱이 정말 차고 가팔랐나 봐! 숨도 못 쉬네요. 원기부터 회복해야겠어요."

그 아이는 벌떡 일어나더니 잠시 어디론가 사라졌다가 무언가를 들고 나타났다. 이 산에서 나는, 푸른 잎이 달린 차갑고 색이 짙은 열매였다.

"드세요."

그 아이가 말했다.

"신들에게 어울리는 음식이지요?"

"정말 달구나."

내가 말했다. 그러고 보니 정오가 지난 듯 배도 고팠고 목도 말랐다.

"그런데, 오, 프시케, 말 좀—"

"잠깐만요!"

그 아이가 말했다.

"먼저 잔치를 해야지요. 포도주부터 마셔요."

우리 가까이에 쿠션처럼 푹신하게 이끼가 깔린 돌들이 있었고, 그 사이로 은빛 샘물이 졸졸 흘러나오고 있었다. 프시케는 그 물을 두 손 가득 받아 내 입술에 갖다 댔다.

"이보다 더 귀한 술을 맛본 적이 있나요?"

그 아이가 말했다.

"이보다 더 아름다운 잔은?"

"정말 훌륭한 음료로구나. 하지만 잔이 더 좋은걸. 내가 세상에서 가장 사랑하는 잔이야."

"이젠 당신의 것이랍니다, 언니."

선물을 내리는 여왕이자 여주인인 양 어여쁘게 예의를 갖추어 말하는 모습을 보니 다시 눈에 눈물이 고였다. 어린 시절 그 아이가 했던 장난들이 수없이 떠올랐다.

"고맙다, 애야. 정말 내 것이었으면 좋겠구나. 그런데 프시케, 진지하게 얘기 좀 해 보자. 그래, 빨리 말 좀 해 봐. 어떻게 살아 나왔니? 어떻게 탈출했지? 오— 이 순간의 기쁨을 우리 마음에서 쫓아내면 안 되는데, 이제 뭘 해야 하지?"

"뭘 해야 하냐고요? 그냥 즐겁게 지내면 되지 또 뭘 하려고요? 마음이 춤을 추면 되지 않나요?"

"마음은 이미 춤을 추고 있단다. 네 생각에는— 그래, 지금은 신들까지도 용서할 수 있을 것 같다. 조금만 더 지나면 레디발도 용서할 수 있을 것 같고. 어쩌면 말이지. 하지만 어떻게— 한 달도 안 되어 겨울이 닥칠 텐데— 그러면 넌 버틸 수가— 프시케, 지금껏 어떻게 살았던 거니? 난, 난 네가—"

전에 했던 생각들을 떠올리기만 해도 목이 메었다.

"쉿, 마야, 쉿."

프시케가 말했다. (이번에도 그 아이가 나를 위로하고 있었다.)

"무서운 일은 이제 끝났어요. 다 잘되었다고요. 내가 언니도 잘되게 해 줄 거예요. 언니가 나처럼 행복해질 때까지 뒷짐만 지고 있지 않을 거라고요. 그런데 내 이야기는 아직 묻지 않네요. 이렇게 아름다운 거처에서 사는 날 보니 놀랍지 않은가요? 경이롭지 않은가요?"

"그래 프시케, 깜짝 놀랐단다. 물론 네 이야기를 듣고 싶어. 하지만 우리 계획부터 먼저 세워 보자."

"진지하기만 한 오루알."

프시케가 나를 놀렸다.

"언니는 언제나 계획을 세웠지요. 나처럼 어리석은 아일 키우려면 그럴 수밖에 없었을 거예요, 마야. 그건 정말 잘한 일이었어요."

그 아이는 한 번의 가벼운 입맞춤으로 내가 그리워하는 지난 세월들,

그 모든 나날들을 뒤로 밀어낸 채 제 이야기를 하기 시작했다.

"궁전을 떠날 땐 제정신이 아니었어요. 신녀 둘이 옷을 입히고 화장을 시키기 전에 달콤하고 끈적거리는 음료를 주었는데, 아마 약이었나 봐요. 그걸 마시자마자 모든 게 꿈인 듯 몽롱해졌고 한참 동안 점점 더 몽롱해져 갔지요. 언니, 내 생각엔 웅깃에게 피를 바치는 사람들에게는 항상 그런 음료를 주는 것 같아요. 그러니까 그렇게 차분하게 죽어 가는 거겠지요. 난 얼굴 화장 때문에 더 몽롱했어요. 얼굴이 뻣뻣한 게 도무지 내 얼굴 같지가 않았지요. 내가 제물이라는 게 실감이 나지 않았어요. 음악에 향냄새에 횃불들이 그런 상태를 더 부추겼지요. 오루알, 언니가 층계 꼭대기에 앉아 있는 것도 봤어요. 하지만 손을 들어 흔들 수가 없더군요. 팔이 납덩이처럼 무거웠거든요. 어쨌든 별 상관없겠지 싶었어요. 언니도 곧 깨어날 테고 그러면 모든 게 꿈이었다는 걸 알게 될 테니까. 어떤 점에서는 정말 꿈 아니었나요? 언니는 지금 거의 깨어나고 있는 중이고요. 왜 그래요? 왜 아직도 그런 무거운 얼굴을? 언니를 좀 더 깨워야겠네요.

궁전 문을 나섰을 때 찬 공기에 제정신을 찾았겠다 싶겠지만, 약의 위력은 여전했어요. 두려움도, 기쁨도 느껴지지 않았어요. 가마를 탄 채 그 많은 군중의 머리 위에서 흔들리는 건 어찌 되었든 낯선 경험이었어요……. 뿔나팔과 딸랑이가 내내 울려 댔지요. 산에 오르는 길이 길었는지 짧았는지조차 기억이 안 나요. 순간순간이 다 길었어요. 난 길 위의 조약돌들을 하나하나 유심히 쳐다보았어요. 지나는 길의 나무들도 한 그루 한 그루 오래도록 바라보았지요. 하지만 전체적인 여정에는 거의 시간이 걸리지 않은 것 같아요. 그런데도 정신이 약간 돌아올 만큼은 걸렸나 봐요. 무언가 끔찍한 일이 닥칠 거라는 생각이 들기 시작하더군요. 그때 처음으로 말을 하고 싶은 마음이 들었어요. 무언가 착오가 일어났다고, 이 불쌍한 이스트라를 사람들이 죽이려 할 리가 없다고 소리치고 싶었지요. 하지만 정작 입에서는 분명치 않은 신음 소리 같은 것밖에 나오지 않았어요. 그러자 큰 새 머리를 한 사람이, 아니 사람의 몸을 한 새인가—"

"사제였을 거야."

내가 말했다.

"맞아요. 가면을 썼을 때도 사제라고 할 수 있다면. 그걸 쓰고 있는 동안에는 꼭 신처럼 보여요. 여하튼 그가 '좀더 먹여라'라고 하자, 젊은 사제들 중 한 명이 누군가의 어깨에 올라탄 채 다가와 그 달고 끈적한 액체를 입에 갖다 대더군요. 나는 마시고 싶지 않았지만, 마야, 언니도 알지요? 오래 전 언니가 이발사를 불러 내 손에 박힌 가시를 빼내던 때랑 모든 게 똑같더라고요. 그때 언니가 날 꼭 붙잡고 얌전히 있으면 금방 끝난다고 했던 거 기억나지요. 글쎄요, 꼭 그때 같아서 시키는 대로만 하면 확실히 좋아질 거라는 생각이 들었지요.

그 다음으로 기억나는 건, 그건 정말 기억나는데, 내가 가마에서 내려 뜨거운 땅을 밟았고 사람들이 내 허리를 사슬로 결박해서 거룩한 나무에 묶었어요. 사슬 소리에 마지막 약기운이 싹 가셔 버렸지요. 폐하가 비명을 지르고 울부짖으면서 머리를 쥐어뜯는 모습이 보였어요. 마야, 폐하가 실제로 날 보더군요. 정말로 보았어요. 날 그렇게 처다본 건 그때가 처음이었던 것 같아요. 하지만 내 바람은 폐하가 이제 그만 했으면, 혼자 울 수 있게 사람들을 다 데리고 돌아가 주었으면 하는 것뿐이었어요. 정신이 점점 더 맑아지면서 말할 수 없이 무서워지더군요. 할아버지가 늘 말씀해 주시던 그리스 신화 속의 여자들처럼 해 보려고 애를 썼지요. 사람들이 빨리 가 주기만 한다면 그때까지는 어떻게든 버틸 수 있을 것 같았어요."

"오, 프시케, 네 말처럼 이제 모든 게 잘되지 않았니. 그 끔찍한 시간들은 잊어버려. 이제 네가 어떻게 구조되었는지 빨리 얘기해 보렴. 우린 의논하고 계획할 게 너무 많단다. 시간이 없ㅡ"

"오루알! 시간은 얼마든지 있어요. 내 얘기를 **듣고 싶지** 않나요?"

"물론 듣고 싶지. 전부 다 듣고 싶어. 우리가 안전해지고 나면ㅡ"

"여기만큼 안전한 곳이 또 어디 있겠어요? 여기는 내 집이에요, 마야. 그 끔찍했던 일을 듣지 않으면 내가 얼마나 경이롭고 영광스러운 모험을 했는지 이해하지 못할 거예요. 사실은 그렇게 끔찍한 것도 아니었지만."

"난 끔찍해서 참고 들을 수가 없는데."

"아, 잠깐만 더 기다려 보세요. 음, 마침내 사람들이 다 가 버리고 나 혼자 햇볕에 바싹 타 버린 듯한 산들에 온통 둘러싸인 채 빛나는 하늘 아래 남게 되었지요. 나무 근처에는 바람 한 점 불지 않았어요. 가뭄 마지막 날이 어땠는지 기억하지요. 난 벌써부터 목이 말랐어요. 그 끈적한 액체 탓이었지요. 그리고 처음으로 그들이 날 너무 꽁꽁 묶어 놓아 앉을 수조차 없다는 걸 알게 되었어요. 정말 낙담이 되더군요. 난 그만 울어 버렸어요. 오, 마야, 언니와 여우 할아버지가 얼마나 간절히 보고 싶었는지! 내가 할 수 있는 일이라곤 무슨 일이든 빨리 일어나게 해 달라고 신들에게 기도하고 기도하고 또 기도하는 것뿐이었지요. 하지만 아무

일도 일어나지 않았고, 난 울어서 더 목이 말랐어요. 아주 한참 후에야 짐승들이 주변에 모여들더군요."

"짐승들?"

"오, 끔찍한 것들 말고요. 처음엔 들소들이 왔어요. 가엾게도 비쩍 말라 있더군요. 저것들도 나처럼 목이 마르겠구나 싶어서 안됐더라고요. 소들은 큰 원을 그리며 내 쪽으로 점점 다가왔지만, 아주 가까이는 오지 않고 날 쳐다보면서 울기만 했어요. 그 다음엔 생전 보지 못한 짐승이 왔는데, 스라소니가 아니었나 싶어요. 바짝 다가오더군요. 손은 묶여 있지 않았기 때문에 때려서 쫓을 수 있겠다 싶었어요. 하지만 그럴 필요가 없었지요. 다가섰다 물러섰다 하기를 몇 차례나 하더니, 내가 그놈을 무서워하듯이 그놈도 내가 무서웠는지 다가와서 내 발을 쿵쿵거리다가 앞발을 올리고 다시 냄새를 맡더군요. 그러고는 가 버렸지요. 난 서운했어요. 그 나름대로 친구가 되어 주었는데. 그동안 내내 무슨 생각을 했는지 알아요?"

"무슨 생각을 했는데?"

"처음엔 오래 전부터 꿈꾸어 왔던 궁전, 황금과 호박으로 된 회색산 위의 궁전과…… 신을…… 떠올려 보려고…… 믿어 보려고 애를 썼어요. 하지만 전혀 믿을 수가 없었지요. 전에는 어떻게 그런 걸 믿었는지 알 수가 없었어요. 그 모든 것이, 그 모든 오래된 동경심이 깨끗이 사라져 버리더라고요."

나는 프시케의 손을 꼭 잡고 아무 말도 하지 않았다. 그러나 속으로는 즐거웠다. 제사 전날 밤에는 그런 헛된 환상을 키우는 편이 그 아이를 지탱해 준다는 점에서 좋을 수도(난 잘 모르겠지만) 있었다. 그러나 이제는 그것을 씻어 버렸다니 기뻤다. 나는 그처럼 자연스럽지 않고 낯선 것을 좋아할 수가 없었다. 이렇게 기뻐한 것이 신들이 날 미워한 이유 중에 하나였는지도 모르겠다. 신들은 말을 하지 않으니 알 수 없다.

"유일한 도움은 전혀 다른 쪽에서 왔어요."

그 아이가 말을 이었다.

"생각이라고도 할 수 없고 말로 표현하기도 아주 힘든 무언가가 떠올랐지요. 거기에는 할아버지의 철학이 많이 들어가 있었어요. 신들이나 '신성한 자연'에 대해 하신 말씀들 말이에요. 하지만 사제가 피와 땅에 대해, 희생이 어떻게 곡물을 자라게 하는지에 대해 말한 내용들도 섞여 있었어요. 설명을 잘 못하겠네요. 그건 마치 내 속 깊은 곳에서 흘러나오는 것 같았어요. 황금과 호박으로 된 궁전을 보는 곳보다 더 깊은 곳에서, 두려움을 느끼고 눈물을 흘리게 하는 곳보다 더 깊은 곳에서. 형태는 없었지만 붙잡을 수는 있었어요. 아니, 그게 날 붙잡도록 내버려 두었다고도 할 수 있겠네요. 그러다가 뭔가 변화가 일어났어요."

"무슨 변화가 일어났는데?"

나는 그 아이가 하는 말을 잘 알아듣지 못했지만, 그 아이가 자기 뜻에 따라 자기 방식대로 이야기하도록 내버려 두어야 한다는 것은 알았다.

"오, 날씨가 달라지더라고요. 꽁꽁 묶여 있어 볼 수는 없었지만 느낄 수는 있었지요. 갑자기 서늘해지더군요. 내 뒤쪽 글롬 왕국 위 하늘에 구름이 모이고 있다는 걸 알았지요. 울긋불긋한 산의 색깔들이 빛을 잃고 내 그림자도 사라져 버리더군요. 그러고 나서 처음으로 달콤한 순간을 맞이했는데, 바람이, 서풍이 한 줄기 등 뒤로 지나갔어요. 그러더니 점점 더 많은 바람이 불어왔지요. 비가 오려고 할 때에는 소리와 냄새와 느낌으로 알 수 있잖아요. 그 순간 신들이 정말 있구나, 내가 비를 불러 왔구나 하는 걸 분명히 깨달았지요. 그리고 바람이 내 주변에서 울부짖 더니(사실 울부짖었다고 하기에는 너무나 부드러운 소리였지만) 비가 내렸 어요. 나무가 비를 좀 가려 주더군요. 나는 손으로 비를 받아 먹었어요. 목이 너무 말랐거든요. 바람은 점점 더 거세졌어요. 허리가 사슬로 묶여 있지 않았다면 땅에서 내 몸을 들어올려 공중으로 날려 보낼 기세였지 요. 그리고 드디어, 한순간이었지만, 그를 보았어요."

"누구를 봤는데?"

"서풍이요."

"그걸 **봤다고**?"

"그걸 본 게 아니라 그를 봤다고요. 바람의 신, 서풍 자신을요."

"프시케, 너 꿈 꾼 거 아니니?"

"오, 꿈이 아니었어요. 그런 꿈은 꿀 수가 없지요. 그런 모습 자체를 본 적이 없으니까요. 그는 인간의 모습을 하고 있었어요. 하지만 절대 인간으로 오인할 수는 없었지요. 오, 언니, 언니도 봐야 내 말을 이해할 텐데. 어떻게 이해를 시킨담. 문둥병자들을 본 적이 있지요?"

"그럼, 당연히 봤지."

"건강한 사람을 문둥병자 옆에 세워 놓고 보면 어떻던가요?"

"훨씬 더 건강하고 불그레하니 혈색이 좋아 보인다는 말을 하고 싶 은 거지?"

"그래요. 우리가 신들 옆에 나란히 서면 꼭 문둥병자가 건강한 사람 옆에 선 것 같아요."

"네가 말하는 그 신이 그렇게 붉었다는 거야?"

프시케는 웃음을 터뜨리며 손뼉을 쳤다.

"오, 안 되겠어."

그 아이가 말했다.

"내가 설명을 잘 못했나 봐요. 신경 쓰지 말아요, 오루알. 언니도 직접 신들을 보게 될 테니까. 꼭 봐야 해요. 내가 보여 줄 거예요. 어떻게 해서든지. 방법이 꼭 있을 거야. 음, 이렇게 말하면 도움이 되겠네요. 서풍님을 보았을 때 난 기쁘지도 무섭지도 않았어요. (처음에는요.) 그냥 부끄럽기만 했지요."

"뭐가? 프시케, 넌 벌거벗지도 않았잖아."

"아니, 그런 게 아니에요, 마야. 인간처럼 보이는 게 부끄러웠다고요. 인간인 게 부끄러웠어요."

"하지만 그건 어쩔 수 없는 것 아니니?"

"인간은 자기가 어쩔 수 없는 것들을 가장 부끄러워 한다는 거 알잖아요?"

나는 내 추한 몰골을 생각하고 입을 다물었다.

"그리고 서풍님이 그 아름다운 팔로 나를 잡았는데, 마치 불에 타는 듯한(사실은 전혀 타지 않았는데도) 느낌이었어요. 그렇게 내 허리를 동여 매고 있는 사슬에서 나를 끌어내, 어떻게 하나도 아프지 않게 끌어냈는지 모르겠지만, 땅에서 멀리 떨어진 공중으로 날아오르더니 회오리치며 날 데려갔어요. 물론 거의 바로 다음 순간에 서풍님의 모습은 다시 볼 수 없게 되었지요. 마치 번개가 치는 순간을 보듯이 잠시 동안만 그 모습을 본 거예요. 하지만 상관없어요. 난 서풍이 신이라는 걸 알았기 때문에 하늘을 떠 가면서도 하나도 무섭지 않았어요. 하늘에서 곤두박질을 친다 해도 무서울 게 없었지요."

"프시케, 정말 그런 일이 있었다고 믿는 건 아니겠지? 그건 분명 꿈이야!"

"언니, 그게 꿈이었다면 내가 어떻게 여기까지 왔겠어요? 난 오히려 전에 있었던 일들이 전부 꿈같은 걸요. 글롬 왕국이며 폐하며 늙은 유모 바타며, 이제는 아주 꿈같아요. 마야, 다시 원래 이야기로 돌아갈게요. 서풍님은 그렇게 날 공중으로 데려가다가 사뿐히 내려놓았어요. 처음에는 숨도 차고 너무 당황해서 내가 대체 어디에 온 건지 알 수가 없더군요. 서풍님은 명랑하고 거친 데가 있는 신이거든요. (언니, 젊은 신들은 인간 다루는 법을 좀 배워야 할 것 같지 않아요? 신의 성급한 손길 하나로도 인간은 산산이 부서질 수 있으니까요.) 하지만 정신을 차리고 보니, 아, 언니가 그 순간을 상상이나 할 수 있을지! 내 앞에 그 집이 있었어요. 내가 그 집 문턱에 누워 있었다고요. 언니도 짐작했겠지만, 내가 상상하던 것처럼 황금과 호박으로 된 집은 아니었어요. 내가 상상하던 그대로였다면 정말 꿈을 꾸고 있다고 생각했겠지요. 하지만 그렇지 않았어요. 땅에 있는 집들과도 아주 달랐고, 선생님이 설명하신 그리스의 집들과도 아주 달랐어요. 한 번도 생각지 못했던 새로운 집, 아니, 언니가 직접 보면 되겠네. 좀 있다 하나하나 다 보여 줄게요. 이렇게 말로 설명할 필요가 뭐가 있겠어요?

아마 언니도 보자마자 신의 집이라는 걸 알아챌 걸요. 내 말은 신을 경배하는 신전이란 뜻이 아니에요. 말 그대로 신이 사는 집이라고요. 난 어떤 부귀영화를 준다 해도 그 안으로 들어가고 싶지 않았지요. 하지만 오루알, 들어가야만 했어요. 어떤 목소리가 들려왔거든요. 감미로운 소리였냐고요? 오, 어떤 음악보다 감미로웠어요. 그런데도 머리카락이 쭈뼛 서더군요. 오루알, 그 목소리가 뭐라고 말했는지 알아요? '네 집으로 들어오라.' 그래요, **내** 집이라고 했어요. '네 집으로 들어오라, 프시케, 신의 신부여.'

나는 또 부끄러워졌어요. 내가 인간이라는 게 부끄러웠지요. 그리고 굉장히 두려웠어요. 하지만 그 말에 복종하지 않으면 더 부끄럽고 두려워질 것 같았어요. 나는 춥고 주눅이 들어 떨면서 계단을 올라갔고 현관을 지나 뜰로 들어섰지요. 아무도 보이지 않았어요. 그런데 목소리들이 들리더군요. 내 주변을 돌면서 환영한다고 말했어요."

"어떤 목소리였는데?"

"마치 여자들의 목소리 같았어요. 서풍의 신이 남자와 비슷했다면 이 목소리들은 여자들 것에 가까웠지요. 그 목소리들이 말했어요. '들어오세요, 아씨, 들어오세요, 안주인님. 두려워하지 마세요.' 한 명도 볼 수는 없었지만 움직이면서 말하는 듯했어요. 그 움직임으로 날 인도해 주었지요. 그렇게 그들은 아치 모양의 지붕이 있는 시원한 거실로 날 데려갔는데, 식탁에 과일과 포도주가 차려져 있었어요. 생전 보지도 못한 과일이었지요. 언니한테도 곧 보여 줄게요. 그들은 '목욕하기 전에 목부터 축이세요, 아씨. 그러면 향연이 벌어질 거예요'라고 말했어요. 오, 오루알, 그 느낌을 어떻게 설명하면 좋을까요? 난 그들이 영이라는 걸 알고 그 아래 엎드리고 싶었어요. 하지만 그럴 수가 없었지요. 그들이 날 그 집의 안주인으로 삼았으니 당연히 안주인 노릇을 해야 했거든요. 하지만 그 속에 무슨 고약한 장난이 숨어 있는 건 아닐까 내내 무서

왔지요. 다음 순간 짓궂게 낄낄거리면서―"

"아!"

나는 긴 한숨을 내뱉었다. 그런 상황이라면 익히 알고 있었다.

"오, 하지만 그건 오해였어요, 언니. 완전한 오해였지요. 그래서 인간
이라는 게 부끄러운 거예요. 그들은 내게 과일을 주고 포도주를 주
고―"

"목소리들이 그런 걸 네게 주었다고?"

"영들이 준 거지요. 그들의 손은 보이지 않았어요. 하지만 접시나 잔
이 저 혼자 움직이는 것 같진 않았어요. 손들이 움직이고 있다는 걸 알
수 있었지요. 그리고 오루알, (그 아이의 목소리가 아주 낮아졌다.) 잔을 들
었을 때 난, 난 다른 손들이 내 손에 닿는 걸 **느꼈어요.** 그것도 불에 닿
는 듯한 느낌이었지만 고통스럽진 않았지요. 그냥 무섭기만 했어요."

프시케가 갑자기 얼굴을 붉히더니 웃음을 터뜨렸다. (나는 그 이유가
궁금했다.)

"이젠 닿아도 무섭지 않겠지만."

그 아이가 말했다.

"그러고 나서 나는 욕장으로 갔지요. 곧 보여 줄게요. 아주 우아한 기
둥들로 둘러싸인 곳인데 위쪽은 지붕 없이 트여 있어요. 물은 수정 같고
그 향기는 감미롭기가…… 이 골짜기 전체에서 풍기는 향기에 못지않
아요. 그들이 내 옷을 벗겨 줄 때 너무나 창피했지만―"

"다 여자 영들이라면서."

"오, 마야. 아직도 이해를 못하는군요. 부끄러움이란 성별과 상관없
는 거예요. 그저 인간이기 때문에 부끄러운 거지요. 뭐라고 해야 할까?

……불충분한 존재의 부끄러움이랄까. 완전히 깨어 있는 세상 속을 꿈이 돌아다닌다면 창피하지 않겠어요? 그러고 나서 (프시케의 말소리가 점점 빨라졌다.) 다시 옷을, 어떤 옷보다 아름다운 옷을 입혀 주었고 잔치가 열렸어요. 음악이 들렸지요. 그리고 침실로 데려다 주었는데, 밤이 오고— 그리고— 그가 왔어요."

"그라니?"

"신랑……. 신이 직접 온 거예요. 그렇게 보지 말아요, 언니. 난 여전히 언니의 동생인 프시케예요. 하나도 달라진 게 없어요."

"프시케!"

내가 벌떡 일어나며 말했다.

"더 이상 참고 들을 수가 없구나. 네 말은 너무 이상해. 이게 다 사실이라면 내가 평생 잘못 살아온 거지. 모든 걸 처음부터 다시 시작해야 하는 거라고. 프시케, 진심이야? 장난치는 거 아니야? 어디 보여 줘 봐. 네 궁전을 보여 줘 봐."

"당연히 그래야지요."

그 아이가 몸을 일으켰다.

"들어가요. 무엇이 보이고 들리든 놀라면 안 돼요."

"여기서 멀어?"

내가 물었다. 그 아이는 놀란 표정으로 나를 쳐다보았다.

"어디가요?"

"궁전, 신의 집 말이야."

인파 속에서 길을 잃은 아이가 엄마라고 생각하고 달려간 여자가 고개를 돌려 낯선 얼굴을 보일 때 아이의 눈에 나타나는 표정, 잠시 말을 잃었다 울음을 터뜨리는 모습을 본 적이 있을 것이다. 프시케의 얼굴이 바로 그랬다. 앞이 가로막힌 것을 보고 멍해진 얼굴. 가장 행복했던 순간의 확신이 돌연 산산조각 나 버렸을 때의 얼굴.

"오루알."

프시케가 몸을 떨기 시작했다.

"무슨 말이에요?"

아직 진실을 눈치 채지 못한 나도 놀라기는 마찬가지였다.

"무슨 말이냐니?"

내가 말했다.

"궁전이 어디 있냐니까? 여기에서 얼마나 더 가야 하냐고?"

프시케는 외마디 소리를 질렀다. 그러더니 하얗게 질린 얼굴로 내 눈을 뚫어져라 응시하며 말했다.

"**여기잖아요**, 오루알! 여기! 언니가 지금 그 궁전 입구 계단에 서 있잖아요."

11

그 순간 누군가 우리를 보았다면 두 원수가 죽기를 무릅쓰고 싸우려
드는 줄 알았을 것이다. 몇 걸음 떨어져서 신경을 팽팽하게 곤두세운 채
서로 죽일 듯 노려보는 품이 영락없이 그랬을 것이라고 생각한다.

이제 내가 신들을 가장 크게 비난하는 부분의 이야기를 쓸 차례가 되
었다. 그러니 무슨 대가를 치르더라도 완전한 진실을 쓰기 위해 애써야
만 한다. 그러나 그 무한하게 느껴지던 침묵의 시간에 내가 무슨 생각을
했는지는 도저히 기억해 낼 수가 없다. 너무 자주 회상하다 보니 기억
자체가 흐릿해져 버린 걸까.

처음에 든 생각은 분명 '이 아이가 미쳤구나'라는 것이었으리라. 어
쨌든 나는 온 마음을 다해 무언가 엄청나게 잘못되어 가는 상황을 막기
위해 달려들었다. 거기 휩쓸리지 않으려고, 그걸 막아 보려고. 아마 나
또한 미치지 않으려고 싸운 것이리라.

그러나 숨을 돌리고 내가 한 말은(그때 속삭이는 듯한 목소리가 나왔던 것은 기억한다.) 단순히 "빨리 떠나자. 여긴 무서운 곳이야"라는 것이었다.

내가 그 아이의 보이지 않는 궁전을 믿었을까? 그리스인이라면 이런 생각 자체를 비웃을 것이다. 그러나 글롬에서는 달랐다. 신들은 우리와 너무나 가까운 곳에 있었다. 회색산 위, 이 심심산중, 바르디아가 두려워하고 사제들조차 감히 올 생각을 하지 않는 이곳에서는 무슨 일이든 일어날 수 있었다. 여기에서는 그 어떤 것도 막을 수가 없었다. 그렇다. 그것이었다. 분명한 믿음이 아니라 끝없는 불안, 온 세상이(프시케도 함께) 내 손에서 빠져나갈 것 같은 불안이 문제였던 것이다.

내 의도와 상관없이 그 아이는 내 말을 터무니없이 오해했다.

"그러니까 언니도 보이긴 하는 거죠."

그 아이가 말했다.

"뭐가 보여?"

내가 물었다. 어리석은 질문이었다. 난 그 아이가 무엇을 묻는지 알고 있었다.

"이거, 이거 말이에요."

프시케가 말했다.

"이 문, 빛나는 벽―"

어떤 이상한 이유 때문인지 그 말을 듣자 분노, 아버지의 것과 같은 분노가 나를 사로잡았다. 나는 고래고래 악을 썼다. (지금도 확신하지만 그렇게 악을 쓸 생각은 전혀 없었다.)

"그만! 당장 그만해! 저긴 아무것도 없어."

그 아이의 얼굴이 확 붉어졌다. 단 한 번, 그것도 잠시 동안뿐이었지만 그 아이도 화를 내고 있었다.

"자, 만져 봐요. 만져 보라고요. 보이지 않으면 더듬어라도 봐요."

그 아이가 말했다.

"손으로 때려 봐요. 머리로 쳐 봐요. 여기―"

그 아이는 내 손을 잡았다. 나는 손을 비틀어 빼내 버렸다.

"그만, 그만하라고 했잖아! 그런 건 없어. 네가 그런 척하고 있는 것일 뿐이야. 스스로 그렇게 믿으려고 애쓰는 거라고."

그러나 나는 거짓말을 하고 있었다. 그 아이가 정말 보이지 않는 세계를 보는 것인지, 미쳐서 그런 말을 하는 것인지 어찌 알겠는가? 어느 쪽이든 낯설고 악의적인 상황이 벌어지고 있었다. 나는 완력으로 다시 상황을 돌려 놓으려는 듯 프시케에게 덤벼들었다. 그리고 미처 의식도 하기 전에 어린아이를 흔들듯 그 아이의 어깨를 잡고 흔들어 댔다.

그 아이는 어찌나 크고 훨씬 더 강해졌는지(그렇게 강해지리라고는 꿈에도 생각지 못했다.) 순식간에 내 손을 뿌리쳐 버렸다. 우리는 숨을 거칠게 내쉬며 서로에게서 떨어져 나왔는데, 전보다 더 원수들 같은 모습이었다. 갑자기 그 아이의 얼굴에 전에는 보지 못했던 표정이 떠올랐다. 날카로운 의심의 표정이었다.

"하지만 언니도 포도주를 마셨잖아요. 내가 그걸 어디에서 가져왔겠어요?"

"포도주? 무슨 포도주? 너 지금 무슨 말을 하는 거야?"

"오루알! 내가 준 포도주 말이에요. 그리고 잔도. 내가 잔을 주었잖아요. 어디 있지요? 어디 숨겼어요?"

"오, 그만해, 애야. 난 지금 헛소리를 할 기분이 아니야. 포도주 같은 건 없었어."

"내가 주었잖아요. 언니가 마셨고. 부드러운 벌꿀 케이크도. 언니가—"

"넌 네 손에 물을 받아서 주었어."

"하지만 언니도 포도주를 칭찬했잖아요. 그리고 잔도. 언니가 말하길—"

"난 네 손을 칭찬한 거야. (너도 알다시피) 네가 장난을 하니까 맞장구를 쳐 준 거라고."

프시케는 벌린 입을 다물지 못했으나, 그 모습 또한 아름답기 그지없었다.

"그렇다면,"

그 아이가 천천히 말했다.

"잔을 전혀 보지 못했다는 말이에요? 포도주도 마신 적 없고?"

나는 대답하지 않았다. 대답은 이미 할 만큼 했다.

곧이어 그 아이의 목울대가 마치 무엇을 삼키기라도 하는 듯(오, 그 목선의 아름다움이여!) 움찔거렸다. 그렇게 휘몰아치는 격정을 누르는 가운데 그 아이의 태도가 바뀌었다. 상황을 다 알아차린 후의 슬픔에 연민이 뒤섞였다. 그 아이는 마치 곡하는 사람처럼 주먹으로 가슴을 쳤다.

"아아!"

그 아이는 한탄했다.

"그분이 말씀하셨던 게 바로 이것이었구나. 언니는 보지 못하는구나. 느끼지도 못하는구나. 언니한텐 아무것도 존재하지 않는 거로구나.

오, 마야…… 정말 미안해요."

나는 거의 믿을 뻔했다. 그 아이는 여러 가지 방법으로 나를 흔들고 휘저었다. 반대로 나는 그 아이를 전혀 흔들지 못했다. 그 아이는 자기의 궁전을 너무나 당연한 것으로 받아들이고 있었다. 아버지의 단검이 갈비뼈 사이를 겨누고 있는데도 사제가 웅깃을 믿었던 것만큼이나 확고하게. 사제 옆에 있었던 여우 선생이 무력했듯이 나 또한 그 아이 옆에서 무력했다. 이 계곡은 정말 무서운 곳이었다. 신적이고 성스러운 것들로 가득 찬 곳, 인간에게는 적합치 않은 곳이었다. 거기에는 내가 보지 못한 것들이 수백 가지나 더 있었을지 모른다.

그리스인이 이런 생각에서 비롯되는 공포를 이해할 수 있을까? 세월이 지난 후에도 나는 거듭거듭 꿈을 꾸었다. 아주 잘 알고 있는 곳—대개는 기둥의 방이었다.—인데 눈에 보이는 모든 것을 막상 만져 보면 다른 것으로 변하는 꿈. 탁자에 손을 얹으면 부드러운 나뭇결이 아니라 체온이 담긴 머리카락이 만져지고, 가장자리에서 뜨겁고 축축한 혓바닥이 날름 튀어나와 나를 핥아 대곤 했다. 그런 꿈을 설핏 꿀 때에도, 나는 그 모든 것이 프시케의 궁전을 보려 했지만 보지 못했던 그 순간에서 비롯된 것임을 알아챘다. 그때와 똑같은 공포가 느껴졌기 때문이다. 역겨운 불일치, 부러진 두 개의 뼛조각처럼 삐걱거리는 두 개의 세상.

그런데 (꿈이 아닌) 현실에서는 공포와 함께 억장이 무너지는 듯한 슬픔이 함께 찾아왔다. 세상은 조각나 버렸고, 프시케와 나는 같은 조각에 속해 있지 않았다. 산도, 바다도, 광기도, 죽음 그 자체도 우리 사이를 이처럼 가망 없이 갈라 놓지는 못했을 것이다. 신들이, 또 신들이, 언제나 그렇듯이 신들이…… 그 아이를 훔쳐 가 버렸다. 이른 봄 수선화가 땅을 뚫고 나오는 것처럼 한 가지 생각이 내 부서진 마음의 틈새를 뚫고 올라왔다. 그 아이는 신들에게 가치 있는 존재인 것이 아닐까? 그래서 꼭 그 아이를 데려가야만 하는 것이 아닐까? 그러나 곧 숨통을 조이며 눈을 멀게 만드는 거대한 슬픔의 파도가 그 생각을 휩쓸고 가 버렸다.

"오!"

나는 소리쳤다.

"아니야. 이건 아니야. 오, 프시케, 돌아와! 어디 있니? 돌아와, 돌아와."

그 아이는 바로 나를 끌어안았다.

"마야— 내 언니,"

그 아이가 말했다.

"나 여기 있어요, 마야, 그러지 말아요. 견딜 수가 없어요. 나는—"

"그래…… 오, 내 아가…… 네가 만져지는구나…… 내가 널 안고 있어. 그런데 오…… 꼭 꿈속에서 안고 있는 것만 같다. 넌 천리만리 떨어져 있는데, 난……."

그 아이는 날 몇 걸음 이끌고 가서 이끼 덮인 기슭에 앉히고 자기도 그 옆에 앉았다. 그리고 이런저런 말과 행동으로 최대한 날 위로하려고 애를 썼다. 폭풍과 전쟁의 한복판에도 돌연 잠깐 동안의 평온이 찾아오듯, 나도 잠시 그 아이의 위로를 받아들였다. 그렇다고 그 아이의 말에 주의를 기울였다는 뜻은 아니다. 내게 중요한 것은 그 아이의 목소리였고, 그 목소리에 담긴 사랑이었다. 그 아이의 목소리는 여자치고는 매우 저음이었다. 지금도 가끔 그 아이가 이런저런 말을 하던 소리가 마치 같은 방 안, 내 등 뒤에서 나는 것처럼 따뜻하고 생생하게 들려오곤 한다.

충실한 토양에서 자란 옥수수처럼 풍성하고 부드러웠던 그 소리가.

그 아이는 이렇게 말했다.

"⋯⋯그러니까 마야, 언니도 보는 법을 배우게 될지 몰라요. 그렇게 해 달라고 그분께 간청하고 매달려 볼게요. 그분도 이해하실 거예요. 내가 언니를 만나게 해 달라고 했을 때 내가 바라는 대로만 되지는 않을 거라고 경고하셨거든요. 그래도 이렇게 될 줄은⋯⋯. 그분 말대로 난 참 어리석은 프시케예요⋯⋯. 언니는 보지 못할 거라는 뜻인 줄은 전혀 생각지도 못했지요. 그분은 우리에게 말해 줄지도⋯⋯."

그분? 난 **그분**의 존재를 잊고 있었다. 잊은 것까지는 아니더라도 내가 그 궁전 문에 서 있다는 말을 들은 이후 전혀 신경을 쓰지 않고 있었다. 그런데 프시케는 마치 젊은 새댁처럼 말끝마다 **그분**이었고, **그분** 외에 다른 이름은 입에 올리지 않았다. 속에서 무언가 더 차고 단단한 것이 올라오기 시작했다. 이 또한 내가 전쟁에서 경험한 느낌과 비슷하다. **저들** 혹은 **적**이 갑자기 2피트 앞에 한 남자의 모습으로 나타나 날 죽이려 할 때의 느낌 말이다.

"지금 누구 얘기를 하는 거지?"

내가 물었다. 하지만 그 질문의 뜻은 '왜 그 얘길 나한테 하는 거지? 내가 그 사람과 무슨 상관이 있다고?'라는 것이었다.

"아니, 마야."

그 아이가 말했다.

"내가 다 얘기했잖아요. 당연히 내 신을 말하는 거예요. 내 연인, 내 남편, 내 집의 주인 말이에요."

"오, 참을 수가 없어."

내가 벌떡 일어나며 말했다. 그 아이가 떨면서 부드럽게 말한 마지막 말들이 내게 불을 질렀다. 분노가 다시 몰려드는 것이 느껴졌다. 그때 그 아이는 미쳤다는 맨 처음 생각을(그 생각은 청신호처럼, 구원의 희망처럼 다가왔다.) 왜 잊었는지, 언제부터 잊고 있었는지 자문해 보았다. 미친 거야. 그래. 이 모든 게 광기에서 비롯된 거야. 다른 생각을 하다니 나도 그 아이처럼 거의 미쳤었나 봐. **광기**라는 그 말에 계곡의 공기는 좀더 숨 쉴 만해진 것 같았고, 거룩함과 공포도 좀 사그라지는 듯했다.

"그만해, 프시케."

내가 날카롭게 말했다.

"그 신이 어디 있지? 궁전이 어디 있냐고? 아무 데도 없잖아. 다 네 공상일 뿐이야. 그가 어디 있어? 보여 줄 수 있어? 대체 어떻게 생겼지?"

그 아이는 약간 고개를 돌리더니 어느 때보다 낮은 소리로, 그러나 아주 분명하게 대답했다. 마치 자기가 지금 말하는 내용의 심각함에 비하면 지금껏 우리 사이에 오간 모든 말들은 전혀 중요치 않다는 투였다.

"오, 오루알."

그 아이가 말했다.

"나도 그분을 보지 못했어요…… 아직은. 그분은 거룩한 어둠 속에서만 날 찾아와요. 그분을 보면 안 된다고 했어요……. 아직은…… 얼굴을 봐도 안 되고 이름을 알려 해서도 안 된다고. 그분…… 우리…… 방에는 등불을 가지고 들어가선 안 돼요."

그러고 나서 고개를 드는 그 아이의 눈과 내 눈이 마주쳤는데, 형언할 수 없는 기쁨이 깃들어 있는 것을 볼 수 있었다.

"그런 건 없어."

내가 크고 엄한 소리로 말했다.

"그따위 말은 다시는 하지 마라. 일어나. 이제부터는—"

"오루알."

그 아이는 이제 여왕처럼 말했다.

"난 평생 언니한테 거짓말을 한 적이 없어요."

나는 태도를 좀더 누그러뜨리려고 애를 썼다. 그러나 말은 차갑고 엄하게 나왔다.

"아니, 거짓말이 아니지. 넌 지금 정신이 온전치 못한 거야, 프시케. 다 네 상상에서 나온 거라고. 두려움과 외로움과…… 그들이 먹인 약 때문에. 우리가 고쳐 줄게."

"오루알."

프시케가 불렀다.

"왜?"

"이 모든 게 공상이라면, 내가 어떻게 몇날 며칠을 살 수 있었을까요? 내가 나무 열매나 따 먹고 벌판에서 잔 사람처럼 보여요? 내 팔이 약해졌나요? 아니면 내 뺨이 수척해졌나요?"

확실히 그렇다고 거짓말을 하고 싶었다. 그러나 그렇게 할 수가 없었다. 그 아이는 머리끝부터 발끝까지 온몸이 생명력과 아름다움과 건강함으로 넘치고 있었다. 그 모든 것이 그 아이의 속에서부터 솟아나는 듯 보였다. 바르디아가 여신으로 경배한 것도 이상한 일이 아니었다. 낡은 옷조차 그 아름다움을 더 돋보이게 하고 있었다. 온통 꿀처럼 감미롭고, 장미처럼 붉고, 상아처럼 하얗고, 따뜻하고, 숨결까지 완벽했다. 심지어 키도 전보다 커진 것 같았다. (나는 '그럴 리가 없어'라고 생각했다.) 거짓말을 하지 못하는 것을 본 그 아이가 약간은 놀리는 듯한 표정으로 나를 보았다. 놀리는 듯한 그 표정은 언제 보아도 아름답기 짝이 없었다.

"알겠지요?"

그 아이가 말했다.

"다 사실이에요. 그러니까, 아니, 내 말을 들어 봐요, 마야. 그러니까 모든 게 잘될 거예요. 우리가, 그분이 언니도 볼 수 있게 해 줄 거예요. 그러면—"

"난 보고 싶지 않아!"

내가 홱 다가들며 거의 위협하듯 외치자 프시케가 그 서슬에 놀라 뒷걸음질을 쳤다.

"난 보고 싶지 않아. 싫어. 싫다고, 싫어, 싫어. 알겠어?"

"하지만…… 오루알, 왜? 뭐가 싫다는 거죠?"

"오, 다 싫어. 그걸 뭐라고 불러야 하지? 네가 잘 알잖아. 네가 말했던 거. 그, 그—"

그 아이가 **그분**에 대해 말했던 어떤 내용이(그때까지는 거의 눈치채지 못했는데) 내 마음 속에서 무섭게 꿈틀거리기 시작했다.

"어두울 때 널 찾아오는 그것……. 그런데 넌 그걸 보면 안 된단 말이지. 넌 거룩한 어둠이라고 부르더구나. 그게 대체 뭐지? 흥! 웅깃의 신전하고 똑같은 거야. 신들과 관련된 건 다 어둡지……. 냄새가 나. 바로 그……."

그 아이의 흔들리지 않는 눈길과 아름다운 모습은 연민으로 가득 차 있으면서도 일면 너무나 가차 없는 것이어서 나는 잠시 할 말을 잃었다. 그러자 눈물이 다시 터져 나왔다.

"오, 프시케."

나는 흐느꼈다.

"넌 너무나 멀리 있구나. 내 말이 들리기는 하는 거니? 난 너한테 다가갈 수가 없어. 오, 프시케, 프시케……. 한때는 날 사랑했지……. 돌아와 줘. 신이니 기적이니 이 모든 잔인하고 컴컴한 것들과 우리가 대체 무슨 상관이야? 우린 여자들이잖니? 우린 인간이야. 오, 세상으로 돌아와. 다 내버려 두고. 우리가 함께 행복을 누리던 세계로 돌아와."

"하지만 오루알, 생각해 봐요. 내가 어떻게 돌아가겠어요? 여긴 내 집이에요. 난 아내고요."

"아내? 무슨 아내?"

나는 몸을 떨었다.

"언니가 그분을 알기만 한다면."

그 아이가 말했다.

"넌 그걸 좋아하는 거로구나! 오, 프시케!"

그 아이는 대답하려 들지 않았다. 얼굴이 붉게 물들었다. 그 아이의 얼굴과 온몸이 대답을 하고 있었다.

"오, 넌 웅깃의 신녀가 되었어야 했어."

내가 격분하며 말했다.

"피냄새와 향냄새, 웅얼거리는 소리, 짐승의 기름 타는 냄새가 진동하는 거기에서, 그 어둠 속에서 살았어야 했다고. 그걸 좋아하다니…… 보이지도 않는 것들…… 어둡고 거룩하고 끔찍한 것들 속에서 사는 걸 좋아하다니. 그러면서도 날 떠나는 건 아무것도 아니란 말이지? ……우리의 모든 사랑에 등을 돌리고…… 저런 것들 속으로 들어가 버리는 게?"

"그래요, 못해요, 마야. 난 언니에게로 돌아갈 수가 없어요. 내가 어떻게 돌아갈 수 있겠어요? 오히려 언니가 나한테로 와야 해요."

"아, 미친 짓이야."

내가 말했다.

정말 미친 짓이었을까, 아니었을까? 과연 어느 쪽이 진실이었을까? 어느 쪽이 더 나쁜 쪽이었을까? 신들이 우리에게 호의적이라면 그 순간 입을 열어 말해 주었으리라. 그러나 그 대신 그들이 무슨 짓을 했는지 보라.

비가 내리기 시작했다. 보슬비였지만 그 비가 모든 것을 바꾸어 놓았다.

"이리 와, 얘야."

내가 말했다.

"내 망토 속으로 들어와. 저 형편없는 누더기 좀 봐! 얼른. 다 젖겠다."

그 아이는 나를 의아하게 바라보았다.

"마야, 내가 어떻게 젖겠어요? 우린 지금 지붕 아래 앉아 있는데요. 그리고 '누더기'라뇨? 아, 잊었네. 언니는 내 옷도 볼 수 없지."

그렇게 말하는 그 아이의 뺨 위에서 빗방울이 반짝거렸다.

이 책을 읽는 현명한 그리스인이여, 만약 이 사건으로 내 마음이 돌아섰는지 궁금하다면 그대의 어머니나 아내에게 물어 보라. 지금까지 정성껏 돌봐온 내 아이가 암소나 다름 없이 빗속에서도 전혀 개의치 않고 앉아 있는 모습을 보는 순간, 궁전이나 신이니 하는 것들이 꼭 미쳐서 하는 말이 아닐 수도 있다는 생각은 싹 사라지고 말았다. (바로 그 순간에) 터무니없는 불안감과 두 입장 사이에서 갈팡질팡하던 마음도 정리되었다. 두 입장 중 하나를 택해야 한다는 생각이 번개처럼 스쳐 지나갔고, 동시에 이미 어느 쪽을 택했는지가 분명해졌다.

"프시케."

내가 말했다. (내 목소리는 바뀌어 있었다.)

"이건 완전히 미친 짓이야. 여기 있으면 안 돼. 곧 겨울이 닥칠 거야. 그럼 얼어 죽는다고."

"내 집을 떠날 수는 없어요, 마야."

"집이라고! 여기 집 같은 건 없어. 일어나. 자, 내 망토 속으로 들어와."

그 아이는 약간 피곤한 듯 고개를 저었다.

"소용없군요, 마야."

그 아이가 말했다.

"나는 보이고 언니는 안 보이고. 누가 판단을 내려 주겠어요?"

"바르디아를 불러올게."

"바르디아는 여기 올 수가 없어요. 또 오려고 하지도 않을 거고요."

그건 사실이었다.

"얘야, 일어나라."

내가 말했다.

"내 말 안 들리니? 들리면 내 말대로 해. 프시케, 넌 한 번도 내 말을 거역한 적이 없잖아."

프시케는 나를 올려다보며 말했다. (그 아이의 몸은 시시각각 더 젖어들고 있었다.) 목소리는 아주 부드러웠지만, 결심은 바위처럼 확고했다.

"사랑하는 마야, 난 이제 아내가 되었어요. 내가 순종해야 할 대상은 이제 언니가 아니에요."

어떻게 사랑하는 사람을 증오하게 될 수 있는지 그때 알았다. 나는 곧장 한 손으로 그 아이의 손목을 잡았고 다른 손으로는 팔뚝을 잡았다. 우리는 씨름을 벌였다.

"넌 **꼭** 가야 해."

내가 헐떡거렸다.

"억지로라도 끌고 갈 거야, 어디다가 숨겨 놓을 거야, 바르디아의 처에게 부탁해서, 그 집에, 가두어 두면 정신이 들겠지."

소용없는 짓이었다. 그 아이는 나보다 훨씬 더 강했다. ('그렇지, 미치광이들은 곱절이나 힘이 세다더군'이라고 나는 생각했다.) 우리는 서로의 피부에 상처를 냈다. 엎치락뒤치락하며 서로 뒤엉킨 채 씨름을 벌이다가 다시 서로에게서 떨어져 나왔다. 그 아이는 이상히 여기며 꾸짖는 듯한 눈길로 나를 빤히 쳐다보았고, (그 아이가 갇혀 있던 방 문 앞에서 그랬듯이) 나는 수치심과 절망감으로 만신창이가 되어 울었다. 비가 그쳤다. 그 사이에 신들이 의도했던 바는 다 이루어졌다고 생각한다.

이제 내가 할 수 있는 일은 아무것도 없었다.

언제나처럼 프시케가 먼저 기운을 차렸다. 그 아이는 내 어깨에 손을—그 아이의 손에서는 피가 배어 나오고 있었다. 내가 어떻게 그 아이를 할퀼 수 있었을까?—얹었다.

"사랑하는 마야."

그 아이가 말했다.

"내 기억에 언니는 나한테 화낸 적이 거의 없었어요. 이제 와서 화내지 말아요. 보세요, 벌써 뜰에 땅거미가 거의 다 내렸네요. 해가 지기 전에 같이 잔치를 벌이고 즐거워하길 바랐어요. 그런데─ 언니는 겨우 나무열매에 찬 물만 마셨네요. 바르디아와 함께 빵과 양파를 먹는 편이 언니한테는 더 나을 뻔했어요. 해가 지기 전에 언니를 보내야 해요. 그러기로 약속했어요."

"날 영원히 내쫓는 거야, 프시케? 아무 기약도 없이?"

"기약은 없지만, 오루알, 되도록 빨리 다시 오세요. 내가 여기에서 언니를 위해 노력하고 있을게요. 분명히 방법이 있을 거야. 그때는, 오, 마야, 그때는 우리 사이에 구름 한 점 없이 다시 만나게 될 거예요. 하지만 지금은 가야 해요."

그 말을 따르는 것 외에 내가 무엇을 할 수 있었겠는가? 그 아이는 육체적으로 나보다 강했고, 마음도 내가 닿을 수 없는 곳에 가 있었다. 그 아이는 벌써 나를 이끌고 자기가 궁전이라고 부르는 적막한 계곡을 빠져나와 냇가로 가고 있었다. 이제 계곡은 나에게 소름끼치도록 무섭게 보였다. 오싹한 냉기가 흘렀다. 석양이 시커먼 안부 뒤에서 불타고 있었다.

물가에서 그 아이가 나를 꼭 껴안았다.

"곧 다시 올 거지요? 곧?"

그 아이가 말했다.

"프시케, 가능한 한 빨리 올게. 우리 궁전이 어떻게 돌아가는지는 너도 잘 알잖아."

"내 생각에는,"

그 아이가 말했다.

"앞으로 며칠간은 폐하께서 언니를 크게 방해하지 않을 거예요. 자,

시간이 없어요. 한 번 더 입 맞춰 줘요. 사랑하는 마야. 자, 내 손을 잡아요. 발로 평평한 바윗돌을 찾아봐요."

나는 한 번 더 살을 에는 듯 차가운 얼음물을 건넜다. 냇물 이쪽으로 건너와 뒤를 돌아보았다.

"프시케, 프시케."

내가 갑자기 외쳤다.

"아직 시간이 있어. 나와 함께 가자. 어디든 좋아, 글롬 왕국 밖으로 몰래 나가자. 거지 행색으로 온 세상을 돌아다니자꾸나. 아니면 바르디아의 집에 가도 되고. 어디든 네가 원하는 데로 가서 네가 원하는 걸 하자꾸나."

그 아이는 고개를 저었다.

"어떻게 그럴 수 있겠어요? 난 내 것이 아니에요. 내게 남편이 있다는 걸 잊었군요, 언니. 그래도 난 언제나 언니 거예요. 오, 언니도 알면 행복해질 텐데. 오루알, 그렇게 슬픈 얼굴 하지 말아요. 다 잘될 거예요. 모든 게 언니가 생각하는 것보다 잘될 거예요. 곧 다시 오세요. 잠시 동안만 안녕."

프시케는 나를 떠나 그 끔찍한 계곡으로 들어가더니 마침내 나무 사이로 사라져 버렸다. 내가 있는 쪽의 냇가에는 이미 어스름이 짙게 깔려 안부의 그림자 아래 파묻히고 있는 참이었다.

"바르디아."

내가 불렀다.

"바르디아, 어디 있어?"

12

어스름 속에서 회뿌연 형체가 다가왔다. 바르디아였다.

"그 복되신 분과 헤어지셨나요?"

그가 말했다.

"그래."

내가 말했다. 아직은 아무 말도 할 수 없다고 생각했다.

"그러면 어떻게 밤을 지낼지 생각해 보아야 합니다. 지금은 말을 끌고 안부로 올라갈 길을 도저히 찾을 수가 없습니다. 설사 찾을 수 있다 해도 거룩한 나무에서 다시 저쪽 골짜기로 내려가야 하지요. 바람이 너무 많이 불기 때문에 거기서는 잘 수가 없어요. 지금 우리가 있는 이곳도 한두 시간 후면 아주 추워질 겁니다. 전 여기에서 자는 게 두렵군요. 여기는 인간이 택할 만한 장소가 아닙니다. 신들과 너무 가까워요."

"그게 무슨 상관이지?"

내가 말했다.

"다른 곳들이나 다를 게 없어."

"그렇다면 저와 함께 가시지요, 공주님. 제가 나뭇가지들을 좀 모아 두었습니다."

나는 그를 따라갔다. 워낙 조용해서(들리는 것은 냇물 소리밖에 없었는데, 그 소리가 전보다 더 크게 들리는 듯했다.) 말을 찾기 한참 전부터 풀 뜯는 소리를 들을 수 있었다.

군인이란 놀라운 존재다. 바르디아는 기슭이 가장 가파르고 바위 두 개가 가까이 모여 있어 동굴이나 진배없이 좋은 장소를 물색해 두었다. 가지런히 정돈되어 있는 나뭇가지들은 좀 전에 내린 비로 탁탁거리는 소리를 내면서도 밝게 타고 있었다. 그리고 바르디아는 안장 주머니에서 빵과 양파보다 더 훌륭한 음식들을 꺼내 놓았다. 포도주 병까지 있었다. 나는 여전히 철들지 않은 처녀였던지라(그건 여러 가지로 바보나 마찬가지라는 뜻이다.) 이런 슬픔과 근심 속에서 식욕을 느낀다는 것이 부끄러웠으면서도 음식을 보자 왕성한 식욕에 사로잡혔다. 나는 어느 때보다 맛있게 먹었다. 불빛 앞에서의 식사는(불빛이 타오르면 나머지 세상은 전부 어둠에 덮여 버린다.) 아주 정겹고 가정적으로 느껴졌다. 음식과 온기로 사지와 뱃속을 채우고 나자, 신들이나 수수께끼나 기적에 대한 생각은 사라져 버렸다. (잠깐 동안은 그랬다.)

식사를 마친 후 바르디아가 다소 민망한 얼굴로 말했다.

"공주님은 벌판에서 주무신 적이 없으니 날이 밝기 전까지는 엄청나게 추우실 겁니다. 그래서 허물없이 말씀드리는데, 공주님이 보실 때 저는 아버님의 충견일 뿐이니까, 남자들이 전장에서 하듯이 서로 등을 맞대고 눕는 편이 좋겠습니다. 망토 두 벌을 겹쳐서 덮고 말이지요."

나는 그러자고 했다. 그런 문제에 대해 나만큼 거리낄 게 없는 여자도 없을 것이다. 그럼에도 불구하고 바르디아가 그런 말을 했다는 게 놀라웠다. 그때까지만 해도 모든 남자는 아주 못생긴 여자를 아예 여자로 치지도 않는다는 것을(아니면 지독히 미워하거나) 모른 탓이었다.

바르디아는 군인들이 하듯이 휴식을 취했다. 머리를 대자마자 깊이 잠들었다가도 한순간에 번쩍 일어날 수 있도록 말이다. (그 후에도 나는 그가 이런 식으로 자다가 깨는 모습을 보곤 했다.) 나는 전혀 잠들지 못했던 것 같다. 우선은 바닥이 너무 딱딱하고 기울어 있었기 때문이었고, 그 다음은 추위 때문이었다. 게다가 미친 사람처럼 빠르게 소용돌이치는 생각 때문에 도저히 잠을 이룰 수가 없었다. 프시케와 나의 어려운 수수께끼에 대한 생각, 또 다른 것들에 대한 생각.

결국 한기가 점점 더 심해진 탓에 망토 밖으로 빠져나와―망토 바깥쪽은 이미 이슬로 축축해져 있었다.―이리저리 걷기 시작했다. 자, 내 책을 읽는 독자이자 내 고소의 재판관인 현명한 그리스인이여, 그 다음에 일어난 일에 주목해 주기 바란다.

이미 새벽이 되어 계곡에는 안개가 자욱히 끼어 있었다. 물을 마시러 내려간(춥기도 했지만 목도 말랐으므로) 웅덩이는 희뿌연 어둠 속에 뚫린 검은 구멍 같았다. 나는 얼음처럼 찬 물을 마셨고, 그것이 마음을 진정시켜 주는 듯했다. 그러나 신의 은밀한 계곡을 흐르는 물이 과연 사람의 마음을 진정시켜 줄 수 있을까? 오히려 그 정반대는 아닐까? 이 또한 생각해 볼 문제이다. 고개를 들고 냇물 위에 자욱한 안개 속을 다시 한 번 응시했을 때, 나는 너무 놀라 심장이 멎을 만한 것을 보았다. 궁전이 있었다. 그런 시간에 그런 장소에서 보는 모든 것이 그렇듯이 희뿌옇게, 그러나 미동도 없이 굳건하게, 벽으로 첩첩이 둘러싸인 채 기둥과 아치와 기둥장식이 광대하게 이어져 있는 미로 같은 모습으로 아름다움을 자랑하고 있었다. 그 아이의 말처럼 우리 시대, 우리 땅에서는 한 번도 본 적이 없는 건물이었다. 믿을 수 없을 만큼 높고 늘씬한 뾰족탑과 버팀벽들이―과거에 본 것을 가지고 상상해 낸 것이 아니냐고 할 수도 있겠지만, 나는 과거에 그런 것들을 본 적이 없었다.―하늘을 찌를 듯 솟아 있어 마치 돌에서 가지가 나오고 꽃이 핀 것 같았다. 불이 켜 있는 창은 한 군데도 없었다. 건물 전체가 잠들어 있었다. 그 안 어딘가에서 누군가 또는 무언가가(얼마나 거룩하고 무섭고 아름답고 기묘한 존재일까?) 프시케를 안은 채 잠들어 있을 것이었다. 그런데 나, 나는 대체 무슨 짓을 하고 무슨 말을 한 것인가? 그 존재는 나의 신성모독과 불신앙을 어떻게 처리할 것인가? 빠져 죽는 한이 있어도 강을 건너가야 한다는 확신이 들었다. 그 궁전 문 앞 계단에 엎드려 탄원해야 하리라. 신뿐 아니라 프시케에게도 용서를 빌어야 하리라. 내가 그 아이를 감히 꾸짖는 동안에도―더 나쁘게는 어린애 달래듯이 그 아이를 달래려 들었던 동안에도―그 아이는 나보다 훨씬 더 높은 곳에 있었던 것이다. 내가 보고 있는 것이 실제라면, 그 아이는 이제 거의 인간이 아니었다. 나는 극심한 두려움에 휩싸였다. 혹시 실제가 아닐지도 모른다. 나는 궁전이 사라지거나 바뀌지 않나 해서 보고 또 보았다. 그런데 내가 일어나(그때까지도 나는 물을 마시던 자세 그대로 무릎을 꿇고 있었다.) 채 발을 딛고 서기도 전에 모든 것이 사라져 버렸다. 순간적으로 안개가 소용돌이쳐서 잠시 동안 탑과 성벽처럼 보인 것이 아닌가 하는 생각이 들었다. 그러나 순식간에 그 비숫한 것조차 완전히 사라져 버렸다. 안개를 계속 노려보고 서 있자니 눈알이 따끔거렸다.

자, 이 글을 읽는 그대가 판단해 보라. 내가 궁전을 본 순간, 또는 보았다고 생각한 그 순간은 신들에게 반대되는 증거인가, 내게 반대되는 증거인가? 신들이 그것을(그것이 신들의 대답이었다면) 변론의 근거로 삼을 수 있는가? 말하자면 그것을 수수께끼의 답을 한 쪽으로 몰아 주는 표징이나 단서로 볼 수 있는가? 나는 그렇게 인정할 생각이 없다. 표징자체가 또 다른 수수께끼가 된다면 그 표징이 무슨 쓸모가 있단 말인가? 그것이—많이 양보해서—실제였을 수도 있다. 내 육신의 눈을 가리고 있던 구름이 잠시 걷힌 것이었을 수도 있다. 또는 실제가 아니었을수도 있다. 정신이 산란한 여자가 잠이 덜 깬 채로 미명의 안개 속에서자신의 생각을 온통 사로잡고 있던 것을 상상으로 보게 되기가 얼마나쉬운가? 더욱이 기이한 광경을 보여 줌으로써 인간을 조롱하는 것만큼손쉬운 일이 신들에게 있겠는가? 어느 쪽이든지 거기에는 신들의 조롱이 들어 있는 것이다. 그들은 수수께끼를 내놓고 검증이 불가능한 광경을 보여 줌으로서 인간의 추론을 더 괴로운 회오리 속으로 몰고 간다. 신들에게 정말 우리를 인도해 줄 의향이 있다면 왜 명확히 인도해 주지않는 것인가? 프시케는 세 살이 되었을 때 이미 명확하게 말할 수 있었다. 신들은 그 정도 수준도 못 되는 것인가? 바르디아에게 돌아왔을 때그는 막 잠에서 깨어난 참이었다. 나는 내가 본 것을 말하지 않았다. 이책에 쓰기 전까지는 그 누구에게도 말한 적이 없다.

돌아오는 여정은 험난했다. 해도 없이 내내 맞바람이 불었으며, 때때로 세찬 소낙비까지 내리쳤다. 그나마 나는 바르디아 뒤에 있어서 덜 힘들었다.

우리는 정오경에 바람을 가려 주는 작은 숲에서 쉬며 남은 음식을 먹었다. 물론 오전 내내 수수께끼가 마음속에서 맴돌고 있었기 때문에, 좀 더 바람을 피할 수 있는 곳, 좀더 포근한 곳에 가면(프시케는 괜찮을까? 날씨가 곧 더 나빠질 텐데.) 바르디아에게 모든 이야기를 하기로 결심했다. 안개 속에서 본 것만 제외하고 말이다. 나는 그가 정직하고 입이 무거우며 (그 나름대로) 현명한 사람임을 알고 있었다.

그는 모든 이야기를 아주 열심히 들었지만, 내가 말을 마칠 때까지 아무 말도 하지 않았다. 나는 대답을 끌어내야만 했다.

"이 모든 걸 어떻게 생각해, 바르디아?"

"공주님."

그가 말했다.

"제가 말할 수 있는 한도를 넘어서 신들과 신적인 문제들에 대해 이야기하는 것은 도리가 아닙니다. 저는 불경한 사람이 못 됩니다. 저는 왼손으로 밥을 먹지 않고, 만월 때에는 아내와 잠자리를 같이하지도 않으며, 쇠칼로 비둘기 내장을 따지도 않습니다. 설사 폐하가 명령하신다 해도 불손하고 신성을 더럽히는 짓은 하지 않지요. 제사를 드릴 때에도 매사를 항상 제 분수에 맞게 해 왔습니다. 그걸 넘어서는 문제에 대해서는, 바르디아가 신들의 일에 간섭하지 않을수록 신들도 바르디아의 일에 간섭치 않으시리라 생각합니다."

그러나 나는 바르디아의 조언을 꼭 듣기로 결심한 터였다.

"바르디아, 내 동생이 미쳤다고 생각해?"

내가 말했다.

"이런, 공주님."

그가 대답했다.

"처음부터 말하지 않는 편이 나았을 말씀을 하시는군요. 미쳤다니요? 그 복되신 분이 미쳤다고요? 더구나 우리는 공주님을 직접 보지 않았습니까? 공주님은 누가 보아도 온전한 정신을 가지고 계셨습니다."

"그렇다면 내가 보지 못하는 궁전이 실제로 계곡에 있다고 생각하는 거야?"

"신들의 궁전에 대한 것이라면 무엇이 **실제**인지 잘 모르겠군요."

"그럼 어둠 속에서 프시케를 찾아오는 연인에 대해서는?"

"저는 말하지 않겠습니다."

"오, 바르디아, 창검이 난무할 때 바르디아보다 용맹한 사람은 없다던데! 그런데 자기 생각을 살짝 속삭여 주기가 무섭다는 거야? 난 지금 너무나 절실히 조언이 필요해."

"무엇에 대한 조언 말입니까, 공주님? 제가 조언해야 할 것이 있습니까?"

"바르디아는 이 수수께끼를 어떻게 해석하지? 누군가 실제로 그 아이를 찾아오는 걸까?"

"그분이 그렇게 말씀하시지 않았습니까, 공주님? 제가 뭐라고 복되신 분을 거짓말쟁이로 만들겠습니까?"

"그가 누굴까?"

"복되신 분이 가장 잘 아실 겁니다."

"그 아이는 아무것도 몰라. 한 번도 본 적이 없대. 바르디아, 대체 어떤 연인이기에 신부에게 자기 얼굴을 보여 주지 않는 걸까?"

바르디아는 잠잠했다. 그는 엄지와 검지 사이에 조약돌을 하나 쥐더니 땅에다 무언가를 그렸다.

"응?"

내가 재촉했다.

"거기에는 수수께끼라 할 만한 것이 없는 듯합니다."

마침내 그가 대답했다.

"그러면 바르디아가 찾은 답은 뭐지?"

"인간으로서 말하자면, 물론 신들이 더 잘 아시겠지만, 공주님이 보시면 별로 기뻐하지 않을 얼굴과 모습을 가졌기 때문이 아닌가 합니다."

"무시무시하게 생겼다는 거야?"

"사람들은 그분을 야수의 신부라고 불렀지요, 공주님. 하지만 이제는 다시 말을 타야 할 시간입니다. 갈 길이 아직도 반 넘어 남았어요."

그가 몸을 일으키며 말했다.

그의 생각은 새로운 것이 아니었다. 그것은 내 머릿속에서 소용돌이치고 있던 가장 끔찍한 추측에 불과했다. 그런데도 그의 입에서 나오는 말로 직접 들으니 정말로 그럴 거라는 확신이 들었다. 그때쯤은 이미 바르디아를 아주 잘 알게 된 터여서, 그가 쉽게 대답하지 않는 것은 말하기를 두려워해서이지 생각이 불확실해서가 아님을 분명히 알 수 있었다. 그의 말처럼 내게는 수수께끼인 것이 그에게는 전혀 수수께끼가 아니었다. 마치 글롬의 모든 백성이 바르디아의 입을 통해 말한 것 같았다. 신을 경외하는 이 시대 글롬의 신중한 남자라면 누구라도 그렇게 생각할 것이다. 나의 다른 추측들은 아예 머릿속에 떠오르지도 않을 것이다. 여기 백주대낮처럼 분명하고 명백한 답이 있다. 왜 그 이상의 답을 찾으려 하는가? 신과 그림자 야수는 하나였다. 프시케는 거기 바쳐진 것이다. 비가 와서 글롬은 물을 얻었으며 파르스 왕국과도 화평하게(겉보기에는) 되었다. 신들은 그 아이를 자신들의 몫으로 챙겨서 은밀한 곳으로 데려갔고, 너무 흉해서 모습을 드러내지 않는 어떤 거룩하고 역겨운 무언가, 유령 같거나 귀신 같거나 짐승 같은 무언가, 또는 세 가지가 다 합쳐져 있는 무언가(신들에 대해서는 아무것도 알 수 없다.)가 거기에서 그 아이를 제 마음대로 가지고 놀고 있는 것이다.

　나는 너무 낙심해서 돌아오는 길 내내 바르디아의 이런 대답에 대항할 엄두를 내지 못했다. 마치 고문당하던 죄수가 물에 얼굴을 처박았다가 다시 끌어올려졌을 때, 차라리 기절해서 환각 상태에 있느니만 못한 현실이 다시금 분명하고 냉혹하며 명백하게 자신을 둘러싸는 것을 알게 된 듯한 느낌이었다. 다른 모든 추측들은 그저 나의 희망이 자아낸 자기 위안적인 꿈으로 보였다. 이제야말로 잠에서 깨어난 것이다. 수수께끼 같은 것은 애초부터 없었다. 가장 최악의 경우가 진실이었고, 그 진실은 얼굴에 달린 코를 보는 것만큼이나 분명했다. 단지 두려움 때문에 그토록 오랫동안 눈을 감고 있었던 것이다.

　내 손이 망토 아래 칼집으로 슬며시 내려갔다. 앓아눕기 전에 나는 다른 방법이 없다면 그 아이를 괴수의 욕정이나 굶주림에 내맡기느니 차라리 죽여 버리겠다고 맹세했다. 나는 다시 한 번 깊이 결심했다. 자신이 무엇을 결심하고 있는지 알았을 때, 적이 놀라지 않을 수 없었다.

　'그런 상황까지 갈 수도 있어.'

　나는 마음으로 말했다. 그 아이를 죽이게 될 수도 있었다. (나는 바르디아에게 똑바로 찌르는 법과 어디를 공격해야 하는지를 배워 두었다.) 그러고 나서는 다시 마음이 약해져서, 베일을 축축히 적시는 것이 눈물인지 빗물인지 알 수 없을 정도로(시간이 지날수록 비가 점점 더 꾸준히 내리고 있었다.) 더없이 서럽게 울었다. 그렇게 약해진 마음으로 내가 왜 그 아이를 야수에게서 구해 내야 하는지, 왜 야수를 조심하라고 경고를 해야 하는지, 왜 이 문제에 간섭을 해야 하는지 자문해 보았다.

'그 아이는 행복해.'

내 마음이 말했다.

'그게 광기든 신이든 괴수든 그 아이는 행복한 거야. 직접 봤잖아. 그 산에서 사는 행복이 네가 줄 수 있는 행복보다 열 배는 더 크다고. 그냥 내버려 둬. 그 행복을 망치지 마. 네가 줄 수 없다는 걸 알았으면 망가뜨리지 말아야지.'

우리는 이제 웅깃의 신전이 거의 보이는(빗속을 뚫고 볼 수만 있다면) 산자락까지 내려와 있었다. 내 마음은 나를 이기지 못했다. 사랑하는 자가 행복하기만을 바라는 사랑보다 더 깊은 사랑이 있다는 걸 나는 깨달았다. 어떤 아비가 자기 딸이 창녀로 행복하게 사는 꼴을 보려 하겠는가? 어떤 여자가 연인이 비겁자로 행복하게 사는 꼴을 보려 하겠는가? 손이 다시 칼 쪽으로 내려갔다. '안 돼'라고 생각했다. 무슨 일이 있어도 그렇게 내버려 두어선 안 돼. 어떤 상황이 벌어진다 해도, 무슨 대가를 치르게 된다 해도, 그 아이가 죽거나 내가 죽거나 천 사람이 죽는다 해도, 군인들이 말하듯이 신들과 '수염을 맞대게' 된다 해도. 프시케를 악마의 노리개로 만들 수는─적어도 태평스럽게 그렇게 내버려 둘 수는─없었다.

"그래도 우리는 왕의 딸이야."

내가 말했다. 그 말을 하기가 무섭게, 내가 왕의 딸이며 그 왕이 어떤 인간인지 다른 모양으로 상기하지 않을 수 없는 상황에 부닥쳤다. 이제 우리는 다시 셰닛 강을 건너고 있었고, 언제나 다음 일을 대비하는 바르디아는 성읍을 지나 궁전에 도착하기 전에 말에서 내려 샛길—프시케가 경배받는 모습을 레디발이 처음 보았던 곳—로 들어가는 편이 좋겠다고 말했다. 정원을 지나 뒷길로 해서 여인들의 처소로 들어가라는 것이었다. 내가 거룩한 나무가 있는 곳까지 다녀온 것을(기둥의 방에서 아버지를 도와 일할 수 없을 정도로 아프다고 했으면서) 알았을 때 아버지가 과연 어떤 반응을 보일지 불 보듯 뻔했기 때문이다.

13

궁전은 거의 어둠에 싸여 있었다. 내 방으로 향하는데 누군가 그리스어로 말했다.

"일은 잘된 게냐?"

여우 선생이었다. 시녀가 말하기를 여우 선생은 쥐구멍 앞의 고양이처럼 내내 그곳을 맴돌았다고 했다.

"그 애는 살아 있어요, 할아버지."

내가 입을 맞추며 말했다.

"가능한 한 빨리 다시 오세요. 전 물고기처럼 흠뻑 젖어서 일단 씻고 옷도 갈아입은 다음 뭘 좀 먹어야겠어요. 다시 오시면 전부 말씀드릴게요."

내가 옷을 갈아입고 저녁식사를 마칠 때쯤, 여우 선생이 문을 두드리는 소리가 들렸다. 나는 그를 들어오게 해서 식탁에 앉힌 다음 마실 것을 따랐다. 방에는 푸비밖에 없었다. 푸비는 충성을 다해 나를 사랑했던 흑인 시녀로, 그리스어를 전혀 알아듣지 못했다.

"**살아 있다고** 했겠다."

여우 선생이 잔을 쳐들며 말을 꺼냈다.

"자, 구원자 제우스 신께 한 잔 바쳐야겠군."

그는 그리스 식으로 잔을 솜씨 있게 돌려 딱 한 방울만 떨어뜨렸다.

"네, 할아버지. 살아서 잘 지내고 있어요. 자긴 행복하다고 하던 걸요."

"기뻐서 가슴이 터질 것 같구나, 애야."

그가 말했다.

"네 말이 믿어지지가 않을 정도야."

"좋은 소식부터 말씀드린 거예요, 할아버지. 이젠 슬픈 소식이에요."

"어디 말해 봐라. 뭐든지 감내해야지."

나는 모든 이야기를 했지만, 안개 속에서 본 것에 대해서는 역시 말하지 않았다. 말을 이어갈수록 선생의 얼굴에서 빛이 사라지는 것을 보자, 바로 내가 그렇게 만들고 있다는 생각이 들면서 두려워졌다. 나는 자문했다.

'겨우 이런 것도 참지 못하면서 어떻게 프시케의 행복을 무너뜨리겠다는 거야?'

"아, 아, 불쌍한 프시케!"

여우 선생이 말했다.

"우리 어린 아가! 얼마나 고생을 한 거냐! 그런 데에는 헬보어로 만든 약이 딱인데. 푹 쉬면서 마음의 평정을 얻도록 다정하게 돌봐 주어야 하는데……. 오, 우리라면 그 아이를 회복시킬 수 있으련만. 분명해, 우리가 잘 돌봐 주기만 하면 좋아질 거야. 그런데 어떻게 그 아이한테 필요한 걸 전부, 아니 하나라도 줄 수 있을까? 내 기지는 다 말라 버렸다, 딸아. 그래도 묘안을 짜내 보자꾸나. 아, 내가 오디세우스나 헤르메스[4]였다면 좋았을 것을."

"그렇다면 그 아이가 확실히 미쳤다고 보시는 건가요?"

여우 선생은 힐끗 나를 쏘아보았다.

"아니, 딸아, 그럼 넌 무슨 생각을 했는데?"

"할아버지는 어리석다고 하시겠지요. 하지만 할아버지는 그 아이를 보지 못하셨잖아요. 그 아이는 너무나 차분하게 말했어요. 조리 없는 말은 한마디도 하지 않았지요. 즐겁게 웃기도 했고요. 눈빛도 광포하지 않았어요. 만약 내가 눈을 감고 있었다면, 그 아이의 궁전이 이 궁전처럼 실재한다고 믿었을 거예요."

"하지만 넌 눈을 뜨고 있었고 궁전 같은 건 하나도 보지 못했잖니."

"혹시라도, 만에 하나라도 우리가 보지 못하지만 실재하는 것이 있다는 생각은 하지 않으시나요?"

"물론 그런 것도 있다고 생각하지. 정의나 평등, 영혼, 또는 음악의 선율 같은 것들 말이다."

"오, 할아버지, 제 말뜻은 그런 게 아니에요. 만약 영혼이 있다면 영혼의 집도 있을 수 있지 않을까요?"

선생은 머리를 긁적였는데, 그것은 난감할 때마다 나타나는 오래되

---

4) 오디세우스는 이타카의 왕으로서 인간관계의 위기를 해결하는 데 가장 적합한 인물로 알려져 있으며, 헤르메스는 신들의 사자로서 지혜와 재주가 뛰어난 신으로 알려져 있다.

고 낯익은 습관이었다.

"얘야."

그가 말했다.

"그렇게 오래 가르쳤건만 넌 아직도 **영혼**의 의미를 전혀 이해하지
못하고 있는 듯하구나."

"그 의미는 아주 잘 알아요, 할아버지. 하지만 할아버지라도 모든 것
을 아실 수는 없잖아요? 우리 눈에 보이는 것 외에 다른 것, 그러니까 다
른 사물은 없는 걸까요?"

"많지. 우리 등 뒤에 있는 것들. 너무너무 멀리 있는 것들. 보이지 않
을 만큼 어두운 모든 것들."

선생은 몸을 앞으로 숙이더니 자기 손을 내 손 위에 얹었다.

"딸아, 헬보어를 구한다면 너부터 먼저 먹여야 할 것 같구나."

처음에는 그 기이한 광경에 대해, 얼핏 본 궁전에 대해 말할 생각도
있었다. 그러나 말을 꺼낼 수가 없었다. 선생은 그런 이야기를 세상에서
가장 듣기 힘들어 했다. 벌써부터 선생 때문에 내가 생각했던 것들 태반
이 부끄럽게 느껴지고 있었다. 그러자 더 힘이 나는 생각이 떠올랐다.

"그러면 아마도, 어두워지면 찾아온다는 연인도 광기에서 나온 상상
이겠네요."

"나도 그렇게 믿고 싶다."

"왜 그렇게 말씀하시는 거죠, 할아버지?"

"그 아이가 포동포동하고 혈색이 좋다고? 말라빠지지 않고?"

"어느 때보다 좋아 보였어요."

"그럼 누가 내내 먹을 걸 대 주었다는 게냐?"

나는 침묵했다.

"또 누가 사슬에서 풀어 준 거지?"

그 문제는 전혀 생각해 본 적이 없었다.

"할아버지! 지금 무슨 생각을 하시는 거예요? 남들은 몰라도 할아버지는 신이 했다고 하시면 안 돼죠. 제가 그렇게 말하면 웃으실 거면서."

"웃는 게 아니라 울겠지. 오, 애야, 애야, 애야, 언제쯤 되어야 네 영혼에서 유모나 할머니나 사제나 점쟁이가 들려 준 이야기들을 몰아낼 수 있을까? 네 생각엔 신성한 자연이, 아니, 이건 불경스러운 말이야, 우스운 말이지. 차라리 우주가 가려워한다거나 '사물의 본성'이 가끔씩 술 저장고에서 술을 홀짝거린다고 말하렴."

"저는 그게 신이라고 말하지 않았어요, 할아버지."

내가 말했다.

"할아버지는 그게 누구라고 생각하시는지 여쭈어 본 거예요."

"물론 사람이지, 사람."

여우 선생은 손으로 탁자를 두들기며 말했다.

"뭐냐? 넌 아직도 어린아이인 게냐? 산에도 사내들이 살고 있다는 걸 모르진 않겠지?"

"사내들!"

나는 숨이 막혔다.

"그래. 산적, 파산자, 범법자, 도적들. 정신을 대체 어디다 두고 있는 게냐?"

분노로 뺨이 달아올랐다. 나는 벌떡 일어섰다. 설사 합법적인 결혼이라 해도 왕가의 딸이 신성한 혈통을 물려받지 못한 인간과 어울린다는 것은 극히 혐오스러운 일이었다. 왕녀의 결혼 상대자는 최소한 조부모 중 한 명에게라도 왕가의 피가 흐르는 사람이어야 했다. 나는 여우 선생의 생각을 참고 듣기가 힘들었다.

"지금 무슨 말씀을 하시는 거예요? 프시케는 그러느니 차라리 스스로 날카로운 창에—"

"진정하거라, 딸아."

여우 선생이 말했다.

"프시케는 모르고 있을 게야. 내 생각엔 강도나 탈옥수가 공포와 외로움에다가 목까지 말라서(충분히 그럴 법하지.) 정신이 반쯤 나가 있는 그 불쌍한 아이를 발견하고 쇠사슬에서 풀어 주었을 게다. 그 아이가 제정신이 아닌 상태에서 무슨 말을 지껄였을 것 같으냐? 당연히 황금과 호박으로 지은 산 위의 궁전에 대해 말했겠지. 어렸을 적부터 그 환상에 젖어 살았으니까. 그놈은 맞장구를 쳐 주었을 게야. 자기가 신의 전령인체 하면서……. 그래, 그렇게 해서 그 아이가 말하는 서풍의 신이 등장하게 된 게지. 그 사내가 신 노릇을 한 거라고. 그놈이 프시케를 계곡으로 데려갔을 게다. 신랑이신 신께서 그날 밤 오신다고 말했겠지. 그리고 어두워진 후에 자기가 나타난 거야."

"하지만 궁전은요?"

"광기로 오래된 공상을 되살려 내서 현실로 믿어 버렸을 게다. 그리고 그 아이가 자기의 아름다운 궁전에 대해 말한 걸 그 불한당이 전부 되받아서 읊어 댔을 거고. 아마 자기의 허황한 소리까지 덧붙여서 말했겠지. 망상은 그런 식으로 점점 더 강하게 뿌리를 내리는 법이다."

그날 두 번째로 나는 완전한 충격에 휩싸였다. 여우 선생의 설명은 너무나 명확하고 분명해 보였기 때문에 나로서는 달리 의심할 여지가 없었다. 바르디아가 말할 때도 그랬었다.

"할아버지."

내가 멍하게 말했다.

"할아버지가 수수께끼를 바로 해석하신 것 같아요."

"오이디푸스[5]까지 동원할 필요가 없지. 하지만 진짜 수수께끼는 아직 남아 있단다. 그렇다면 이제 우리는 뭘 해야 할까? 오, 생각이 안 난다, 생각이 안 나. 네 아버지가 하도 귀뺨을 후려치는 바람에 머릿속이 온통 뒤섞여 버렸나 보다. 방법이 있을 텐데……. 시간이 너무 없구나."

"자유도 없어요. 이젠 더 이상 아픈 척할 수가 없다고요. 제가 멀쩡하게 돌아다닌다는 걸 왕이 알면 어떻게 다시 산에 갈 수 있겠어요?"

"오, 그거라면, 내가 잊고 있었구나. 오늘 새로운 소식이 하나 있단다. 사자가 다시 나타났다는구나."

"뭐라고요?"

나는 공포에 질려 소리쳤다.

"산에 나타났어요?"

"아니, 아니, 그렇게까지 나쁜 소식은 아니야. 사실 나쁘다기보다는 좋은 소식이라고 할 수 있지. 남부 어딘가 링갈 서편에 나타났다는구나. 왕은 대대적인 사자 사냥에 나설 게야."

"사자가 돌아왔다니……. 결국 웅깃이 우릴 속인 셈이로군요. 이번엔 레디발을 바쳐야겠네요. 왕이 크게 진노했나요?"

....

5) 스핑크스의 수수께끼를 풀고 테베의 왕이 되었으나, 자신이 아버지를 죽이고 어머니와 결혼했다는 사실을 뒤늦게 알게 된 후 두 눈을 뽑고 방랑의 길을 떠난다.

"진노? 아니. 글쎄, 양치기와 제일 훌륭한(왕이 양치기보다 훨씬 더 귀히 여기는) 개 몇 마리, 그리고 정확한 숫자는 모르겠다만 수소 여러 마리를 잃은 것이 왕에게는 최고의 소식이 되었지 뭐냐! 그보다 더 신나하는 모습은 본 적이 없다. 하루 종일 개들과 몰이꾼과 날씨 이야기가 입에서 떠나질 않았지……. 이 귀족 저 귀족에게 전갈을 보낸다, 사냥꾼과 깊은 얘기를 나눈다, 개 사육장을 점검한다, 말들한테 편자를 신긴다, 아주 난리법석에다가 맥주는 부어라 마셔라 하고 내 등까지 호탕하게 갈기는 바람에 갈비뼈가 다 아플 지경이었단다. 하지만 우리에게 중요한 건 적어도 내일 모레 이틀간은 왕이 사냥을 떠나고 없다는 거야. 운이 좋으면 닷새나 엿새의 시간을 벌 수도 있다."

"그때 일을 벌여야겠네요."

"바로 그거야. 왕은 내일 동틀 때 출발한다. 어쨌든 우리도 꾸물거릴 시간이 없어. 산에서 겨울을 맞으면 그 아이는 죽고 말 게야. 집도 없이 살고 있으니. 게다가 우리가 어찌해 볼 틈도 없이 아이를 낳을 게 분명하다."

내 명치를 치는 듯한 말이었다.

"염병할 놈!"

나는 씩씩거렸다.

"천벌을 받아라, 천벌을 받아! 프시케가 거지의 새끼를 낳는다고? 잡기만 하면 피를 다 말려 버릴 테다. 몇날 며칠 괴롭히다가 죽어야지. 오, 내 이로 직접 물어뜯어 죽일 거야."

"넌 그 격정 때문에 우리의 계획을, 그리고 네 자신의 영혼을 흐리고 있어."

여우 선생이 말했다.

"어디 숨길 데가(그런 장소를 구할 수 있다면) 있어야 하는데."

"제가 생각해 보았는데, 바르디아의 집에 숨기면 돼요."

내가 말했다.

"바르디아라고! 그자는 제물로 바쳐진 인간을 제 집 안에 들일 위인이 아니다. 신들이나 미신과 관련된 거라면 제 그림자마저 두려워할걸. 그는 바보야."

"그렇지 않아요."

내가 아주 날카로운 소리로 말했다. 여우 선생은 아무리 용감하고 정직한 사람이라도 그리스의 지혜를 가진 듯한 기색이 없으면 곧바로 무시해 버림으로써 종종 날 속상하게 만들었다.

"설사 바르디아는 그럴 의향이 있다 해도 그 마누라가 허락하지 않을걸."

여우 선생이 덧붙였다.

"바르디아가 제 마누라 치마폭에 싸여서 꼼짝 못한다는 건 누구나 아는 사실이지."

"바르디아가! 그렇게 용감한 사람이. 믿을 수가—"

"흥! 알키비아데스[6] 같은 호색한이지. 마누라에게 지참금이 없는데도 결혼했다더군. 뭐, 미모만 보고 했을 게다. 그것도 누구나 다 아는 사실이지. 그 여자는 남편을 아주 노예처럼 부린다더구나."

"그럼 아주 악독한 여자겠네요, 할아버지."

....

6) 아테네의 정치인과 군인으로서 준수한 외모와 재능을 갖추었으나 자제력이 없고 방탕했던 것으로 알려져 있다.

"악독하든 말든 무슨 상관이냐? 어쨌든 우리 아이를 그 집에 숨길 생각일랑 하지도 마라. 난 더 멀리 보낼 생각이란다. 딸아, 글룸 밖으로 보내는 것밖에는 다른 수가 없어. 그 아이가 죽지 않은 걸 글룸 백성이 한 명이라도 알아챘다면 또다시 찾아내서 바치려 들걸. 그 아이의 외가에 보낼 수 있으면 좋겠는데……. 방법을 찾을 수가 없구나. 오, 제우스여, 제우스여, 제우스여, 갑옷 입은 병사 열 명과 그들을 통솔할 현명한 수장을 주소서!"

"그건 고사하고 산에서 끌고나 올 수 있을지 모르겠어요."

내가 말했다.

"그 앤 요지부동이에요, 할아버지. 이젠 제 말을 듣지 않는다고요. 제 생각엔 무력을 써야 할 것 같아요."

"그런데 우리한테는 무력이 없잖니. 난 노예고 넌 여자니 말이다. 창병을 십수 명 산에 데려갈 수도 없는 노릇이고. 혹 데려간다 해도 그러면 비밀이 보장되지 않지."

그리고 한동안 우리는 말없이 앉아 있었다. 불길이 깜박깜박 꺼져 가고 있었고, 푸비는 그 옆에서 책상다리를 하고 앉아 불 속에 통나무를 던져 넣으면서 자기 부족에게 전해 오는 기묘한 구슬놀이를 하고 있었다. (나에게 가르쳐 주려고 한 적도 있었지만 도통 배울 수가 없었다.) 여우 선생은 몇 번이나 말을 꺼내려다가 말았다. 선생은 계획을 생각해 내는 속도가 빨랐지만, 그 계획의 오류를 발견해 내는 속도도 그에 못지않게 빨랐다.

마침내 내가 말했다.

"이렇게 해야겠어요, 할아버지. 제가 프시케한테 갈게요. 어떻게든 그 아이를 제압해 볼게요. 그래서 일단 우리 쪽으로 넘어오고 나면, 그러니까 자기가 지금 얼마나 수치스럽고 위험한 상황에 처해 있는지 깨닫게 되면, 그때 우리 셋이서 최선의 방책을 찾아보는 거예요. 제가 그아이와 함께 넓은 세상으로 나갈 수도 있고요. 오이디푸스처럼 방랑하는 거죠."

"나도 같이 가야지."

여우 선생이 말했다.

"언젠가 나한테 도망치라고 했지. 이번에야말로 가겠다."

"한 가지는 분명해요."

내가 말했다.

"그 아이를 농락한 악당의 손에 계속 둘 순 없다는 거요. 무슨 수를, 무슨 수를 써서라도 빼내 오겠어요. 그게 제 할 일이에요. 그 애의 엄마는 죽었어요. (그 애가 엄마로 알고 큰 사람이 저 말고 또 누가 있겠어요?) 아버지는 있으나마나 한 사람이고요. 아버지로서든 왕으로서든 아무 짝에도 쓸모없는 인간이지요. 우리 집안의 명예를 지킬 수 있는 사람은, 프시케라는 존재를 챙길 수 있는 사람은 저뿐이에요. 절대로 저렇게 두어서는 안 돼요. 난— 난—"

"왜 그러니, 얘야? 얼굴이 창백하구나! 이러다 정신이라도 잃는 거 아니냐?"

"다른 수가 없으면 그 앨 죽여 버리겠어요."

"이런 야만인!"

여우 선생이 너무 크게 소리를 질렀기 때문에 푸비가 놀이를 하다 말고 선생을 쳐다보았다.

"딸아, 딸아, 이성도 본성도 다 잊었구나. 지금 그런 태도가 뭔지 아느냐? 네 마음 한 군데에는 사랑이 있는 게 맞지만, 다섯 군데에는 분노가 있고 일곱 군데에는 교만이 있는 게야. 신들도 아시지만 나도 프시케를 사랑한다. 물론 너도 알겠지. 나도 너만큼 그 아이를 사랑한다는 걸 말이야. 그 아이가, 아르테미스와 아프로디테를 하나로 합쳐 놓은 듯한 그 아이가 거렁뱅이의 팔에 안겨 거렁뱅이처럼 산다는 건 지극히 통탄할 일이다. 그래도 그런…… 그런 혐오스럽고 불경스러운 말을 입에 올려선 안 돼. 자, 열정을 배제하고 이성과 본성이 인도하는 대로 사태를 똑바로 보거라. 궁핍과 고난 속에 천한 자의 아내로—"

"아내라니요! 창부에 매춘부에 갈보에 암캐가 되는 거라고요."

"자연에는 그런 말들이 없다. 네가 말하는 결혼은 법과 관습에 따른 것이지 자연에 따른 것이 아니야. 자연에 따른 결혼이란 오직 남자가 여자를 설득하고 여자가 거기에 동의함으로써 서로 화합하는 일에 불과하다. 그러니까—"

"남자가 설득한다니, 그보다는 살인자나 이방인이나 반역자나 도망친 노예나 다른 더러운 인간이 강제하거나 속이는 거라고 해야 하지 않나요?"

"더러운 인간? 아마도 넌 나와 다른 시각을 가지고 있는 것 같구나. 난 이방인이고 노예지. 그래도 언제든지 도망칠 수 있어. 매질을 당하고 말뚝에 찔릴 것을 각오하고서도. 널 사랑하고 그 아이를 사랑하니까."

"할아버지는 아버지보다 열 배나 더 제 아버지 같아요."

나는 이렇게 말하며 그의 손을 내 입에 가져다 댔다.

"제 말은 그런 뜻이 아니었어요. 하지만 할아버지, 할아버지도 이해하시지 못하는 것들이 있어요. 프시케도 그렇게 말했지요."

"착한 프시케."

선생이 말했다.

"그건 내가 자주 해 준 말이야. 그 애가 그 교훈을 완전히 터득했다니 기쁘구나. 그 앤 언제나 좋은 학생이었지."

"할아버지는 우리 집안에 신의 피가 흐른다는 걸 믿지 않으시지요."

"물론 믿는다. 모든 집안에 신의 피가 흐른다고 믿지. 어떤 사람에게든 신의 피가 흐르고 있단다. 만인의 속에 신이 있으니까. 우린 전부 하나야. 심지어 프시케를 데려간 그 남자까지도. 난 그를 악당에 비열한이라고 불렀다. 실제로 그럴 가능성이 아주 클 게다. 하지만 아닐 수도 있지. 좋은 사람도 범법자에 탈주자가 될 수 있거든."

나는 침묵했다. 내게는 전부 의미 없는 말들이었다.

"딸아."

갑자기 여우 선생이 말했다. (여자라면, 적어도 상대방을 사랑하는 여자라면 이런 말은 하지 않았을 것이다.)

"늙은이는 초저녁잠을 자는 법이다. 눈이 자꾸 감기는구나. 가 봐야겠다. 아침이 되면 사태를 좀더 명확하게 볼 수 있겠지."

선생을 보내 드리는 것 말고 내가 할 수 있는 일이 무엇이 있었겠는가? 이럴 때 남자들은, 설사 가장 신뢰할 만한 사람이라도 우리를 실망시키게 마련이다. 남자들이란 어떤 문제에도 완전히 집중하지 못하고 식사나 술, 잠, 농담, 여자 같은 사소한 샛길로 빠져 버리는데, 일단 그런 샛길로 빠지고 나면 그들 뜻대로 다 하기 전까지는 누구도(여왕이라도) 그들의 관심을 되돌릴 수가 없다. 그때는 그 사실을 몰랐다. 나는 한없이 처량한 심정이 되었다.

"전부 떠나 버리는구나."

나는 중얼거렸다.

"아무도 프시케에게 신경을 쓰지 않아. 그저 생각만 좀 해 줄 뿐이지. 내가 푸비를 생각하는 정도도 안 돼. 좀 생각하다가 질려서 다른 일을 하러 간다고. 여우 선생은 자러 갔고 바르디아는 인형 같은 아내의 잔소리를 들으러 갔지. 오루알, 넌 혼자야. 무엇을 하든 너 혼자 계획해서 해야 해. 도움 같은 건 기대하지 마. 신도 인간도 다 가 버렸다고. 네 힘으로 수수께끼를 풀어야 해. 잘못 풀면 다들 몰려와 비난하고 조롱하고 벌하려 들겠지. 하지만 그 전까지는 한마디의 도움도 주지 않을 거야."

나는 푸비도 잠자리로 보냈다. 그리고 대부분의 사람들은 하지 않는다고 생각되는 짓을 한 가지 했다. 신들에게 말을 한 것이다. 내가 직접, 혼자, 떠오르는 대로, 신전에 가지 않고, 제물도 없이. 나는 바닥에 얼굴을 대고 엎드려 온 마음을 다해 신들을 불렀다. 그들을 대적하면서 했던 모든 말들을 철회했다. 나에게 표징만 보여 준다면 무엇이든 시키는 대로 하겠다고 서약했다. 그러나 신들은 아무 표징도 주지 않았다. 기도를 시작했을 때 방 안에는 붉은 불빛이 가득했고 빗줄기가 지붕을 두드리고 있었다. 내가 몸을 일으켰을 때에도 불길만 조금 약해졌을 뿐, 여전히 빗소리가 들리고 있었다.

나는 완전히 혼자 남겨진 걸 깨닫고 말했다.

"내일…… 해야 해…… 무엇이든. 그렇다면 오늘 밤엔 쉬어야지."

나는 침대에 누웠다. 몸이 너무 지쳐 금세라도 곯아떨어질 것 같았다.

그러나 정신이 이렇게 번민에 싸여 있을 때에는 푹 쉬고 싶어 하던 몸도 번쩍 깨어나게 마련이다. 자정 넘어 몇 시간이 지나도록 나는 깨어 있었다. 더 잘 수 있는 가능성은 전혀 없었다. 불은 꺼졌다. 비도 그쳤다. 나는 창가로 다가가 바람이 심하게 부는 어둠 속을 내다보면서, 머리카락을 손에 감아쥔 채 손마디로 관자놀이를 누르며 생각했다.

정신은 훨씬 더 또렷해져 있었다. 나는 기이하게도 바르디아와 여우 선생의 설명 두 가지가 다 확실한 진실로 받아들여진다는 사실을 알아챘다. (각각의 설명을 듣고 있는 동안에는 그랬다.) 그러나 둘 중에 한 가지는 거짓일 수밖에 없었다. 두 가지 다 그 나름대로 확고한 근거가 있었기 때문에 어느 쪽이 거짓인지는 알 수가 없었다. 글롬 사람들이 믿는 바가 사실이라면 바르디아의 말이 옳을 것이다. 여우 선생의 철학이 사실이라면 그의 말이 옳을 것이다. 그러나 나는 글롬의 교리가 옳은지 그리스의 지혜가 옳은지 알 수가 없었다. 나는 글롬에서 태어났지만 여우 선생의 학생이었다. 나는 내가 수년 동안 결코 어울릴 수 없는 각각의 반쪽 세상에 두 발을 걸치고 살아왔음을 깨달았다.

이제는 한 쪽을 포기하고 바르디아 쪽인지 선생 쪽인지 판단을 내려야만 했다. 그런데 판단을 내리기로 하자마자 어느 쪽을 택하든 차이가 없다는 사실을 알게 되었다. (왜 전에는 그걸 몰랐는지 신기했다.) 양쪽 다 동의하고 있는 점이 한 가지 있었기 때문이다. 양쪽 다 어떤 사악하고 추잡한 것이 자기를 위해 프시케를 데려갔다고 생각하고 있었다. 사람을 죽인 도둑이든 유령 같은 그림자 야수든, 그게 대체 무엇이든 무슨 상관이란 말인가? 두 사람 다 무언가 선하고 아름다운 것이 밤에 찾아온다고는 믿고 있지 않았다. 나 말고는 한순간도 그런 생각을 하는 사람이 없었다. 왜 그런 생각을 하겠는가? 나만 너무나 간절한 바람 때문에 혹시라도 그럴 가능성도 있지 않을까 기대를 품었던 것이다. 그것은 어두울 때에만 찾아왔고, 그때에도 자신을 보지 말 것을 명했다. 무슨 끔찍한 이유가 있지 않은 다음에야 어떤 연인이 신부의 눈길을 피하려 들겠는가?

나도 강 너머에서 궁전 비슷한 것을 보았을 때에만 그 반대되는 생각을 잠깐 했을 뿐이다.

"그런 것한테 그 아이를 내줄 순 없어."

나는 말했다.

"그 혐오스러운 것의 품에 안겨 있게 내버려 두지 않겠다. 오늘밤으로 끝을 내야 해."

문득 그 산의 계곡에서 기쁨이 넘치는 환한 얼굴로 내 앞에 서 있던 프시케의 모습이 떠올랐다. 무서운 유혹이 되살아났다. 어리석지만 행복한 꿈을 꾸도록 내버려 두자. 결과야 어찌 되든 지금 누리는 행복에서 불행으로 끌어내리지 말고 그대로 두자. 내가 그 아이의 다정한 엄마가 아닌 복수의 여신이 되어야만 하겠는가? 내 마음 한쪽은 이렇게 속삭이고 있었다.

'상관하지 마. 무엇이든 진실일 수 있어. 넌 지금 네가 이해하지 못하는 불가사의한 상황 속에 있는 거야. 조심해라, 조심해. 네가 너와 그 아이를 파멸시킬 수도 있잖아?'

그러나 또 다른 한쪽은, 나는 실제로 그 아이의 어머니이자 아버지이기도 하다고(그 아이한테는 나밖에 없다고), 내 사랑은 진중하고 신중한 것이 되어야 한다고, 함부로 응석을 받아 주면 안 된다고, 엄하게 사랑해야 할 때도 있는 법이라고 대꾸했다. 결국 그 아이는 어린아이일 뿐이지 않는가? 지금 이 경우를 나도 제대로 이해하지 못하는데, 그 아이는 얼마나 더 이해하지 못하겠는가? 아이들은 순종해야 한다. 오래 전 이발사를 시켜 가시를 뽑아 냈을 때에도 마음이 아팠었다. 그럼에도 그것은 잘한 일이 아니었던가?

나는 결심을 굳혔다. 이제 내가 무슨 일을(둘 중에 어느 것을) 해야 하는지 알게 되었다. 곧 동이 틀 당일에 해야 한다는 것도. 다만 바르디아가 사자 사냥에만 따라가지 않게 되기를, 그를 아내에게서 빼내 올 수 있기만을 바랄 뿐이었다. 큰 고통이나 슬픔에 빠진 사람도 파리가 얼굴에서 윙윙거리면 성가실 수 있듯이, 갑자기 나타나 거치적거리는 그의 아내, 그가 애지중지하는 사람에 대한 생각이 나를 성가시게 했다.

나는 아침을 기다리며 침대에 누웠다. 이제 무엇을 해야 할지 알았기에 한편으로는 침착해지고 편안해졌다.

14

내가 느끼기에는 궁전이 다 깨어나기까지 오랜 시간이 걸린 듯했으나, 실은 왕의 사냥 행차 때문에 일찍부터 술렁대기 시작했다. 나는 꽤 소란스러워질 때까지 기다렸다. 그러고는 자리에서 일어나 이틀 전에 입었던 옷으로 갈아입고 똑같은 단지를 챙겼다. 이번에는 단지 안에 등잔과 작은 기름병을 넣고, 글롬에서 신부의 친구들이 두르는 것과 같은 한 뼘 반 너비의 긴 면 띠로 겹겹이 쌌다. 내 띠는 프시케의 어머니가 결혼하던 날 쓴 이후 내내 옷장 속에 들어 있었다. 그러고 나서 푸비에게 음식을 가져오라고 해서 일부는 먹고 일부는 따로 싸 놓은 단지에 담았다. 왕의 일행이 떠나는 말발굽 소리와 뿔나팔 소리, 외침 소리가 사라지고 난 후 베일을 쓰고 망토를 입은 후 아래로 내려갔다. 나는 맨 처음 마주친 노예를 시켜 바르디아도 사냥길에 따라나섰는지 알아보게 했다. 그리고 만약 궁전에 남아 있으면 내게로 보내라고 일렀다. 나는 기등의 방에서 그를 기다렸다. 그 방에 혼자 있으니 이상하게도 자유로운 기분이 들었다. 그렇게 근심에 싸여 있던 중에도 왕의 부재로 궁전 분위기가 밝아지고 자유로워진 것을 느끼지 않을 수가 없었다. 표정을 보아 하니 모든 식솔들이 그렇게 느끼는 듯했다.

바르디아가 왔다.

"바르디아, 산에 다시 가야겠어."

내가 말했다.

"저는 못 갑니다, 공주님."

바르디아가 말했다.

"제가 사냥에서 빠진 목적은 한 가지입니다. (저로서는 불행한 일이지요.) 저는 궁전을 지키고 있어야 합니다. 폐하가 돌아오실 때까지 밤에도 여기에서 자야 합니다."

그 말에 나는 몹시 당황했다.

"오, 바르디아. 그럼 어떡하지? 지금 난 곤경에 처했어. 동생의 일인데."

바르디아는 곤혹스러울 때 하는 버릇대로 검지로 윗입술을 문질렀다.

"게다가 공주님은 말도 못 타시지요. 지금이라도, 아니 바보 같은 생각입니다. 말을 탈 줄 모르는 사람이 믿고 탈 만한 말은 없지요. 며칠 후로 미룰 수 있는 일이 아니겠지요? 그렇다면 최선의 방책은 제가 다른 사람을 하나 붙여 드리는 겁니다."

"하지만 바르디아라야 해. 다른 사람은 할 수가……. 이건 아주 은밀히 해야 할 일이야."

"그램이라면 공주님을 일박 이일 동안 보좌할 수 있을 겁니다."

"그램이 누구지?"

"작달막한 흑인인데, 좋은 사람입니다."

"입단속을 잘할 수 있을까?"

"오히려 입을 열 줄이나 아나 싶을 정도입니다. 열흘에 채 열 마디도 하질 않아요. 그러나 충직한 인물입니다. 제가 전에 한 번 구해 준 적이 있어서 누구보다 저한테 충직하지요."

"그래도 바르디아와 가는 것만은 못하겠지."

"기다리실 수 없다면 이것이 최선의 방책입니다, 공주님."

나는 기다릴 수 없다고 말했고, 바르디아는 그램을 불러왔다. 그는 얼굴이 여위고 눈이 아주 새카만 사람이었는데, 나를 두려운 듯(내 생각에는) 쳐다보았다. 바르디아는 그에게 성읍으로 가는 길과 만나는 샛길로 말을 끌고 가서 나를 기다리라고 말했다.

그가 떠나자마자 내가 말했다.

"자, 바르디아, 단검 한 자루만 가져다 줘."

"단검이라니요, 공주님? 뭐 때문에?"

"쓸 일이 있어. 얼른, 바르디아. 나쁜 생각으로 이러는 게 아닌 줄 알잖아."

그는 나를 수상쩍게 쳐다보면서도 단검을 가져다주었다. 나는 어제 칼을 찼던 허리에 그것을 찼다.

"잘 있어, 바르디아."

내가 말했다.

"잘 있으라니요, 공주님? 하룻밤 이상 나가 계시려고요?"

"몰라. 나도 모르겠어."

내가 말했다. 그리고 의아해 하는 그를 뒤로 하고 서둘러 걸어나와 샛길에서 그램과 합류했다. 그는 내가 말에 타는 것을 도와주었고(내가 잘못 생각한 게 아니라면 나를 마치 뱀이나 마녀 만지듯 했다.) 우리는 출발했다.

그날의 여행은 전날과 너무나 달랐다. 그램이 하루 종일 한 말이라고는 "네, 공주님", "아닙니다, 공주님"이 고작이었다. 비가 어찌나 쏟아지는지 빗줄기 사이로 부는 바람조차 젖은 듯했다. 비가 휘몰아치는 잿빛 하늘과 작은 언덕과 계곡들은 명암이 분명했던 전날의 모습과는 달리 전부 한덩어리가 되어 무겁게 가라앉아 있었다. 출발이 여러 시간 지체된 탓에 오후라기보다는 저녁에 가까운 시각이 되어서야 안부에서 비밀의 계곡으로 내려가게 되었다. 마치 신들의 장난인 양(실제로 그랬는지도 모른다.) 거기 당도해서야 날씨가 맑아졌다. 계곡만 비추는 햇살이 따로 있고, 몰아치는 빗줄기는 주변의 산들처럼 계곡 주변을 둘러싸고 있는 것이 아닌가 싶을 정도였다.

나는 바르디아와 밤을 보낸 곳으로 그램을 데려가 냇물을 건너지 말고 거기에서 기다리라고 일렀다.

"냇물은 나 혼자 건너겠다. 아마 해질 무렵이나 밤에는 돌아올 수 있을 거야. 언제든 냇물 이편에 있을 때는 저기 저 여울목 근처에 있겠다. 내가 부르기 전엔 오지 마라."

그는 언제나처럼 "네, 공주님"이라고 말했는데, 이 모험이 썩 내키지 않는 듯한 표정이었다.

나는 여울목 쪽으로 갔다. 그램이 있는 곳에서 활을 쏘면 닿을 만한 거리였다. 마음은 여전히 얼음처럼 고요하고 납처럼 무겁고 흙처럼 차가웠으나, 모든 의심과 고민으로부터는 자유로웠다. 나는 여울목의 첫 번째 돌에 발을 딛고 프시케의 이름을 불렀다. 거의 즉시 그 아이가 기슭으로 내려온 것으로 보아 아주 가까운 곳에 있었던 것이 분명했다. 아마 우리는 사랑의 두 이미지, 행복과 단호함을 대변하고 있었을 것이다. 그 아이는 아주 젊고 환한 얼굴에 눈동자와 팔다리에까지 기쁨이 넘쳐나고 있었고, 나는 무겁고 결연한 모습으로 고통을 끌어안고 있었다.

"내 말이 맞지요, 마야."

냇물을 건너 서로 끌어안자마자 그 아이가 말했다.

"폐하 때문에 방해받지 않았지요? 난 예언자라고요!"

그 말에 잠깐 놀랐다. 나는 그 아이의 예언을 잊고 있었다. 그러나 그 문제는 나중에 생각해 보기로 했다. 지금은 해야 할 일이 있었다. 무엇보다 지금은 의심하고 다시 곰곰이 생각해 볼 때가 아니었다.

그 아이는 나를 물에서 조금 떨어진 곳으로 데려가―유령 궁전의 어느 장소였는지는 모르겠지만―앉혔다. 나는 두건을 벗고 베일을 걷은 후 단지를 옆에 내려놓았다.

"오, 오루알."

프시케가 말했다.

"얼굴에 수심이 가득하네요! 어릴 적 내게 몹시 화가 날 때면 그런 표정을 짓곤 했는데."

"내가 화를 냈다고? 아, 프시케, 널 꾸짖거나 네 청을 거절할 때마다 내 마음이 너보다 열 배는 더 아팠다는 거 모르니?"

"언니, 언니를 탓하는 게 아니에요."

"그럼 오늘도 내 탓을 하지 말아 줘. 정말이지 우리는 아주 중대한 이야기를 해야만 해. 자, 들어보렴, 프시케. 우리 아버지는 아버지가 아니야. 네 어머니는 돌아가셨고 (편히 쉬시길!) 외가 식구들은 본 적도 없지. 난 너에게 아버지이자 어머니였고 친척이었어. 그 역할을 다하려고 애를 써 왔고 그건 지금도 마찬가지야. 또 난 너에게 왕이기도 해."

"마야, 언니는 그 모든 것 이상의 존재였어요. 내가 태어난 후 지금까지 점점 더 중요한 존재가 되어 왔지요. 나한텐 언니와 사랑하는 여우 할아버지밖에 없어요."

"그래, 여우 할아버지. 할아버지에 대해서도 할 말이 있단다. 그러니까 프시케, 널 염려하거나 네게 충고를 하거나 널 지켜 줄 사람, 우리 혈통의 명예를 지키는 길이 무엇인지 말해 주어야 할 사람은 바로 나밖에 없어."

"왜 그런 얘기를 하는 거지요, 오루알? 사랑할 남편이 생겼다고 해서 언니를 더 이상 사랑하지 않는다고 생각하는 건 아니겠지요? 이해할지 모르겠지만, 그 사랑이 언니를, 아니 모든 사람과 모든 사물을 더 사랑하게 만드는 걸요."

그 말이 진저리나게 싫었지만, 마음을 숨기고 말을 이었다.

"네가 날 사랑한다는 건 알아, 프시케."

내가 말했다.

"네가 죽으면 나도 죽을 거야. 하지만 넌 날 사랑할 뿐만 아니라 꼭 믿어 주어야 해."

그 아이는 아무 말도 하지 않았다. 가장 가혹한 순간에 맞닥뜨리자 입이 떨어지질 않았다. 나는 말을 꺼낼 방도를 찾았다.

"전번에 네 손에 박힌 가시를 빼던 날 이야기를 했지. 그때 우린 널 아프게 했어, 프시케. 하지만 그건 옳은 일이었지. 사랑하면 아프게 할 수밖에 없단다. 오늘도 난 널 아프게 해야 해. 그리고 프시케, 넌 아직도 어린애야. 네 고집대로 하면 안 돼. 내 통제와 인도를 받아야 해."

"오루알, 이제는 날 인도해 줄 남편이 있어요."

그런 말을 또 되풀이하는 것을 듣고서도 화를 내거나 소리를 지르지 않으려니 몹시 힘들었다. 난 입술을 깨물었다. 그리고 말했다.

"아, 얘야, 난 (네가 말하는) 바로 그 남편에 대한 이야기로 널 슬프게 만들 참이란다."

나는 프시케의 눈을 똑바로 쳐다보며 날카롭게 말했다.

"그가 누구지? 어떤 존재지?"

"신이에요."

그 아이가 낮고 떨리는 목소리로 말했다.

"내 생각엔 회색산의 신인 것 같아요."

"아, 프시케. 넌 속고 있는 거야. 진실을 알고 나면 그와 동침하느니 차라리 죽고 싶을걸."

"진실이라고요?"

"얘야, 우리는 현실을 직시해야 해. 마음을 아주 단단히 먹으렴. 내가 가시를 뽑아 줄게. 세상의 어떤 신이 감히 제 얼굴을 감추려 들겠니?"

"**감히라니!** 오루알, 난 화가 나려 해요."

"하지만 생각해 봐, 프시케. 아름다운 그 어떤 것도 제 얼굴을 감추지는 않아. 정직한 그 어떤 것도 제 이름을 감추지 않지. 아니, 아니, 들어 봐. 네가 아무리 미사여구로 포장하려 들어도, 네 마음은 진실을 꼭 알고 싶을 거야. 생각해 봐. 사람들이 널 누구의 신부라고 불렀지? 야수의 신부야. 다시 생각해 보라고. 야수가 아니라면 누가 이런 산중에서 살겠니? 도적 떼 아니면 살인자들이겠지. 짐승보다 악한 자들, 염소처럼 음탕한 자들일 것이 분명해. 그런 자들이 너같이 귀한 사람을 수중에 넣었다면, 과연 그냥 보내려 들겠니? 그게 네 연인의 정체란다, 얘야. 괴물, 그림자와 괴물이 합쳐진 존재, 어쩌면 유령처럼 죽지 않는 존재이거나, 아니면 그 입술이 발끝이나 옷자락 끝에만 닿아도 우리 혈통에 흠이 될 추잡한 악한이라고."

그 아이는 시선을 무릎에 떨군 채 오랫동안 잠잠히 있었다.

"그러니까 프시케."

마침내 내가 가능한 한 부드럽게 말을 이었다. 그러나 그 아이는 제 손 위에 얹힌 내 손을 뿌리쳤다.

"잘못 봤어요, 오루알. 내가 창백해진 건 화가 났기 때문이에요. 하지만 언니, 이젠 진정되었어요. 언니를 용서할게요. 언니는 그저 선의로 그러는 거지요. 그렇게 믿을게요. 하지만 어떻게, 왜, 그런 생각으로 언니의 영혼을 어둡게 만들고 괴롭히는 건지……. 아니, 이젠 그만 하기로 해요. 날 사랑한다면 이제 그런 생각일랑 하지 말아요."

"내 생각이 어둡다고? 나만 이런 생각을 하는 게 아니야. 자, 프시케, 우리가 아는 사람 중에 가장 현명한 두 사람이 누구지?"

"음, 한 사람은 여우 할아버지지요. 두 번째는, 내가 알고 있는 사람이 거의 없는데, 그래도 내 생각엔 바르디아가 그 나름대로 현명한 사람인 것 같아요."

"그날 밤 오각형의 방에서 네 입으로 직접 그는 신중한 사람이라고 말했었지. 자, 프시케, 이 두 사람이, 그렇게 현명하면서도 또 그렇게 다른 두 사람이, 네 사랑에 대해서는 모두 내 생각에 동의했어. 의심 한 점 없이 동의했지. 이건 우리 세 사람이 똑같이 확신하고 있는 바야. 그는 그림자 야수나 악한 중 하나라고."

"오루알, 그들에게 내 이야기를 했나요? 그건 잘못이에요. 내가 그러라고 하지 않았잖아요. 내 주께서 허락지 않으셨는데. 오, 오루알! 언니가 아니라 바타 같군요."

분노로 얼굴이 달아오르는 것은 어쩔 수 없었지만, 그렇다고 고개를 돌릴 수는 없었다.

"확실히 그것, 네가 **남편**이라고 부르는 그것의 비밀은 끝이 없구나. 애야, 그 악한 것의 사랑 때문에 정신이 나가서 이 명명백백한 사실을 보지 못하는 거니? 그게 신이라고? 신이 네 그림자만 비쳐도 몸을 숨기고 살금살금 숨어 다니면서 '쉿', '말하지 마', '배신하지 마' 같은 도망친 노예나 할 만한 소릴 속삭인다는 거지."

그 아이가 이 말을 들었는지는 확실치 않다. 그 아이는 "여우 할아버지도! 정말 이상해. 그런 분이 야수 같은 걸 믿으리라곤 생각지도 못했는데"라고 말했을 뿐이다.

여우 선생이 야수의 존재를 믿는다고는 말하지 않았다. 그러나 내 말을 그렇게 알아들었다면 구태여 바로잡아 줄 필요는 없다고 생각했다. 그것은 그 아이를 주된 진실로 이끄는 데 도움이 되는 오류였다. 그 아이를 진실로 이끌 수만 있다면 어떤 도움이라도 끌어와야 했다.

"할아버지도, 나도, 바르디아도 그게 신이라는 네 허황된 생각은 전혀 믿지 않아."

내가 말했다.

"또 이 황량한 곳이 궁전이라고도 믿지 않지. 프시케, 글롬 사람들을 전부 붙들고 물어봐도 똑같이 말할 게 분명해. 이건 너무 명백한 진실이야."

"하지만 그게 다 무슨 상관이에요? 사람들이 어떻게 알겠어요? 난 그의 아내예요. 난 안다고요."

"한 번도 보지 못했으면서 어떻게 알지?"

"오루알, 어떻게 그렇게 단순할 수가 있지요? 내가, 내가 어떻게 모를 수 있어요?"

"어떻게 안다는 거냐고, 프시케?"

"그런 질문에 어떻게 대답하라는 거예요? 그건 적절치가 않아요……. 그건…… 더구나 언니는 처녀잖아요."

어린애 주제에 유부녀처럼 새침하게 말하는 걸 보면서 내 참을성은 거의 한계에 도달했다. 그것은 거의 비아냥거리는 소리로 들렸다. (지금은 그런 의도로 말한 것이 아니었음을 안다.) 그러나 나는 자신을 억눌렀다.

"그래, 프시케, 네가 그렇게까지 확신한다면 그것을 시험해 보는 데 반대하지는 않겠지."

"무슨 시험이요? 난 그런 거 필요치 않아요."

"여기 등잔과 기름을 가지고 왔다. 자. (나는 그것들을 프시케 옆에 놓았다.) 그가, 그것이 잠들 때까지 기다려. 그리고 보는 거야."

"그럴 순 없어요."

"아! ……그것 봐! 넌 시험을 감수할 수가 없는 거야. 왜? 너 스스로 확신하지 못하니까. 확신한다면 바로 하려 들겠지. 네 말처럼 그게 정말

신이라면 한 번만 살짝 보아도 모든 의심이 달아날 거야. 네가 어둡다고 말하는 우리의 생각들도 다 사라질 거고. 그런데도 넌 그렇게 할 엄두를 내지 못하는구나."

"오, 오루알, 무슨 악한 일을 꾸미는 건가요! 내가 그분을 보지 않는 건, 무엇보다 언니가 시키려 드는 그런 술책을 쓰지 않는 건 그분이 보지 말라고 명하셨기 때문이에요."

"내가 볼 때, 바르디아와 할아버지의 생각도 마찬가지지만, 그것이 그런 명을 내린 이유는 한 가지뿐이야. 네가 그런 명에 순종하는 이유도 한 가지뿐이고."

"그렇다면 언니는 사랑에 대해 거의 아무것도 모르는 거예요."

"내가 처녀라는 핑계를 또 들이밀 생각이니? 너처럼 더러운 돼지우리에 처박히느니 차라리 처녀로 지내는 편이 낫지. 네가 사랑이라고 부르는 것에 대해 난 아무것도 모른다. 그런 사랑에 대한 이야기라면 나보다는 레디발에게, 아니면 웅깃의 신녀들이나 왕의 첩들에게 속닥거리렴. 내가 아는 사랑의 종류는 달라. 그게 뭔지 곧 알게 될 거다. 난 널 절대로—"

"오루알, 오루알, 언니는 지금 제정신이 아니에요."

프시케가 말했다. 그 아이는 화도 내지 않고 그저 슬픔에 찬 큰 눈으로 나를 빤히 쳐다보았는데, 그 슬픔은 낮은 위치에 있는 자의 것이 아니었다. 그 광경을 본 사람은 내가 그 아이의 어머니가 아니라 오히려 그 아이가 내 어머니인 것처럼(거의) 생각했을 것이다. 예전의 그 순하고 고분고분하던 프시케는 사라지고 없다는 걸 오래 전부터 알고 있었음에도 새삼 놀라웠다.

"그래, 난 지금 제정신이 아니야. 네가 날 화나게 만들었지. 하지만 사랑하는 사람이라면 누구나 그 대상이 악한 혐의를 받고 있을 때 그 혐의를 간절히 벗겨 주고 싶어 한다는 것, 할 수만 있다면 그렇게 한다는 게 내 생각이야. (내 말이 틀렸으면 바로잡아 보렴.) 어떤 어미에게 추한 자식을 두지 않았느냐고 물어봐. 만약 그 자식이 추하지 않고 아름답다면 당장 내보여서 확인시키려 들걸. 아무리 지엄한 금지령이 내려졌어도 그렇게 할 거야. 반대로 꽁꽁 감추어 둔다면 그 자식은 정말로 추한 거지. 넌 지금 시험이 두려운 거야, 프시케."

"난 두렵지— 않아요, 부끄러운 거지요……. 그분을 거역한다는 게."

"네가 잘한다고 하는 짓이 결국 그를 어떻게 만들고 있는지 한번 봐! 우리 아버지보다도 못한 존재로 만들고 있잖아. 정말 널 사랑한다면 그런 불합리한 명령을 어겼다고, 그것도 선한 이유 때문에 어겼다고 화를 내겠니?"

"어리석은 짓이에요, 오루알."

그 아이가 고개를 저으며 대답했다.

"그분은 신이에요. 신의 행동에는 선한 근거가 있어요, 분명히. 그걸 제가 어찌 다 헤아리겠어요? 저는 그분의 어리석은 프시케일 뿐인데."

"그래서 못하겠다고? 너도 말했듯이, 그가 신이라는 것만 입증하면 내 마음을 병들게 하는 이 두려움에서 날 풀어 줄 수 있는데도 그렇게 안 하겠다는 거지."

"할 수 없기 때문에 안 하는 거예요, 오루알."

나는 주위를 돌아보았다. 해가 안부 뒤편으로 거의 넘어가고 있었다. 그 아이는 곧 나를 보내려 들 것이었다. 나는 몸을 일으켰다.

"이 문제는 반드시 마무리지어야 해."

내가 말했다.

"꼭 해야 한다. 프시케, 이건 명령이야."

"사랑하는 마야, 난 이제 언니 명령을 따라야 할 자리에 있지 않아
요."

"그렇다면 내 인생도 끝을 내야지."

나는 망토를 뒤로 젖혀 왼팔을 드러내고 단검 끝이 팔을 뚫고 나오기
까지 깊이 찔러 넣었다. 상처 밖으로 다시 칼을 빼내는 것이 더 고통스
러웠다. 그런데도 어떻게 그 고통을 거의 느끼지 못했는지 모르겠다.

"오루알! 미쳤어요?"

프시케가 펄쩍 뛰어 일어나며 소리쳤다.

"단지 안에 천이 있어. 상처를 묶어 다오."

주저앉아 피가 관목 위로 떨어지도록 팔을 돌리며 말했다.

나는 그 아이가 비명을 지르거나 두 손을 마주 잡고 어쩔 줄을 모르거
나 정신을 잃을 줄 알았다. 그러나 그것은 착각이었다. 얼굴은 하얗게
질렸지만 정신은 똑바로 차리고 있었다. 그 아이는 천으로 내 팔을 감았
다. 피가 겹겹이 스며 나오다가 마침내 멈추었다. (운이 좋게도 나는 위험
하지 않은 자리를 찔렀다. 지금처럼 팔의 내부구조에 대해 잘 알고 있었다면 그
런 짓을 할 결심 따위는 하지 않았을 것이다. 허나 누가 알겠는가?)

상처를 감는 일은 금방 끝나지 않았다. 다시 이야기를 나눌 수 있을
때쯤에는 해가 더 기울어 있었고 공기도 더 차가워져 있었다.

"마야."

프시케가 말했다.

"왜 이런 짓을 했어요?"

"내 진심을 보여 주고 싶어서. 들어 봐. 날 막다른 골목으로 몰아간 건 바로 너야. 선택권을 줄게. 아직도 내 피로 젖어 있는 이 칼끝에 대고 맹세해. 오늘 밤에 내 명대로 하겠다고. 그렇지 않으면 널 먼저 죽이고 나도 죽을 거야."

"오루알."

그 아이는 여왕처럼 고개를 꼿꼿이 들고 말했다.

"날 죽이겠다는 협박은 할 필요가 없어요. 내가 무서운 건 언니 자신을 해치겠다는 협박이에요."

"그렇다면 맹세해. 내가 입 밖에 낸 말을 어긴 적이 있니?"

그때 그 아이의 얼굴에 내가 이해할 수 없는 표정이 떠올랐다. 아마도 자신이 사랑하는 이가 정숙치 못하다는 것을 알게 된 남자의 표정이 그렇지 않을까 한다. 마침내 그 아이가 말했다.

"정말로 내가 몰랐던 종류의 사랑을 가르쳐 주는군요. 마치 깊은 수렁 속을 들여다보는 것 같아. 언니의 자애가 과연 증오보다 나은 건지 모르겠네요. 오, 오루알, 언니를 향한 내 사랑을 이런 식으로 이용하다니. 그 사랑은 내 뿌리에 닿아 있는 것이어서 다른 어떤 사랑, 새로운 사랑으로도 희미해지지 않는다는 걸 알고 그걸 언니의 수단으로, 무기로, 전략과 통제의 통로로, 고문의 도구로 사용하다니⋯⋯. 난 그동안 언니를 전혀 몰랐다는 생각이 드네요. 앞으로 어떤 일이 닥칠지 몰라도, 우리 사이에 있던 그 어떤 것은 여기에서 사라지고 말았어요."

"알듯 모를 듯한 소리는 이제 그만 해."

내가 말했다.

"진실과 피에 걸고 말하는데, 네가 맹세하지 않으면 우리 둘 다 이 자리에서 죽는다."

"내가 맹세한다 하더라도 그건 남편이나 남편의 사랑을 의심하기 때문이 아니에요."

그 아이가 노기를 띠며 말했다.

"내가 맹세하는 건 그분이 언니보다 낫다고 여기기 때문이에요. 그분은 언니처럼 잔인할 리가 없어요. 난 그걸 믿겠어요. 내가 어떻게 강제로 불순종하게 되었는지 그분은 아실 거예요. 그리고 용서해 주실 거예요."

"그자한테는 알릴 필요 없어."

내가 말했다.

그 아이의 얼굴에 떠오른 경멸의 표정이 내 영혼을 아리게 했다. 그러나 바로 이런 고귀함이야말로 내가 그 아이에게 가르친 바가 아닌가? 그 아이 속에 있는 것은 바로 내 작품이 아닌가? 이제 그 아이는 그 고귀한 표정으로 천한 것 중에서도 가장 천한 것을 바라보듯이 나를 바라보고 있었다.

"내가 감출 거라고 생각했나요? 그분께 말씀드리지 않을 거라고 생각했어요?"

그 아이가 말했다. 한마디 한마디가 마치 생살을 줄로 가는 듯 쓰라리게 다가왔다.

"그래요. 다 일맥상통하는 생각이네요. 언니 말처럼 끝을 내기로 하지요. 언니가 말을 할 때마다 점점 더 낯설어지는군요. 난 언니를 정말 사랑했어요. 사랑하고 존경하고 믿고 순종했지요. (합당한 명령에는 말이에요.) 그런데 지금은 아니에요. 여하튼 난 언니의 피를 내 집 문가에 묻힐 수 없어요. 정말 효과적인 협박거리를 골라냈군요. 언니 말대로 맹세를 하지요. 단검은 어디 있나요?"

그렇게 해서 승리는 얻었지만 마음은 너무나 괴로웠다. 모든 말을 취소하고 용서를 구하고 싶은 마음이 간절했다. 그러면서도 나는 단검을 내밀었다. ('칼날 맹세'는 글롬 왕국에서 가장 강력한 맹세였다.)

"지금 이 순간에도,"

프시케가 말했다.

"난 내가 무슨 짓을 하고 있는지 잘 알고 있어요. 내가 가장 존귀한 사랑을 저버리고 있다는 것, 아마도 해가 뜨기 전에 내 모든 행복은 영원히 사라지고 말리라는 것을 잘 알고 있다고요. 이것이 언니가 책정한 언니의 목숨 값이에요. 자, 이제 그 값을 치르겠어요."

그 아이는 맹세를 했다. 내가 눈물을 터뜨리며 무슨 말을 하려고 했지만, 그 아이는 외면했다.

"해가 거의 다 졌어요."

그 아이가 말했다.

"가세요. 언니는 언니의 목숨을 찾았어요. 가서 그 수명을 끝까지 누리세요."

나는 내가 그 아이를 두려워하게 되었음을 알았다. 나는 냇물로 돌아왔다. 어떻게 그 물을 건넜는지 모르겠다. 해가 지면서 안부의 그림자가 계곡 전체를 성큼 덮어 버렸다.

15

냇물 이편으로 건너와 정신을 잃었던 것이 분명하다. 여울목을 건넌 기억과 춥고 팔이 아프고 목이 마르다는 세 가지 사실을 다시금 절실히 느낀 기억 사이에 간격이 있기 때문이다. 나는 정신없이 물을 마셨다. 무언가 먹고 싶었지만, 그때 처음으로 떠오른 생각은 등잔을 두고 오면서 음식이 든 단지도 두고 왔다는 것이었다. 그렇다고 그램을 부르는 것은 내키지가 않았다. 그는 매우 성가신 데가 있었다. 대신 바르디아가 같이 왔다면 모든 상황이 달랐을 것이고 더 나았을 것이라는 생각이 들었다. (그때도 그것이 어리석은 생각인 줄은 알고 있었다.) 그가 왔다면 무슨 행동을 하고 무슨 말을 했을까 이리저리 생각하다가, 퍼뜩 내가 무엇 때문에 이곳에 왔는지가 떠올랐다. 잠시 동안이나마 다른 생각을 한 것이 부끄러웠다.

내 목적은 여울가에 앉아 불빛(프시케의 등불에서 나오는 빛)을 살펴보는 것이었다. 그 아이가 등불을 가리고 숨기면 불빛이 사라질 것이다. 그리고 아주 나중에 다시 나타날 것이다. 그 아이는 잠들어 있는 자신의 사악한 주인을 보게 되리라. 그러고서는—나는 그것이 아주 금방이기를 바랐다.—어둠 속을 빠져나와 숨을 죽이고 나를 부르는 소리("마야, 마야" 하고 부르는 소리)가 냇물을 넘어오리라. 그러면 나는 순식간에 냇물을 반 넘어 건너가리라. 이번에는 내 편에서 여울목 건너는 것을 도와주리라. 눈물범벅이 되어 절망하는 그 아이를 품어서 달래 주리라. 그제야 그 아이는 누가 참된 친구인지 깨닫고 다시 날 사랑해 주리라. 등불로 드러난 그 흉한 존재에게서 자신을 구해 준 것에 대해 떨면서 감사를 표하리라. 이런 생각을 하고 있는 동안에는 감미로웠다.

그러나 다른 생각도 들었다. 아무리 애를 써도 내가 틀렸을지도 모른다는 두려움이 지워지질 않았다. 진짜 신일 가능성은…… 정말로 없는 걸까? 그러나 그 부분을 곰곰이 생각할 수는 없었다. 내가 모든 것을 망치는 바람에 어떤 식으로든(구체적으로 어떤 식인지는 나도 잘 알지 못했다.) 파멸하여 기쁨을 전부 빼앗긴 채 망연자실하게 슬피 울며 떠돌아다니는 프시케의 모습이 자꾸만 떠올랐다. 그날 밤 내내 다시 차가운 물을 건너가 아까의 맹세는 없던 일로 하자고, 등불을 켜지 말라고, 내 충고가 잘못되었다고 소리치고 싶은 충동에 얼마나 많이 시달렸는지 모른다. 그러나 나는 그 충동을 억눌렀다.

이런저런 것들은 마음의 표면을 스치고 지나가는 생각에 지나지 않았다. 그 밑, 여우 선생이 말한 깊은 대양에는 그 아이의 경멸, 이제 사랑을 잃었다는 상실감, 극한 증오심이라는 차갑고 절망적인 심연이 자리 잡고 있었다.

나는 저에 대한 사랑 때문에 팔까지 찔러서 이렇게 타는 듯한 아픔에 시달리고 있는데, 저가 어떻게 날 미워할 수 있단 말인가?

"잔인한 프시케, 잔인한 프시케."

나는 흐느껴 울었다. 그러면서 앓을 때 꾸었던 꿈들이 되살아나는 것을 느꼈다. 나는 정신을 수습했고 자신을 흔들어 깨웠다. 무슨 일이 일어나는지 정신을 똑바로 차리고 지켜보아야 했다.

곧 첫 번째 불빛이 보였다가 다시 사라졌다. 나는 '그래. 지금까지는 잘되고 있어'라고 — 실제로 그 아이가 맹세한 만큼 그 맹세를 지키리라는 것을 추호도 의심하지 않았음에도 — 생각했다. 무슨 뜻에서 잘되고 있다고 말하는 걸까 하는 새로운 의문이 떠올랐다. 그러나 그 의문은 곧 지나가 버렸다.

추위가 점점 더 심해졌다. 고드름처럼 차가워진 몸은 불덩어리처럼 열이 나는 팔에 붙어 있으면서도 결코 녹을 줄을 몰랐다. 나는 내가 위험한 짓을 하고 있음을 깨닫기 시작했다. 이렇게 다치고 굶주린 채 죽게 될 수도 있었다. 다른 건 몰라도 이렇게 오한이 드는 걸로 볼 때 곧 죽을 것만 같았다. 이 작은 생각의 씨에서 순식간에 거대하고 어리석은 망상의 꽃이 피어났다. 화장되기 위해 장작 더미 위에 누워 있는 내 모습과 프시케가 — 이제는 모든 사실을 알고 날 다시 사랑하게 된 — 가슴을 치고 울면서 자신의 잔인함을 뉘우치는 모습이 금세(어떻게 그렇게 되었는지에 대한 의문은 건너뛴 채) 눈앞에 펼쳐졌다. 그 자리에는 여우 선생과 바르디아도 있었다. 바르디아는 하염없이 울었다. 일단 내가 죽자 다들 나를 사랑해 주었다. 그러나 그때 했던 헛된 생각들을 전부 여기에서 밝히는 것은 민망한 일이다.

다시 불빛이 나타나면서 망상에서 깨어났다. 그 빛은 오랜 시간 어둠에 젖어 있던 내 눈에 비현실적으로 밝아 보였다. 밝고 고요하게, 마치 집 안을 밝히는 빛처럼 그 황량한 곳을 밝히고 있었다. 그것은 내 생각보다 더 오래도록 고요하게 빛났고, 온 세상도 고요히 그 주변을 둘러싸고 있었다. 그때 그 고요함이 깨져 버렸다.

불빛 가까운 어딘가에서 엄청난 소리가 솟아나더니, 팔의 통증마저 잊을 만큼 강력한 공포의 파장을 일으키며 순식간에 내 몸을 관통해 지나갔다. 그것은 흉한 소리가 아니었다. 가차 없이 엄중하면서도 황금빛으로 빛나는 소리였다. 내 공포는 필멸의 인간이 불멸의 존재에게 드리는 인사였다. 불가해한 말이 강력하게 솟구치듯 들린 후에—바로 직후에—울음소리가 들려왔다. 내 생각에 그때 내 심장은 산산조각이 나 버렸다. (이런 상투적인 표현으로 의미가 전달될는지 모르겠다.) 그러나 그 불멸의 소리도, 그 아이의 울음소리도 심장이 두 번 뛸 정도 이상으로 지속되지는 않았다. 나는 지금 심장이 뛴다고 말했다. 그러나 그 소리가 들리는 동안 내 심장은 마치 멈추어 버린 듯했다.

엄청난 섬광이 골짜기를 밝게 비추었다. 그러더니 마치 내 머리 위에서 하늘을 두 쪽이라도 낼 듯이 큰 소리로 천둥이 울렸다. 번개가 왼쪽, 오른쪽, 가까운 곳, 먼 곳을 가리지 않고 계곡 여기저기에 연달아 떨어졌다. 빛이 번쩍일 때마다 쓰러지는 나무들의 모습이 보였다. 프시케의 궁전을 받치고 있던 상상 속의 기둥들이 무너지고 있었다. 천둥소리에 묻히는 바람에 그것들은 조용히 쓰러지는 것처럼 보였다. 그러나 천둥소리에도 묻히지 않는 소리가 있었다. 내 왼쪽 어딘가에서 산의 벽 자체가 붕괴하고 있었다. 나는 바위 조각들이 날아가 다른 바위에 부딪치면서 마치 어린아이가 던진 공처럼 공중으로 튀어 오르는 것을 보았다(고 생각한다). 미처 피할 틈도 없이 순식간에 물이 솟구치는 바람에 허리까지 젖고 말았다. 그러나 그것은 별 문제가 되지 않았다. 폭풍과 함께 억수 같은 비가 쏟아지고 있었기 때문이다. 내 머리카락과 옷은 이미 물에 흥건히 젖은 상태였다.

그러나 얼굴을 때리는 비에 앞을 볼 수 없는 지경에서도 나는 이것들을 좋은 표징으로 여겼다. 이것들은 내 말이 옳았음을 보여 주고 있었다. (내게는 그렇게 보였다.) 프시케 때문에 잠에서 깨어난 무시무시한 무언가가 화가 나서 이런 짓을 하고 있는 것이다. 그것이 잠에서 깼을 때 그 아이는 얼른 등불을 감추지 못했을 것이다. 아니면―그래, 이 설명이 더 그럴듯하다.―그것이 잠든 척하고 있었는지도 모른다. 원래 잠을 잘 필요가 없는 존재인지도 모를 일이다. 어쨌든 그것은 그 아이와 나를 죽이려 들 게 분명하다. 그래도 이제 그 아이는 알 것이다. 최악의 경우에 죽음을 맞이한다 해도 속임수와 미망에서는 벗어날 것이며 나와는 화해할 것이다. 혹 지금이라도 탈출할 수 있을지도 모른다. 탈출에 실패해도 같이 죽을 수는 있겠지. 나는 자리에서 일어나 폭우를 뚫고 물을 건너기 위해 몸을 구부렸다.

설사 자유롭게 시도할 수 있었다 해도 그 냇물을―거품을 뿜어대는 깊은 죽음의 물길을―건너지는 못했을 것이다. 그런데 나는 자유롭지도 못했다. 기다렸다는 듯 번개 같은 것이 번쩍했다. 그 빛은 번개처럼 창백하고 눈부셨으며 아무런 온기나 위로의 여지조차 없이 무섭도록 뚜렷하게 가장 작은 사물들까지 비추었지만, 번개처럼 금방 사라지지는 않았다. 그 엄청난 빛은 커튼도 내리고 문도 닫아 놓은 방 안에 켜 놓은 촛불처럼 고요하게 내 머리 위에 머물러 있었다. 그 빛 한가운데 사람 같은 형상이 서 있었다. 이상한 일이기는 하나 그 크기가 얼마나 되었는 지에 대해서는 말할 수가 없다. 얼굴은 나보다 훨씬 위쪽에 있었지만, 내 기억에 거인이었던 것 같지는 않다. 또 그것이 진짜 서 있었는지, 아 니면 서 있는 것처럼 보였는지, 냇물 저쪽에 있었는지 위쪽에 있었는지 도 모르겠다.

빛은 미동도 없이 비치고 있었으나, 내가 그 얼굴을 본 것은 진짜 번 개가 번쩍하는 순간처럼 잠깐이었다. 그 이상 볼 수 있었다 해도 아마 감당치 못했을 것이다. 눈만 견뎌 낼 수 없었던 것이 아니라 심장과 피 와 뇌도 견뎌 낼 수가 없었다. 설사 괴물—나와 모든 글롬 백성들이 상상 하던 그림자 야수—이 나타났다 해도 그 아름다운 얼굴만큼 나를 굴복 시키지는 못했을 것이다. 차라리 분노(사람들이 말하는 분노)를 발하는 편이 그처럼 냉정하게, 극도로 거부하는 얼굴로 바라보는 것보다는 견 딜 만하리라. 그의 발은 내가 웅크린 곳에서 손만 뻗으면 잡힐 듯 가까 운 곳에 있었지만 그의 눈은 한없이 먼 곳으로 나를 내쳐 버린 것처럼 느껴졌다. 그는 내가 생각했던 모든 것, 내가 행했던 모든 것, 나라는 존 재의 모든 것을 거부하고 부인했으며 그것들에 대답했다. 무엇보다 무 서운 것은 그가 그 모든 것을 알고 있다는 점이었다. 신들도 과거는 바 꿀 수 없다고 노래한 그리스 시가 있다. 그러나 그것이 사실일까? 그는 프시케의 연인이 신이라는 사실을 내가 처음부터 알았던 것처럼 만들 어 버렸으며, 내 모든 의심과 두려움, 추측, 논쟁, 바르디아에게 질문하 고 여우 선생에게 질문했던 일, 그 모든 조사와 수고가 다 제 눈을 가리 는 바보짓이었던 것처럼 만들어 버렸다. 내 책을 읽는 그대여, 판단하

라. 정말 그러했는가? 적어도 이 신이 바꾸어 버리기 전의 과거가 정말 그러했는가? 신들이 진정 과거를 바꿀 수 있다면 왜 자비로운 쪽으로 바꾸어 주지 않는 것인가?

고요한 빛이 임하면서 천둥은 그쳤던 것으로 기억한다. 신이 내게 말을 하는 동안에는 한없이 고요했다. 그의 얼굴에 분노(사람들이 말하는 분노)가 없었던 것처럼 그의 목소리에도 분노는 없었다. 그 목소리는 무심하고 감미로웠다. 사람이 목매달려 있는 나뭇가지 위에 앉아 지저귀는 새처럼.

"이제 프시케는 유배당하리라. 허기와 갈증에 시달리며 고된 길을 걸어가리라. 내가 대신 싸워 줄 수 없는 것들이 멋대로 그를 휘두르리라. 여자여, 너는 너 자신과 네가 한 일을 알게 되리라. 너 또한 프시케가 되리라."

칼로 싹둑 자른 것처럼, 소리와 빛이 동시에 사라졌다. 정적 속에 다시 울음소리가 들려왔다.

그 전에도 그 후에도 그런 울음소리는 들어 본 적이 없다. 어떤 아이도, 손바닥을 다친 어른도, 고문당한 남자도, 성이 함락되어 노예로 끌려가는 소녀도 그렇게 울지는 않았다. 자기가 세상에서 가장 미워하는 여자라도 그런 소리로 운다면 찾아가서 위로하고 싶을 것이다. 불길이라도, 창끝이라도 헤치고 찾아가고 싶을 것이다. 더욱이 나는 누가 울고 있는지, 그에게 무슨 일이 일어났는지, 누가 그런 짓을 했는지 알고 있었다.

나는 프시케에게 가려고 일어났다. 그러나 울음소리는 이미 멀어져 있었다. 그 아이는 슬피 울며 내 오른쪽, 내가 가 보지 못한 계곡 끄트 머리로 내려가고 있었는데, 남향으로 깎아지른 듯한 절벽이 있는 쪽이 분명했다. 그런데 나는 냇물을 건널 수가 없었다. 차라리 물에 삼키우는 편이 더 나았을 지도 모른다. 내 몸은 온통 차갑고 거센 물결에 멍이 들고 얼어붙었으며 진흙투성이가 되어 버렸다. 어찌어찌해서 바위를 하나 잡고 보면(기슭의 평평한 부분도 매 순간 물살에 휩쓸려 들어가고 있었기 때문에 땅은 디뎌 봐야 소용이 없었다.) 여전히 냇물의 이쪽 편이었다. 어디가 냇물이 있던 곳이었는지조차 알아보기 힘들 때도 있었다. 나는 어둠 속에서 대체 어찌해야 좋을지 알 수가 없었다. 땅은 이제 늪이나 다를 바가 없었기 때문에 웅덩이와 새로 생긴 시냇물들 사이를 갈팡질팡했다.

그날 밤의 일에 대해 더 이상 기억나는 것은 없다. 날이 밝으면서 신의 분노가 골짜기를 어떻게 만들어 놓았는지가 그대로 드러났다. 맨몸을 드러낸 바윗덩이, 아무것도 없는 땅, 더러워진 물. 나무와 덤불과 양들이 둥둥 떠 다녔고 이따금씩 사슴도 한 마리씩 눈에 띄었다. 밤에 첫 번째 물줄기를 건넜다 해도 아무 도움이 되지 못했을 것이다. 그래 봐야 그 다음 물줄기가 기다리고 있는 좁은 진흙 둑 위에 올라선 것이었을 테니 말이다. 그때까지도 나는 프시케의 이름을 목이 쉬도록 부르지 않을 수 없었으나, 그것이 헛된 일임은 알고 있었다. 그 아이가 계곡을 떠나는 소리를 들었기 때문이다. 신이 예언한 유배를 이미 떠난 것이다. 프시케는 울면서 이 땅에서 저 땅으로 떠돌아다닐 것이다. 내가 아닌(자신을 속여서는 안 된다.) 제 남편을 위해 울면서.

나는 그곳을 떠나 그램을 찾았다. 그는 흠뻑 젖은 불쌍한 모습으로 덜덜 떨며 붕대가 감긴 내 팔을 한 번 힐끗 보더니 더 이상 눈길을 주지도,

질문을 던지지도 않았다. 우리는 안장 주머니에서 음식을 꺼내 먹은 후 길을 떠났다. 날씨는 쾌청했다.

나는 주변의 사물들을 새로운 눈으로 바라보았다. 신들이 있고 그들이 나를 미워한다는 사실을 분명히 알았으니, 이제는 내가 받을 벌을 기다리는 것밖에 할 일이 없는 듯했다. 어느 위험한 절벽에서 말이 미끄러져 우리를 천 길 아래로 떨어뜨릴지 궁금했다. 어느 나뭇가지가 말을 타고 가는 내 목 위로 떨어질지, 혹 팔의 상처가 썩어서 죽게 되는 것은 아닌지. 신이 사람을 짐승으로 바꾸어 놓을 때가 있다는 말이 생각나 고양이 털이 나지는 않았나, 또는 개의 주둥이나 산돼지의 어금니가 생기지는 않았나 종종 베일 속을 더듬어 보기도 했다. 그런 것들은 두렵지 않았다. 하나도 두렵지 않았다. 땅과 풀과 하늘을 둘러보며 그 각각을 향해 마음속으로 '너희는 이제 모두 나의 적이로구나. 너희 중 그 어느 것도 다시는 내게 좋은 일을 해 주지 않겠구나. 이제 사방에 보이는 것은 오직 사형집행자들뿐이로구나'라고 말하자니, 낯설면서도 어딘가 조용하고 안정된 느낌이 들었다.

하지만 **너 또한 프시케가 되리라**는 말은 나도 그 아이처럼 유배를 떠나 떠돌아다녀야 한다는 뜻일 거라는 생각이 들었다. 글롬의 남자들이 여자의 통치를 받지 않으려 든다면 아주 쉽게 실현될 수 있는 일이었다. 그러나 신이 프시케에게 내린 것과 똑같은 형벌로 나를 가장 슬프게 하려 든다면, 그는 핵심을 찌르지 못한―그러니 신들도 모든 것을 다 알지는 못하는 걸까?―것이다. 내 몫뿐 아니라 프시케의 몫까지 감당할 수 있다면……. 그 다음으로 좋은 것은 둘이 함께 벌을 감당하는 것이다. 이런 생각을 하니 어떤 완강하면서도 우울한 힘이 속에서 솟아나는 듯했다. 나는 훌륭한 거지가 될 것이다. 못생긴 데다가 바르디아에게 싸우는 법까지 배워 두었으니까.

바르디아……. 그 이름을 떠올리니 그에게는 어디까지 말해야 하나 하는 생각이 들었다. 또 여우 선생에게는 어디까지 말해야 하나. 전에는 이런 생각을 해 본 적이 없었다.

16

 나는 궁전 뒤쪽으로 기어 들어갔고, 아버지가 아직도 사냥에서 돌아오지 않았다는 사실을 곧 알게 되었다. 그런데도 마치 그가 돌아와 있는양 살금살금 조심스럽게 내 방으로 들어갔다. 내가 왕이 아닌 여우 선생을 피하고 있음을 분명히 알게 되면서(처음에는 몰랐다.) 마음이 불편해졌다. 전에는 선생이 언제나 내 피난처이자 위로자가 되어 주었는데.

 푸비는 내 상처를 보고 울음을 터뜨렸지만, 천을 풀고─상처는 끔찍했다.─잘 처치해 주었다. 치료가 끝나고 (허겁지겁) 음식을 먹고 있을 때 여우 선생이 들어왔다.

 "딸아, 딸아."

 그가 말했다.

 "널 돌려보내 주신 신들께 찬양을 드리자꾸나. 종일 네 걱정을 했단다. 어딜 다녀온 게냐?"

"산에 다녀왔어요, 할아버지."

나는 왼쪽 팔을 숨기며 말했다. 이것이 첫 번째 곤란한 점이었다. 나는 내가 자해했다는 사실을 선생에게 고할 수가 없었다. 선생을 보니(그 전에는 미처 생각지 못했는데) 프시케에게 그런 식으로 무력을 행사했다고 꾸짖을 것이 뻔하다는 생각이 들었다. 그의 좌우명 중 하나는 이성으로 친구를 설득할 수 없어도 그에 만족하고 말아야지 "용병(격정을 가리키는 표현이었다.)을 끌어들여서는 안 된다"라는 것이었다.

"오, 애야, 급작스럽게도 움직였구나."

그가 말했다.

"그날 밤에는 일단 헤어지고 다음날 아침에 다시 이야기하기로 한 줄 알았는데."

"할아버지가 주무시겠다고 가 버렸잖아요."

내가 말했다. 내 의지와 상관없이 아버지처럼 사나운 목소리가 나왔다. 그러고 나니 부끄러웠다.

"다 내 죄다."

여우 선생은 슬픈 미소를 지으며 말했다.

"자, 공주님, 제대로 벌을 내리셨나이다. 그런데 새로운 소식은 없느냐? 프시케가 네 말을 듣더냐?"

그 질문에는 대답지 않고 폭풍우가 휘몰아쳐 냇물이 넘쳤다는 것, 이제 계곡은 그저 늪지대가 되어 버렸다는 것, 냇물을 건너려 했지만 그러지 못했다는 것, 프시케가 울며 골짜기 남쪽으로, 글롬 밖으로 떠나는 소리를 들었다는 것을 이야기했다. 신에 대한 이야기를 하는 것은 부질없는 짓이었다. 내가 미쳤거나 꿈을 꾸었다고 생각할 것이었다.

"그러니까 얘야, 네 말은 그 아이와 한마디도 못해 봤다는 거냐?"

아주 초췌해 보이는 얼굴로 여우 선생이 물었다.

"말은 했어요."

내가 말했다.

"그 전에 이야기를 조금 나누었지요."

"얘야, 뭐가 잘못된 거냐? 다투었느냐? 둘 사이에 무슨 일이 있었던 거냐?"

이 질문에는 대답하기가 더 어려웠다. 그는 꼬치꼬치 캐물었고 결국 나는 등불에 대한 계획을 털어놓고 말았다.

"딸아, 딸아!"

여우 선생이 울부짖었다.

"어떤 악마가 그런 생각을 네 머릿속에 집어넣었단 말이냐? 그런 짓을 해서 대체 무슨 소득이 있다고? 그러면 그 아이 옆에 있던 악당이, 그 쫓겨다니는 범법자가 깨어날 것이 분명치 않느냐? 그리고 그 아일 붙잡아 또 다른 소굴로 끌고 가지 않겠느냐? 아니면 추격자들에게 밀고나 하지 않을까 싶어 심장을 찔러 버리겠지. 아니, 불을 들이댄 것만 보아도 벌써 자기를 배신한 게 틀림없다고 여겼을 게다. 그 아이가 찔린 상처 때문에 운 것이었으면 어쩌지? 오, 네가 내 조언만 구했어도!"

나는 아무 말도 할 수 없었다. 왜 진작 그런 생각을 하지 못했나, 아니 도대체 그 아이의 정부가 산적이라는 걸 믿기는 했나 의심이 되었다.

여우 선생은 내가 침묵을 지키는 게 점점 더 의심스러운지 나를 빤히 쳐다보았다. 마침내 그가 입을 열었다.

"그 아이가 쉽게 그렇게 하겠다고 하더냐?"

"아니오."

내가 말했다. 음식을 먹느라 하루 종일 쓰고 있던 베일을 벗은 채였는데, 그걸 그대로 쓰고 있었더라면 하는 생각이 간절했다.

"그럼 어떻게 설득했지?"

그가 물었다.

가장 힘든 순간이었다. 내가 한 짓을 그대로 다 털어놓을 수는 없었다. 내가 한 말도 상당 부분 전할 수가 없었다. 프시케에게 여우 선생과 바르디아 둘 다 그 연인에 대해 같은 의견을 가지고 있다고 말한 것은 사실이었다. 두 사람 다 그것이 수치스럽거나 무시무시한 존재일 거라고 말했었다. 그러나 내가 이 말을 하면 선생은 바르디아의 믿음과 자기의 믿음은 완전히 정반대의 것으로서, 전자는 미신이요 후자는 순수한 일상의 개연성에 따른 것이라고 할 것이다. 그는 내가 마치 거짓말을 한 것처럼 만들어 버릴 것이다. 나는 산에서의 상황이 얼마나 다른 것이었는지 이해시킬 수가 없었다.

"저— 전 그 아이와 이야기를 했어요."

마침내 내가 말했다.

"그래서 설득시켰어요."

선생은 탐색하는 눈길로 오랫동안 날 쳐다보았지만, 그 눈길은 오래전에 날 무릎 위에 앉혀 놓고 '달은 졌으나……'를 불러 주던 때처럼 다정했다.

"그래. 나한테 숨기는 게 있구나."

드디어 그가 말했다.

"아니, 고개를 돌리지는 말거라. 내가 밀어붙이거나 억지로 졸라서 그걸 알려 들 성 싶으냐? 절대 그러지 않아. 벗은 자유로워야지. 널 괴롭혀서 비밀을 캐낸들, 감추도록 내버려 둘 때보다 더 심한 장벽이 생길 뿐이다. 언젠가는, 아니다, 그래도 네 안의 신에게 순종해야지 내 안의 신에게 순종해서는 안 되지. 어허, 울지 말거라. 네게 백 가지 비밀이 있다 해도 난 널 여전히 사랑한단다. 난 늙은 나무야. 제일 좋은 가지들은 내가 노예가 되던 날 베어져 나가고 말았지. 나한테는 너하고 프시케밖에 없단다. 아, 불쌍한 프시케! 이젠 그 아이를 볼 길이 없게 되었구나. 하지만 너까지 잃을 수는 없지."

선생은 나를 안아 주고(그의 팔이 상처를 건드릴 때 소리를 지르지 않기 위해 입술을 깨물었다.) 자리를 떠났다. 그가 가 버린 것이 그렇게 기쁜 적은 없었다. 하지만 프시케보다는 선생 쪽이 훨씬 더 다정하다는 생각도 들었다.

바르디아에게는 그날 있었던 일을 전혀 이야기하지 않았다.

그날 밤 자기 전에 한 가지 결심을 했다. 사소한 것이었지만 이후 내 인생에 큰 변화를 가져올 결심이었다. 그때까지 나는 다른 글롬 여자들처럼 맨얼굴로 다녔다. 산에 두 차례 다녀올 때에만 사람들에게 알리지 않으려고 베일을 썼을 뿐이다. 그런데 이제부터는 항상 베일을 쓰고 다니기로 결심했다. 그 후 궁전 안에서든 밖에서든 항상 그 규칙을 지켰다. 그것은 내 추한 얼굴과 맺은 일종의 조약이었다. 내가 추하게 생겼다는 것을 모르고 지냈던 어린 시절이 있었다. 소녀들이 생각하듯이─또 바타가 늘 잔소리했듯이─옷이나 머리를 잘 꾸며서 추한 얼굴을 좀 감추어 볼 수 있을 거라고 믿었던 시절도 있었다. (이 책에서는 부끄러웠던 일이나 어리석게 굴었던 일도 숨겨서는 안 된다.) 그러나 이제부터는 베일을 쓰기로 했다. 여우 선생은 그날 밤에 내 맨얼굴을 마지막으로 본 남자가 되었다. 여자들 중에도 내 얼굴을 본 사람은 그리 많지 않다.

팔이 잘 치료되어(몸에 생긴 다른 상처들도 잘 나아서) 일주일쯤 후에 왕이 돌아왔을 때에는 더 이상 아픈 척하지 않아도 되었다. 사냥도 하고 잔치도 벌인 터라 왕은 잔뜩 취한 채 돌아왔고, 사자를 두 마리밖에 잡지 못한 데다 그나마 자신은 한 마리도 잡지 못했고 아끼는 개까지 한 마리 물려 죽는 바람에 기분이 몹시 상해 있었다.

며칠 후 왕은 여우 선생과 나를 다시 기둥의 방으로 불러들였다. 그는 내가 베일을 쓴 것을 보더니 소리를 질렀다.

"이런, 그게 뭐냐? 장막 좀 걷으시지, 응? 다들 네 미모에 기절할까 봐 그러느냐? 그 장식 좀 걷으라니까!"

그때 처음으로 나는 그날 밤 산에서 경험한 일이 내게 어떤 영향을 끼쳤는지 알게 되었다. 신의 모습을 보고 그 소리를 들은 사람은 늙은 왕의 고함 따위를 두려워하지 않는다.

"못생겼다고 꾸짖으시고 그걸 감춘다고 또 꾸짖으시는 건 가혹한 처사지요."

나는 베일에는 손도 대지 않고 말했다.

"이리 와 봐."

이번에는 소리를 전혀 높이지 않은 채 왕이 말했다. 나는 일어나 내 무릎이 거의 그의 무릎에 닿을 만큼 가까이 다가가 섰다. 내 자세는 여전히 바위처럼 견고했다. 왕은 내 얼굴을 보지 못하는데 나는 그의 얼굴을 본다는 사실이 일종의 힘이 되는 듯했다. 그는 예의 그 창백한 분노에 점점 휩싸이고 있는 중이었다.

"내 뜻을 거스르겠다는 게냐?"

왕이 거의 속삭이듯 말했다.

"네."

나는 왕보다 크지 않은 소리로, 그러나 아주 분명하게 말했다. 그 직전까지는 무슨 말을 하고 어떤 행동을 할지 생각지 않았다. 그 짧은 단어는 절로 튀어나온 것이었다.

일곱을 헤아릴 동안만큼 날 쳐다보는 왕을 보며, 이제 날 찔러 죽이겠구나 하는 생각이 거반 들 참이었다. 왕이 어깨를 으쓱하더니 으르렁거렸다.

"오, 너도 다른 여자들과 똑같구나. 말, 말, 말……. 너도 남자가 귀만 들이대 주면 그 말로 하늘에서 달이라도 따 오겠지. 이봐, 여우, 네가 끄적이던 거짓말들이 이 아이한테로 옮겨 갈 준비가 되었나 보지?"

왕은 나를 때리지 않았고, 나도 다시는 그를 두려워하지 않았다. 그 후로 나는 왕 앞에서 한 치도 물러서지 않았다. 오히려 그를 밀어붙였다. 그래서 얼마 지나지 않아 여우 선생과 내가 기둥의 방에서 일하는 동시에 레디발을 감시하는 것이 불가능하다는 점을 인지시킬 수가 있었다. 왕은 으르렁거리며 욕을 해 댔지만, 곧 바타를 레디발의 감시자로 붙여 주었다. 바타는 최근에 왕과 아주 친해져서 왕의 처소에서 몇 시간이고 함께 지내곤 했다. 내 추측으로는 왕이 유모를 침실로 끌어들인 게 아니라ー유모는 가장 전성기에도 왕이 좋아하는 이른바 풍만한 형은 아니었다.ー유모가 왕에게 고자질을 하고 속닥거리며 아부하고 우유술을 저어 주며 지냈을 것이다. 왕은 이제 나이가 들어 가고 있었다. 바타는 레디발과도 대체로 아주 가까운 사이를 유지하고 있었다. 그들은 한순간 서로의 눈을 빼 낼 태세를 갖추었다가도, 그 다음 순간에는 찰싹 들러붙어 얼마든지 떠들며 방탕한 짓을 할 수 있는 짝패였다.

이 일이나 궁전에서 일어나는 다른 모든 일들은 내게 전혀 중요치 않았다. 나는 금방이라도 신들이 불의의 일격을 가하리라 믿었기에 처형자를 기다리는 사형수처럼 지냈다. 그러나 하루하루 시간이 지나도록 아무 일도 일어나지 않았고, 나는 내가 살아야 한다는 것, 그것도 변화 없는 삶을 내 생각보다 더 오래 살아야 한다는 것을 깨닫게 되었다. 처음 그것을 알았을 때에는 정말 인정하기가 싫었다.

그것을 알게 된 후 혼자 프시케의 방을 찾아가 우리의 모든 슬픔이 시작되기 전에 있었던 물건들을 모조리 정리했다. 프시케가 회색산의 신에게 바친 송가처럼 보이는 그리스어 시들이 보였다. 나는 그것들을 태워 버렸다. 그 방면의 것들은 하나도 남겨 두지 않았다. 심지어 마지막 해에 입었던 옷조차 불태워 버렸다. 그러나 전에 입었던 옷들, 특히 어린 시절에 입었던 옷들과 어린 시절에 좋아했던 보석들은 원래 자리에 두었다. 그 아이가 돌아왔을 때, 모든 것이 그 아이가 아직 행복했던 시절, 아직 내 것이었던 시절의 모습대로 정리되어 있기를 바랐다. 정리를 마친 후에는 문에 자물쇠를 채우고 봉인해 버렸다. 그리고 내가 할 수 있는 정도까지는 내 마음의 문에도 자물쇠를 채웠다. 미치지 않으려면 그 아이가 행복했던 처음 시절의 기억만 빼고 모든 생각을 지워 버려야 했다. 나는 그 아이에 대한 이야기는 한마디도 꺼내지 않았다. 시녀들이 이름을 입에 올리면 함구령을 내렸다. 여우 선생이 언급할 때에도 입을 다물고 있다가 다른 화제로 유도했다. 여우 선생과 함께 있는 시간이 예전만큼 편하지 않았다.

그러나 그가 말하는 철학의 물리적인 부분에 대해서는 많은 질문들을 쏟아부었다. 최초의 불에 대해, 어떻게 피에서 영혼이 생겨나는지에 대해, 우주의 시간에 대해 물었다. 식물과 동물에 대해, 사물의 원래 위치에 대해, 흙과 공기에 대해, 성을 통치하는 일에 대해 물었다. 나는 이제 확실한 사실들을 알고 싶었고 지식을 쌓고 싶었다.

상처가 낫기가 무섭게 바르디아와의 검술 연습에도 열성을 다했다. 왼팔이 방패를 들 수 있을 만큼 회복되기 전부터 연습을 시작했다. 바르디아가 방패 없이 싸우는 기술도 배워 두어야 한다고 말했기 때문이다. 그는 내가 아주 빠르게 발전하고 있다고 말했다. (지금 보니 그 말이 사실이었음을 알겠다.)

내 목적은 신의 선고를 들으면서 생겨난 그 냉혹하면서도 쓸쓸한 힘을 더 길러 나가는 것이었다. 내 속에 있는 여성성을 전부 몰아내기 위해 배우고 싸우고 노력함으로써. 가끔 밤에 바람이 불고 비라도 쏟아지면, 방죽에서 물이 터져 나오듯이 크고 고통스러운 궁금증이 일어나곤 했다. 프시케는 살아 있을까, 이런 날 밤엔 어디에서 머물까, 매몰찬 시골 아낙네들이 헐벗고 굶주린 그 아일 문간에서 쫓아내는 것은 아닐까. 그러나 그렇게 한 시간여 울고 몸부림치며 신들을 불러 대다가 다시 새로운 방죽을 쌓곤 했다.

바르디아는 곧 검술과 함께 승마도 가르쳐 주었다. 그는 점점 더 나를 남자처럼 대하게 되었고 남자에게 말하듯 하게 되었다. 그것은 나를 슬프게도 했고 기쁘게도 했다.

그렇게 한겨울이 되었다. 나라에 큰 축제가 벌어지는 계절이었다. 축제가 벌어진 다음날, 왕이 어느 귀족 집 잔치에 참석하고 오후 세 시쯤 돌아오다가 궁전 입구 계단에서 넘어져 버렸다. 날씨가 워낙 추웠던지라 일꾼 아이들이 계단을 청소하며 뿌린 물이 얼어 버린 탓이었다. 왕은 계단 가장자리에서 오른쪽 다리를 접질려 넘어졌는데, 사람들이 돕기 위해 달려가자 아파서 고함을 지르면서 건드리는 자는 누구든지 물어뜯으려 들었다. 그러면서도 다음 순간에는 자신을 거기에서 얼어 죽게 내버려 둔다고 욕을 퍼부었다. 나는 현장에 당도하자마자 노예들을 시켜 왕이 무슨 말을 하고 무슨 짓을 하든 들어서 데려오게 했다. 우리는 아주 힘들게 그를 침실로 옮겨 놓고 이발사를 불렀다. 그는 왕이 허벅다리를 삐었다고(우리 모두가 예상한 대로) 말했다.

"하지만 공주님, 설사 폐하께서 손을 대도록 허락하신다 해도 저는 고칠 기술이 없습니다."

나는 웅깃의 신전에 전령을 보내 외과의사로 이름을 떨치고 있던 부사제를 불러왔다. 부사제가 오기 전부터 건강한 남자도 열이 오를 만큼 독한 술을 잔뜩 마신 왕은 부사제가 와서 옷을 벗기고 다리에 손을 대자 짐승처럼 비명을 지르며 단검을 뽑으려 했다. 바르디아와 나는 귀엣말을 한 후 경비병 여섯을 불러와 왕을 제압해 버렸다. 왕은 비명을 지르는 사이사이 눈으로(손은 묶여 있었다.) 나를 가리키며 소리쳤다.

"저년을 끌어내라! 저 베일 쓴 계집을 끌어내. 나를 고문하게 하지 마라. 저년이 누군지 난 알아. 난 안다고."

왕은 그날도, 그 다음날도 전혀 잠을 자지 않았다. (다리의 통증이 최고조에 달한 것 외에도, 가슴이 터질듯 기침을 해 대느라 잘 수가 없었던 것이다.) 그리고 우리가 잠시라도 눈을 뗄라치면 바타가 술을 갖다 바쳤다. 나는 왕의 처소에 오래 머물지 않았다. 나만 보면 발광을 했기 때문이다. 왕

은 아무리 베일로 감추어도 자신은 내 정체를 안다는 말을 계속 되풀이
했다.

"주인님."

여우 선생이 말했다.

"다른 사람이 아니라 주인님의 따님이신 오루알 공주님입니다."

"그래, 너한테는 그렇게 말하겠지."

왕은 말하곤 했다.

"하지만 난 다 알아. 밤새도록 내 다리를 벌겋게 단 다리미로 지지는
게 저년이잖아? 난 저년이 누군지 알아……. 아이고! 아이고! 경비병! 바
르디아! 오루알! 바타! 저년을 끌어내라!"

셋째 날 밤에 나는 부사제와 바르디아, 여우 선생과 함께 왕의 처소
밖에서 조용히 이야기를 나누었다. 부사제의 이름은 아르놈이었다. 그
는 나와 비슷한 나이의 흑인으로, 환관처럼 뺨에 수염이 없었다. (웅깃
에게 환관이 딸려 있기는 했지만, 멀쩡한 남자라야 사제가 될 수 있었으니 아르
놈이 환관이었을 리는 없다.)

"아마도 폐하께서 임종하실 듯합니다."

아르놈이 말했다.

'그래, 이렇게 시작되겠구나.'

나는 생각했다.

'글롬에 새 세상이 열리면 설사 목숨은 부지한다 해도 쫓겨나고 말
겠지. 나도 프시케처럼 되는 거야.'

여우 선생이 말했다.

"제 생각도 그렇습니다. 그러면 위태로운 시기가 찾아오겠지요. 우리

를 기다리고 있는 일들이 많습니다."

"당신 생각보다 더 많아요, 리시아스."

아르놈이 말했다. (여우 선생이 진짜 이름으로 불리는 것은 처음 들었다.)

"웅깃의 신전에도 왕가만큼이나 곤경이 닥쳤거든요."

"무슨 말이지요, 아르놈?"

바르디아가 물었다.

"사제가 드디어 죽어 가고 있습니다. 어떤 의술을 써도 닷새 이상 버티지 못할 겁니다."

"그러면 당신이 사제가 되는 건가요?"

바르디아가 물었다. 아르놈은 고개를 깊이 숙였다.

"폐하께서 금하지 않으시면 그렇지요"라고 여우 선생이 덧붙였다. 이것은 글롬의 좋은 법이었다.

"이런 시기에는 웅깃과 왕가가 반드시 일심동체가 되어야 합니다. 글롬을 쓰러뜨리려고 호시탐탐 노리는 자들이 있으니까요."

바르디아가 말했다.

"네, 반드시 그래야지요. 아무도 웅깃과 왕가 모두에 반기를 들지는 못할 겁니다."

아르놈이 말했다.

"정말 다행입니다. 여왕과 웅깃 사이에는 분쟁의 소지가 전혀 없으니 말이지요."

다시 바르디아가 말했다.

"여왕이요?"

아르놈이 반문했다.

"네, 여왕이요."

바르디아와 여우 선생이 이구동성으로 대꾸했다.

"공주님께서 결혼만 하셨더라면 좋았을 텐데!"

아르놈이 아주 정중하게 절을 하며 말했다.

"여자는 전시에 글롬의 군대를 지휘할 수가 없지요."

"우리 여왕폐하께서는 하실 수 있습니다."

바르디아가 말했다. 아래턱을 내밀고 말하는 모습을 보니 마치 그 자신이 군대라도 되는 것 같았다. 나는 아르놈이 나를 뚫어지게 쳐다보는 것을 보았다. 그때 내 베일이 세상에서 가장 용감한 얼굴보다 더 큰 효과를 냈다고 생각한다. 아마 미모보다도 더 큰 효과를 냈을 것이다.

"웅깃과 왕가 사이의 의견 차이는 단 한 가지뿐입니다."

그가 말했다.

"크럼블에 관한 문제 말이지요. 폐하나 사제님의 병환이 아니었다면 진작에 그 문제를 아뢰러 왔을 겁니다."

그 문제라면 모든 내용을 알고 있었고, 현재 서로의 입장이 어떠한지도 알고 있었다. 크럼블은 강 저쪽에 있는 옥토로, 내가 아버지의 일을 돕기 시작한 이후 그 소유권이 왕에게 있느냐 웅깃에게 있느냐, 소유권이 어느 한 쪽에 있다면 과연 어느 정도까지 있느냐 하는 문제로 계속 첨예한 분쟁이 일어났던 지역이었다. 나는 항상 그 땅이 웅깃의 신전에 돌아가야 한다고(내가 웅깃을 편들 리는 만무하지만) 생각했다. 제사는 계속 드려야 하는데 실제로 공급되는 제물은 충분치 않았기 때문이다. 또 웅깃에게 땅을 합리적으로 내주기만 하면, 사제들도 선사품이라는 이름으로 평민들을 쥐어짜는 일을 그만둘 것이라고 생각했다.

"폐하는 아직 살아 계시오."

내가 말했다. 그때까지 한마디도 하지 않던 내가 입을 열자 모두가 놀란 표정이었다.

"그러나 병환중이시니 내가 왕의 대변인 노릇을 하겠소. 크럼블을 웅깃에게 바치는 것은 폐하께서 바라시는 바요. 무상으로 영원히 바칠 것이며, 한 가지 조건만 지킨다면 그 언약을 돌에 새겨 놓겠소."

바르디아와 여우 선생은 놀라워하는 얼굴로 나를 바라보았다. 그러나 아르놈은 물었다.

"그 조건이 무엇입니까, 공주님?"

"이후로 웅깃의 경비대는 왕이(또는 그 후계자가) 택한 궁전 경비대 대장의 휘하에 들어가 그의 명령에 복종해야 한다는 것이오."

"그렇다면 왕이(또는 그 후계자가) 급료도 지급합니까?"

아르놈이 번개처럼 물어 왔다.

이런 급습에 대해서는 생각해 보지 않았으나, 어떤 식으로든 단호한 결정을 내리는 것이 지혜로운 숙고보다 낫다고 판단했다.

"그것은 웅깃의 신전과 이곳 궁전에서 근무하는 시간에 따라 결정될 것이오."

"공주님은, 그러니까 폐하께서는 까다로운 거래를 하시는군요."

사제가 말했다. 그러나 웅깃에게는 창보다 옥토가 더 필요하기에 그가 내 조건을 받아들이리라는 것을 알았다. 게다가 왕가가 반대하면 아르놈 자신이 사제직을 계승하기도 어려울 것이었다. 그때 아버지가 안에서 고함을 지르기 시작했고 사제가 안으로 들어갔다.

"잘했다, 딸아."

여우 선생이 속삭였다.

"여왕폐하 만세."

바르디아도 속삭였다. 그리고 두 사람 다 아르놈을 따라 들어갔다.

나는 불길이 사그라지고 있는 텅 빈 대연회장에 서 있었다. 내 인생의 다른 순간들만큼이나 이상한 순간이었다. 여왕이 된다. 그렇다고 해서 내 영혼 속 방죽 위로 넘실거리고 있는 쓰디쓴 물결이 달콤하게 바뀌지는 않으리라. 그러나 방죽을 더 강고하게는 만들어 주겠지. 그때, 그와는 아주 다른 차원에서 아버지가 죽는다는 데 생각이 미쳤다. 현기증이 났다. 아버지가 없는 세상의 광대함과…… 구름이 더 이상 가리지 않는 하늘의 밝은 빛과…… 자유. 나는 깊은 숨을 내쉬었다. 어떤 점에서는 내 인생에 가장 달콤한 숨이었다. 내 중심을 차지하고 있는 큰 슬픔마저 잊을 뻔했다.

그러나 그것도 잠시뿐이었다. 사방은 아주 조용했고, 궁전 식솔들은 대부분 잠들어 있었다. 울음소리가 들리는 것 같았다. 여자아이의 울음소리였다. 의지적으로, 또는 의지와 상관없이 언제나 들리는 소리였다. 궁전 뒤편, 바깥에서 들리는 듯했다. 그 즉시 왕관이나 정책이나 아버지에 대한 생각은 천길만길 마음에서 멀어져 버렸다. 고통스러운 기대를 품고 연회장 저쪽 끝으로 재빨리 달려가 착유장과 경비대 숙소 사이의 작은 문으로 나갔다. 달이 빛나고 있었지만, 생각처럼 바람 한 점 불지 않는 밤은 아니었다. 울음소리는 어디에서 나는 걸까? 그 순간 소리가 다시 들리는 것 같았다.

"프시케."

내가 불렀다.

"이스트라! 프시케!"

나는 소리가 나는 쪽으로 가 보았다. 그것이 정말 울음소리였나 의심이 들었다. 우물에 매달린 사슬이 약간 흔들릴 때(그때는 막 사슬이 흔들릴 만큼의 미풍이 분 참이었다.) 그 비슷한 소리가 난다는 생각이 들었다. 오, 그 속은 느낌이라니, 쓰라림이라니!

나는 서서 귀를 기울였다. 울음소리는 더 이상 들리지 않았다. 그러나 무언가 움직이고 있었다. 나는 망토를 쓴 누군가가 달빛이 비치고 있는 부분을 쏜살같이 가로질러 관목 숲 아래로 숨는 것을 보았다. 최대한 빨리 그것을 쫓아갔다. 그리고 곧바로 나뭇가지들 속으로 손을 찔러 넣었다. 다른 손이 내 손을 맞잡았다.

"살살 하세요, 귀여운 아가씨."

어떤 목소리가 말했다.

"날 폐하께 데려다 주시길."

그것은 완전히 낯선 소리, 남자의 소리였다.

17

"누구냐?"

나는 마치 뱀이라도 만진 듯 손을 잡아 빼며 펄쩍 뒤로 물러섰다.

"나와서 모습을 보이거라."

나는 그가 레디발의 애인이 틀림없다고, 이제 바타가 감시자뿐 아니라 중매쟁이 노릇까지 하나 보다고 생각했다.

호리호리하고 키 큰 남자가 걸어 나왔다. "저는 탄원자랍니다"라고 말했지만, 탄원자답지 않게 쾌활한 목소리였다.

"또한 어여쁜 숙녀에게 입을 맞추지 않고서는 그냥 지나치지 못하는 사람이기도 하지요."

내가 피하지만 않는다면 금방이라도 어깨에 팔을 두를 태세였다. 그는 내 단검 끝이 달빛에 반짝이는 것을 보고 웃음을 터뜨렸다.

"이 얼굴이 아름다워 보인다니 눈이 좋구나."

나는 베일로 가려진 쪽이 확실히 보이도록 고개를 돌리며 말했다.

"귀가 좋은 것이지요, 아가씨. 당신 같은 목소리를 가진 아가씨는 틀림없이 아름답거든요."

이런 희한한 일은 나 같은 여자가 흔히 경험할 수 있는 것이 아니어서 좀더 시간을 끌어 보고 싶은 어리석은 바람을 품을 뻔했다. 그날 밤에는 세상 자체가 이상했다. 그러나 나는 정신을 바짝 차렸다.

"누구냐? 빨리 실토하지 않으면 경비병을 부르겠다."

"도둑은 아니랍니다, 어여쁜 아가씨. 도둑처럼 살금살금 가다가 들키긴 했지만 말이지요. 이 뜰에 마주치고 싶지 않은 친족들이 벌써 와 있지 않나 해서요. 저는 폐하께 탄원하려고 찾아온 사람입니다. 그분께 데려다 주시겠습니까?"

그는 손에서 동전 몇 개를 딸랑거려 보였다.

"왕의 건강이 불시에 회복되지 않는 한, 내가 왕이다."

그는 낮게 휘파람을 불며 웃었다.

"여왕폐하께 수작을 걸다니 제가 어리석은 짓을 했군요. 그렇다면 저는 바로 폐하께 탄원 드리러 온 사람입니다. 제 탄원은 한 가지입니다. 며칠간 여기서 머물며 폐하의 보호를 받게 해 주십시오. 저는 파르스 왕국의 트루니아 왕자입니다."

그 말에 나는 멍해졌다. 투르니아 왕자가 동생인 아간과 부친인 늙은 왕에 맞서 전쟁을 벌이고 있었다는 말은 앞에서 했다.

"그럼 패한 겁니까?"

내가 물었다.

"기병들과 전초전을 벌이다가 패해서 말을 타고 피하게 되었지요."

그가 말했다.

"그건 별 일이 아니었는데 그만 길을 잃는 바람에 실수로 글룸까지 들어오게 되었습니다. 그러다가 여기에서 3마일 전쯤 말도 다리를 절기 시작했지요. 더 큰 문제는 동생의 세력이 국경 전역에 뻗쳐 있다는 겁니다. 새벽쯤에는 틀림없이 동생의 전령이 이곳에 당도할 텐데, 폐하께서 하루나 이틀쯤만 숨겨 주시면 에수르로 들어가 파르스에 있는 저의 주력부대로 돌아갈 수 있겠습니다. 그러면 제가 정말 패했는지 아닌지 동생과 온 세상 앞에 보여 줄 참입니다."

"알겠습니다, 왕자님. 그렇지만 왕자님을 탄원자로 받아들일 경우에는 법에 따라 보호해 드려야 하는데, 저는 이런 상황에서 파르스와 전쟁을 벌일 수 있다고 생각할 만큼 햇병아리 여왕이 아닙니다."

"노숙하기에는 쌀쌀한 밤인데요."

"탄원자로만 온 것이 아니라면 얼마든지 환영입니다, 왕자님. 그러나 탄원자로 받아들이기에 당신은 너무 위험한 인물입니다. 감옥에서 묵게 해 드릴 수는 있습니다만."

"감옥에서?"

그가 말했다.

"그렇다면 여왕폐하, 안녕히."

그는 도망에 이골이 난 듯 전혀 지치지 않은 기색으로(목소리는 지친 듯했으나) 재빨리 몸을 피했다. 그러나 그 도주는 실패로 끝났다. 오래된 연자방아가 앞에 있다고 알려 줄 수도 있었지만 그렇게 하지 않았다. 그는 대자로 뻗었다가 놀라울 정도로 빠르게 다시 일어나려 했다. 그러나 고통 때문에 날카로운 비명을 질렀고, 버둥거리며 욕을 하다가 잠잠해졌다.

"부러지지 않았으면 삐었겠군. 인간의 발목을 만든 신은 천벌을 받아라. 자, 여왕폐하, 창병을 부르시지요. 정말로 수감자가 되겠군. 그 다음 순서는 동생이 보낸 처형자가 내 목을 매다는 건가?"

"가능하면 구해 드리지요."

내가 말했다.

"파르스 왕국과 전면전만 피할 수 있다면 구해 드리겠습니다."

전에 말했듯이 경비대 숙소는 궁전 저쪽에 있었으므로 왕자를 감시하면서 사람을 부를 수 있는 곳까지 가는 것은 쉬운 일이었다. 경비병들이 나타나는 소리가 들리자 내가 말했다.

"두건을 덮어 쓰십시오. 죄수의 이름을 아는 자가 적을수록 제가 손 쓸 여지가 많아집니다."

경비병들은 왕자를 붙잡았고, 절뚝거리는 그를 연회장으로 끌고 가 난롯가에 있는 긴 의자에 앉혔다. 나는 술과 음식을 가져다주라고 명하는 한편, 이발사를 불러 발목을 처매 주게 했다. 그러고 나서 왕의 처소로 갔다. 아르놈은 가고 없었다. 왕의 상태는 더 악화되어 있었다. 얼굴은 검붉었고 숨소리는 거칠었다. 말도 할 수 없는 듯했다. 그러나 눈으로는 우리 세 사람을 번갈아 쳐다보고 있는 것을 보고 있자니 지금 무엇을 생각하며 느끼고 있을까 궁금한 생각이 들었다.

"어딜 다녀왔느냐, 딸아?"

여우 선생이 물었다.

"아주 무거운 소식이 기다리고 있단다. 파르스의 아간 왕자가 60명의 기병을 끌고, 80명일 수도 있단다, 국경을 넘어 10마일 밖에 진을 치고 있다는 기별이 지금 막 도착했다. 형인 트루니아 왕자를 찾고 있다는 구나."

우리는 얼마나 빨리 왕이나 왕비가 되는 법을 배우는지! 어제까지만 해도 무장한 이방인들이 아무리 많이 국경을 넘어왔다 해도 신경도 쓰지 않았을 것이다. 그러나 오늘밤 그 소식을 들으니 마치 누군가가 내 얼굴을 가격하는 것만 같았다.

"그리고,"

바르디아가 말했다.

"우리가 트루니아를 데리고 있다고 정말로 믿는 건지, 아니면 단지 용맹을 과시해서 시원찮은 평판을 만회해 보고자 소택지의 국경을 넘어 온 건지 모르겠으나 어느 쪽이든—"

"트루니아는 여기 있어."

내가 말했다. 놀라서 말도 하지 못하는 그들을 데리고 기둥의 방으로 갔다. 우리를 보고 있는 아버지의 눈길을 견디기가 힘들었기 때문이다. 두 사람은 왕을 이미 죽은 사람 취급하는 것 같았다. 나는 예전에 프시케가 갇혀 있던 탑의 방에 등불을 켜고 난로에 불을 피운 다음 왕자가 식사를 마치면 그리로 옮겨 놓으라고 명했다. 그리고 나서 우리 세 사람은 부지런히 의논을 했다.

우리는 세 가지에 뜻을 같이했다. 첫째, 현재의 난관만 극복한다면 결국 트루니아가 아간을 무너뜨리고 파르스를 다스리게 될 가능성이 높다는 것. 노왕은 이미 망녕 난 허수아비에 불과했다. 분쟁이 계속될수록 트루니아 편이 점점 우세해질 것이다. 아간은 거짓되고 잔인해서 많은 이들의 미움을 사고 있었으며, 더구나 첫 전투에서부터(이 분쟁이 일어나기 훨씬 전부터) 겁쟁이라는 오명을 얻어 멸시당하고 있었기 때문이다. 둘째, 아간보다는 트루니아가 파르스 왕이 되는 편이 이웃 나라인 우리에게는 훨씬 유리하다는 것. 그가 가장 힘들 때 친구가 되어 준다면 특히 더 그럴 것이다. 그러나 셋째, 우리는 파르스는 물론이요 파르스에 있는 아간의 무리들과도 전쟁을 치를 만한 입장이 아니라는 것. 역병으로 너무 많은 젊은이가 죽었고, 식량 사정도 여전히 거의 최악이었다.

그때 난데없이 새로운 생각이 번쩍 떠올랐다.

"바르디아. 아간 왕자는 얼마나 검을 잘 쓰지?"

"이 탁자 앞에만 해도 그보다 나은 사람이 둘이나 있지요, 여왕폐하."

"아마도 그는 자신의 비겁했던 과거를 떠올릴 만한 일을 극도로 꺼리겠지?"

"그럴 겁니다."

"그렇다면 우리가 트루니아를 대신해서 결투할 사람, 트루니아의 목을 걸고 단 한 번의 결투를 벌일 사람을 내보낸다면 맞서 싸우지 않을 도리가 없겠군."

바르디아는 잠시 생각에 잠겼다.

"으흠, 구식 방법이로군요."

그가 입을 열었다.

"하지만 신들께 맹세코, 생각할수록 좋은 계략입니다. 우리가 약하긴 하지만, 아간도 본국에서 전쟁 중인 터에 우리하고까지 싸우고 싶지는 않을 겁니다. 우리가 다른 선택의 여지만 제공한다면 말이지요. 그리고 그는 자기 백성들의 환심을 사고자 목을 매고 있습니다. 지금까지도 전혀 호감을 사지 못하고 있으니까요. 게다가 여우 굴을 뒤지듯이 우리

문간에서 형을 쫓는 것도 불편한 일이지요. 아마 이 일로 백성들의 사랑을 더 잃게 될 겁니다. 거기에 결투까지 거절하면, 그의 이름은 땅에 떨어져 악취를 풍기게 되겠지요. 아주 멋진 계략이라고 생각합니다, 여왕 폐하."

"아주 현명해."

여우 선생이 말했다.

"설사 우리 쪽이 죽어서 트루니아를 넘겨준다 해도, 우리가 그를 홀대했다고 말할 사람은 없지. 우리는 명예도 지키고 파르스와의 전쟁도 피하는 셈이야."

"그리고 우리 쪽이 아간을 죽일 시에는,"

바르디아가 말했다.

"그 다음 단계로 트루니아를 왕좌에 앉힘으로써 좋은 동맹자를 얻게 되지요. 다들 트루니아는 마음이 곧은 사람이라 하더군요."

"이 계획을 더 확실히 하려면 우리 쪽 사람을 아주 만만한 자로 택해서 아간이 부끄러워서라도 물러서지 못하게끔 해야 해."

내가 말했다.

"딸아, 그건 너무 까다로운 문제란다. 그리고 트루니아한테도 불리하지. 우리가 원하는 건 우리 쪽이 지지 않는 거야."

여우 선생이 말했다.

"무슨 생각을 하시는 겁니까, 여왕폐하?"

바르디아가 익숙한 습관대로 콧수염을 만지작거리며 말했다.

"노예를 염두에 두셨는지 모르겠지만, 노예한테는 그런 일을 시킬 수가 없습니다."

"아니, 여자한테 시킬 거야."

내가 말했다.

여우 선생은 어리둥절해서 나를 쳐다보았다. 나는 선생에게 검술 연습에 대한 이야기를 한 적이 없었는데, 선생이 바르디아를 바보라든지 야만인이라고 부르는 게 화가 나서 바르디아의 이야기를 꺼내는 것 자체를 꺼린 데 부분적인 이유가 있었다. (바르디아도 여우 선생을 그리스놈이라거나 '말장난꾼'이라고 맞받아쳤지만, 그 말은 선생의 말처럼 속상하게 느껴지지 않았다.)

"여자?"

여우 선생이 말했다.

"내가 미친 거냐, 네가 미친 거냐?"

그러자 바르디아의 얼굴에 누구의 마음이라도 녹일 만한 멋진 미소가 번졌다. 그럼에도 그는 고개를 저었다.

"저의 많은 경험으로 보건대 여왕폐하를 위험으로 몰아넣을 수는 없습니다."

"그게 무슨 말이지, 바르디아?"

나는 가능한 한 침착한 목소리로 말했다.

"내가 아간보다 더 나은 검객이라고 했던 말은 단지 사탕발림이었던가?"

"그렇지는 않습니다. 만약 내기를 건다면 폐하 편에 돈을 걸겠습니다. 그러나 이런 일에는 솜씨만큼이나 운도 따라야 하는 법입니다."

"또 용기도 있어야 한다고 말할 셈이겠지."

"용기라면 걱정도 되지 않습니다, 여왕폐하."

"무슨 소리를 하는 건지 도통 모르겠구나."

여우 선생이 말했다.

"폐하는 트루니아를 위해 직접 싸우시려는 겁니다, 여우 선생."

바르디아가 말했다.

"폐하는 능히 그렇게 하실 수 있지요. 저와도 이미 수십 번 겨루어 보셨습니다. 신들이 남녀를 막론하고 누구에게든 이보다 더 뛰어난 천부적 재능을 내려 주신 예는 없습니다. 오, 공주님, 공주님, 남자로 태어나시지 않은 게 얼마나 애석한지 모르겠습니다." (바르디아는 이 말을 최대한 다정하고 친절하게 했다. 마치 상대방의 수프 그릇에 찬물을 들이부어도 여전히 맛있어 할 거라고 확신하는 사람 같았다.)

"기괴한 일이야. 모든 관습에도, 자연에도, 예절에도 어긋나는 일이다."

여우 선생이 말했다. 그런 문제에 관한 한 그는 진정한 그리스인이었다. 그는 아직까지도 글롬의 여인들이 얼굴을 드러내고 다니는 것을 야만적이고 창피스러운 일로 생각했다. 행복했던 시절, 나는 여우 선생을 할아버지가 아니라 할머니라고 불러야 한다고 말하곤 했다. 이것이 검술 연습을 한다고 밝히지 못한 또 다른 이유였다.

"어쨌든 나를 빚을 때는 자연이 손을 삐끗한 게 사실이지요."

내가 말했다.

"내가 남자처럼 험하게 생겼다면 남자처럼 싸우지 못할 이유가 뭐가 있겠어요?"

"딸아, 딸아."

여우 선생이 말했다.

"다른 건 차치하고 날 위해서라도 그 끔찍한 생각일랑 머리에서 지워 다오. 투사도 좋고 결투도 좋다. 그러나 네가 이 바보 같은 짓을 해서 뭐가 더 나아지겠느냐?"

"훨씬 더 나아지지요."

내가 말했다.

"아버지의 왕위를 안전하게 물려받을 거라고 착각할 만큼 제가 단순한 줄 아시나요? 아르놈은 제 편입니다. 바르디아도 제 편이지요. 하지만 귀족들과 백성들은 어떨까요? 저는 그들을 모르고 그들도 저를 몰라요. 여러 왕비들 중 한 명이라도 살아 있었다면 그 통로를 통해 귀족의 부인들과 딸들을 좀 알고 지냈을지도 모르지요. 하지만 아버지는 귀족들은 물론이요 그 가족들과도 접촉하는 걸 금지했어요. 전 친구조차 없지요. 이 결투야말로 그들의 환심을 살 절호의 기회가 아닐까요? 제가 글롬을 위해 싸워서 상대 남자를 쓰러뜨린다면 여자를 통치자로 받아들이기가 더 쉽지 않겠어요?"

"오, 그 점에서는 더할 나위 없이 좋지요. 일 년 열두 달 여왕폐하 이야기만 할 겁니다."

바르디아가 말했다.

"애야, 애야."

여우 선생이 눈물이 그렁한 채 말했다.

"네 목숨이 달린 일이야. 네 목숨이 달렸다고. 처음엔 내 집과 자유를 잃었다. 그 다음엔 프시케를 잃었지. 이젠 너로구나. 이 늙은 나무에도 나뭇잎 하나는 남아 있어야 할 것 아니냐?"

나는 그의 마음을 환히 들여다볼 수 있었다. 내가 프시케에게 간청했을 때의 그 괴로운 심정으로 나에게 간청하고 있음을 알았기 때문이다.

베일 뒤에 가려진 내 눈에 맺힌 눈물은 선생보다는 나 자신을 향한 연민의 눈물이었다. 그러나 나는 그 눈물을 떨어뜨리지 않았다.

"내 마음은 정해졌어요."

내가 말했다.

"이 위험을 피할 더 나은 방법이 있는 것도 아니고요. 아간이 어디 있는지 알고 있나, 바르디아?"

"초소의 보고에 따르면 레드포드 근처입니다."

"그렇다면 당장 전령을 보내도록. 성과 셰닛 강 사이에 있는 들판을 결투 장소로 삼겠어. 시간은 오늘로부터 사흘 뒤. 조건은 이렇다. 내가 쓰러지면 트루니아를 넘겨주고 아간의 불법침입을 묵과해 준다. 아간이 쓰러지면 트루니아는 자유의 몸이 되고 안전하게 국경으로 인도되어 파르스든 어디든 자신의 백성에게로 갈 수 있다. 어느 경우든지 글롬 땅에 들어와 있는 이방인들은 이틀 안에 나가야 한다."

두 사람은 마주보며 아무 말도 하지 않았다.

"이제 자러 가야겠어요."

내가 말했다.

"전갈을 보내고 쉬어도 돼, 바르디아. 두 분 다 편히 쉬시길."

말로 동의한 것은 아니었지만 바르디아의 얼굴을 보니 복종하리라는 것을 알 수 있었다. 나는 재빨리 뒤돌아서 내 방으로 왔다.

방에 혼자 조용히 있으려니 마치 바람 부는 날 문득 피할 만한 벽을 만나 숨을 고르며 다시 정신을 가다듬는 듯한 느낌이었다. 몇 시간 전, 왕이 죽어 간다는 아르놈의 말을 들은 후로 다른 여자가 내 속에 들어와 말하고 행동한 것 같았다. 그 여자를 여왕이라 부르라. 오루알은 다른 여자였고, 나는 이제 다시 오루알이 되어 있었다. (다른 군주들은 어떤 느낌을 갖는지 궁금했다). 여왕이 한 일을 되돌아보니 놀라웠다. 여왕은 정말로 아간을 죽일 수 있다고 생각했을까? 오루알의 입장에서는 그렇게 믿기가 힘들었다. 아간과 싸울 수나 있을지 의심스러웠다. 전에는 날카로운 검을 써 본 적이 없었다. 검술 스승을 기쁘게 해 주고 싶었을 뿐(이것도 내게는 사소한 목적이 아니었지만), 모의 결투에 무슨 조건이 걸려 있었던 것은 아니었다. 그날이 와서 나팔을 불고 칼을 뽑았는데 용기가 사라지면 어떻게 될까? 온 세상의 웃음거리가 되겠지. 여우 선생과 바르디아의 참담한 표정이 눈에 보이는 듯했다. 사람들이 "동생은 용감하게 제물이 되었는데! 그렇게 양순하고 부드럽던 동생이 결국은 가장 용감한 여인이었을 줄이야!"라고 말하는 소리도 들리는 듯했다. 그렇게 해서 그 아이가 모든 면에서 나보다 훨씬 높은 자리에 오르게 될 것이다. 아름다움이나 보이지 않는 것을 볼 수 있는 은총뿐 아니라 용기에서도, 심지어 힘에서조차. (몸싸움을 벌였을 때 그 아이의 손아귀 힘이 얼마나 셌는지가 생각났다.)

'아니야.'

나는 기를 쓰며 말했다.

'프시케가? 그 앤 평생 칼을 쥐어 본 적도 없고, 기둥의 방에서 남자의 일을 해 본 적도 없고, 나랏일도 알지 못해.(들어본 적도 거의 없고.) ……아가씨로 산 거지, 아이로 산 거야…….'

불현듯 내가 무슨 생각을 하는가 싶었다. '내가 또 아픈가?' 하는 생각이 들었다. 내가 헛소리를 하며 앓을 때 꾸었던 꿈과 비슷했기 때문이다. 그때 잔인한 신들은 다름 아닌 프시케가 내 원수라는 끔찍한 생각, 미친 생각을 내 머릿속에 불어 넣었다. 프시케가 내 원수라고? 내 자식 같은 아이, 내 생명 중의 생명인 아이가? 나는 그 아이를 그르치고 망친 죄로 신들에게 죽음을 당하는 것까지 지당하다고 생각하는데? 이제 아간에 대한 도전이 달리 보였다. 나는 당연히 그의 손에 죽을 것이다. 그는 신의 대행자이다. 이것이 세상에서 가장 좋은 방식이다. 내가 찾았던 어떤 운명의 심판보다 훨씬 낫다. 이제 내 삶은 황폐한 모래땅일 뿐이다. 그런 삶이 이렇게 빨리 끝나리라는 소망을 감히 품을 수나 있었던가? 신의 선고를 받은 이후 매일 생각했던 것과 어찌나 잘 맞아떨어지는지, 지난 몇 시간 동안 어떻게 그 황폐한 모래땅을 잊고 있었던가가 의문스러울 정도였다.

다 여왕의 직무 덕분이었다. 숨 쉴 틈도 없이 밀어닥치는 문제들, 각각 너무나 많은 것이 걸려 있는 문제들에 대해 결단을 내려야 했기 때문이었다. 그 일에 따르는 속도와 기술과 위험과 장애물 때문이었다. 남은 이틀 동안 나는 최선을 다해 여왕의 직무를 다하기로 결심했다. 혹시라도 아간에게 죽임을 당하지 않는다면, 신들이 허락할 때까지 그 일을 하리라. 나를 움직인 것은 자존심—번쩍거리는 이름—이 아니었다. 그런 대단한 것이 아니었다. 나는 마치 충격을 받은 남자가 술병에 매달리듯, 아니면 충격을 받은 여자가 미모만 뒷받침이 된다면 연애에 매달리듯 여왕의 직무에 매달렸다. 그것은 침울해질 여지를 없애 버리는 기술이었다. 오루알이 여왕 속으로 완전히 사라질 수 있다면 신들도 거의 속아 넘어가리라.

그런데 아르놈이 아버지가 죽어 간다고 말했던가? 아니, 완전히 그렇게 말한 것은 아니었다. 나는 일어나 왕의 처소로 갔다. 남이 보는 게 부끄러워 촛불도 들지 않고 벽을 더듬으며 갔다. 왕의 처소에서는 아직도 불빛이 새어 나오고 있었다. 바타가 왕과 함께 있었다. 유모는 왕의 의자를 불 가까이 끌어다 놓고 앉아 술에 찌든 노파 특유의 콧소리를 내며 자고 있었다. 나는 침대 쪽으로 다가갔다. 그는 완전히 깨어 있는 듯 보였다. 그가 내고 있는 저 소리는 무슨 말을 하려는 것일까? 알 길이 없었다. 그러나 나를 보는 그의 눈에 놓칠 수 없는 표정이 나타났다. 그것은 공포였다. 나를 알아보고 내가 자신을 살해하려 한다고 생각한 것일까? 사지에서 돌아온 프시케가 자신을 그리로 끌고 가려 한다고 생각한 것일까?

설령 내가 정말로 그를 살해했다 해도, 전보다 더 불경한 짓을 했다고 말할 사람은 없으리라. (아마 신들도 마찬가지일 것이다.) 그가 나를 두려움으로 바라보듯이 나도 그를 두려움으로 바라보았다. 그러나 내 두려움은 그가 살아나면 어쩌나 하는 것이었다.

신은 우리에게 무엇을 바라는 걸까? 해방의 시간이 임박해 있었다. 지하감옥에 갇힌 죄수는 인내심을 가지고 버틸 수 있다. 그러나 거의 탈출해서 자유로운 공기를 한숨 들이마셨는데…… 다시 잡혀서 절거덕거리는 족쇄를 차고 감옥의 짚 냄새를 맡아야 한다면?

나는 또 한 번 왕의 얼굴을 바라보았다. 공포에 질린 바보스러운 얼굴이 마치 동물처럼 보였다. 안도감이 들었다.

'혹 살아도 다시 멀쩡한 정신을 찾지는 못하겠군.'

나는 돌아와 숙면을 취했다.

18

다음날 일어나자마자 왕의 처소로 가서 첫 알현을 했다. 실로 어떤 연인이나 의사도 나처럼 환자의 숨결과 맥박의 변화를 시시각각 살피지는 않으리라. 내가 아직도 왕의 침대 가에 있을 때(왕에게서는 어떤 변화도 찾아볼 수가 없었다.) 레디발이 울어서 퉁퉁 부은 얼굴로 황급히 들어와 말했다.

"오, 오루알, 폐하가 돌아가시는 거야? 밤새 무슨 일이 있었던 거야? 그 낯선 젊은이는 누구지? 멋지고 잘생기고 사자처럼 용감해 보인다던데. 왕자인가? 오, 언니, 폐하가 돌아가시면 우린 어떻게 되는 거지?"

"내가 여왕이 된다, 레디발. 네 행동 여하에 따라 널 어떻게 처리할지 결정하겠어."

말이 채 끝나기도 전에 레디발은 아양을 떨며 내 손에 입을 맞추고 축하를 하면서, 자기는 언제나 세상 누구보다 날 가장 사랑했다고 말했다.

역겨웠다. 노예들도 이런 식으로는 굽실거리지 않을 것이다. 아무리 내가 화가 나서 무서워도 우는 소리를 하면 안 된다는 걸 다들 잘 알고 있었다. 그런 것으로는 내 동정심을 살 수가 없었다.

"바보같이 굴지 마, 레디발."

나는 손에서 레디발을 떨어내며 말했다.

"널 죽이진 않겠다. 허나 내 허락 없이 궁전 밖을 돌아다니면 채찍질을 할 테다. 이제 나가 봐."

문가에서 레디발이 돌아보며 물었다.

"하지만 폐하, 남편은 구해 주실 거죠?"

"그래, 둘이라도 구해 주지. 내 옷장엔 왕의 자제들이 열둘이나 걸려 있으니까. 이제 가 봐."

그 후에 여우 선생이 들어와 왕을 보고 "며칠은 더 사시겠군"이라고 중얼거리더니, 이어서 말했다.

"딸아, 어젯밤엔 내가 잘못 행동했다. 직접 왕자와 싸우겠다는 네 제안은 어리석을 뿐 아니라 더 나아가 볼썽사나운 일이야. 그렇다고 내가 울고 매달리며 네 사랑에 기대어 널 막으려 든 건 잘못이었지. 사랑을 그렇게 이용해선 안 되는 법인데."

그때 바르디아가 문 앞에 당도하는 바람에 잠시 말이 끊겼다.

"아간이 벌써 전령을 보냈습니다, 폐하. 우리 쪽 전령은 10마일도 못 가서 왕자를(지독히 오만한 자인데) 만났다고 합니다."

우리는 기둥의 방으로 가서(두려움에 찬 아버지의 눈길이 나를 따라왔다.) 아간이 보낸 전령을 불러들였다. 전령은 체격도, 키도 큰 자로서 공작새처럼 화려한 옷을 입고 있었다. 전달 내용은 그 많은 미사여구를 다

제하고 나면 자기 주인이 결투에 응하기로 했다는 것이었다. 그러나 아간은 자신의 칼을 여자의 피로 더럽힐 수는 없으므로 내 칼을 빼앗은 후 목을 매달 밧줄을 가지고 나오겠다고 했다.

"나는 밧줄 쓰는 기술은 없다."

내가 말했다.

"그러므로 네 주인이 밧줄을 들고 나오는 것은 정당한 처사가 아니지. 그러나 그는 나보다 나이가 많으니(그는 이미 오래 전에 첫 싸움을 했던 것으로 안다.) 그 나이를 존중해서 그렇게 하기로 동의하겠다."

"그 말씀은 왕자님께 전할 수 없습니다, 여왕폐하."

전령이 말했다.

나는 이 정도면 충분하다고 생각했고(내 조롱을 아간은 듣지 못해도 다른 이들은 들으리라는 걸 알고 있었다.) 우리는 규칙에 따라 싸움의 온갖 조건과 서로 합의해야 할 수백 가지 사소한 조항들을 훑어보는 작업에 들어갔다. 거의 한 시간이 걸린 후에야 전령을 보낼 수 있었다. 이 모든 조항들을 작성하는 동안 여우 선생이 너무나 고통스러워하는 것을 알 수 있었다. 한마디 한마디 기록될 때마다 점점 더 번복할 수 없는 기정사실이 되어 갔기 때문이다. 나는 이제 거의 여왕이 되어 있었지만, 가끔씩 오루알이 여왕의 귓가에 냉정한 말을 속삭이곤 했다.

그 후에 아르놈이 왔는데, 그가 채 입을 열기도 전에 노사제가 죽었고 아르놈이 그 뒤를 승계했음을 알아챘다. 그는 짐승의 가죽과 오줌통으로 만든 옷을 입고 가슴께에 새의 표식을 늘어뜨리고 있었다. 그 모습을 본 순간, 돌연 충격이 느껴졌다. 마치 잠에서 깨면서 잊어버렸던 악몽이 정오에 문득 떠오르는 것과 같았다. 그러나 다시 한 번 그를 보면서 마음을 다잡았다. 그가 노사제처럼 무시무시할 리는 없었다. 그는 어제 나와 함께 아주 훌륭한 거래를 성사시킨 아르놈일 뿐이었다. 웅깃 여신이 그와 함께 방으로 들어온 듯한 느낌은 없었다. 그러자 마음속에 이상한 생각들이 들기 시작했다. 그러나 그 생각들을 계속 따라갈 여유가 없었다. 아르놈과 여우 선생은 왕의 처소에서 그의 상태에 대해 이야기를 나누기 시작했고(두 사람은 서로 잘 이해하고 있는 듯 보였다.) 바르디아는 내게 밖으로 나가자는 신호를 보냈다. 우리는 동쪽의 작은 문으로 나갔다. 프시케가 태어나던 날 아침, 여우 선생과 내가 나갔던 문이었다. 우리는 약초밭 사이를 거닐며 이야기를 나누었다.

바르디아가 말했다.

"자, 여왕폐하. 이것이 폐하의 첫 싸움입니다."

"그래서 내 용기를 의심하는 건가?"

"폐하의 용기가 꺾일 리는 없지요. 그러나 폐하는 사람을 죽여 보신 적이 없습니다. 그런데 이번에는 사람을 죽여야 합니다."

"그래서?"

"자, 바로 그겁니다. 여자들과 어린 남자들은 사람을 죽이는 일에 대해 쉽게 이야기합니다. 그러나 장담컨대 사람을 죽인다는 건 어려운 일이지요. 제 말은 처음이 어렵다는 겁니다. 사람의 속에는 그 일을 꺼리게 만드는 무언가가 있거든요."

"내가 아간을 동정하게 될까 봐 그러는 건가?"

"그것이 동정인지는 모르겠습니다. 하지만 제가 처음 사람을 죽였을 때는, 제 손으로 살아 있는 육체에 칼을 찔러 넣는다는 것이 세상에서 가장 어렵게 느껴지더군요."

"하지만 해 냈겠지."

"그렇습니다. 제 적수는 서투른 자였지요. 그러나 만약 그가 재빠른 자였다면 어떻게 되었을까요? 아시겠지만 바로 그 점이 위험한 겁니다. 잠시 멈칫하는 순간, 눈 깜짝할 새도 안 되는 그 순간 기회를 놓치게 됩니다. 그것은 폐하의 유일한 기회일 수도 있지요. 그러면 지는 겁니다."

"내 손이 머뭇거릴 것 같지는 않은데, 바르디아."

내가 말했다. 나는 마음속에서 시험해 보고 있었다. 아버지가 예전처럼 분을 내며 내게 달려드는 모습을 그려 보았다. 내 손으로 주저 없이 찌를 수 있다는 확신이 들었다. 그것이 나 자신이라 해도 찌를 수 있었다.

"그래야지요. 그래도 연습은 하셔야 합니다. 저는 모든 신병들에게 그 연습을 시킵니다."

"연습?"

"네. 오늘 아침에 돼지 잡는 것을 아시지요. 폐하가 직접 잡으십시오."

여기에서 움츠러드는 순간 내 속에서 여왕은 수그러들고 오루알이 고개를 들 거라는 생각이 퍼뜩 들었다.

"얼마든지."

물론 짐승 잡는 일에 대해서라면 어릴 적부터 계속 보아 왔기에 익히 알고 있었다. 레디발은 볼 때마다 비명을 질렀다. 나는 그렇게 자주 보지 않았고, 보더라도 침묵을 지켰다. 그리하여 나는 가서 돼지를 잡았다. (돼지는 웅깃이 좋아하지 않는 짐승이므로 제사와 상관없이 잡는다. 그 이유에 대해서는 신성한 이야기가 전해져 내려오고 있다.) 그리고 결투에서 살아 돌아오면 바르디아와 여우 선생, 트루니아와 함께 가장 좋은 부위를 저녁으로 먹기로 맹세했다. 나는 돼지를 잡을 때 입었던 앞치마를 벗고 기둥의 방으로 돌아왔다. 이틀 후면 내 인생이 끝날 수도 있는 만큼 그 전에 꼭 처리해야겠다고 생각한 일이 있었기 때문이다. 여우 선생은 이미 와 있었다. 나는 바르디아와 아르놈을 증인으로 세워 놓고 여우 선생을 자유의 몸으로 풀어 주었다.

그러나 그 다음 순간 절망에 빠져 버렸다. 왜 그런 예상도 미리 하지 못할 만큼 눈이 멀어 있었는지 모르겠다. 나는 내가 죽은 후에 사람들이 그를 조롱하고 천대하거나 혹시라도 레디발이 팔아 버리지 못하도록 조처해야 한다는 생각에만 사로잡혀 있었다. 그런데 다른 두 사람이 축하하며 뺨에 입을 맞추는 모습을 보자 갑자기 정신이 번쩍 들었다.

"우리 의회에 큰 손실—"

"선생이 떠나면 슬퍼할 사람이 글롬에 많은데—"

"겨울에는 여행을 하지 마시고—"

지금 대체 무슨 소리들을 하고 있는 것인가?

"할아버지!"

나는 소리를 질렀다. 여왕이 아닌 오루알 그 자체가 되어, 아니 완전히 어린아이가 되어.

"할아버지가 우리를 떠난다고요? 가 버린다고요?"

여우 선생은 무한한 고뇌로 일그러진 얼굴을 들고 나를 쳐다보았다.

"자유라고?"

그가 중얼거렸다.

"그러니까 내가…… 내가 얼마든지…… 이젠 길에서 죽어도 상관없어. 바다까지 못가도. 다랑어 철이겠구나. 올리브도 열렸겠지. 아니, 올리브가 열리기엔 아직 이르네. 여하튼 항구의 냄새는 맡을 수 있겠지.

시장을 돌아다니며 이야기를 해야지. 진짜 이야기를. 넌 모른다. 여기에서 나누는 이야기들은 다 어리석은 것들이야. 여기 있는 사람들은 누구도 몰라. 딸아, 너한테 감사해야겠지. 하지만 날 사랑한다면 지금은 아무 말도 하지 말아 다오. 내일 이야기하자꾸나. 가야겠다."

그는 망토를 머리 위로 뒤집어쓰더니 방을 더듬으며 나가 버렸다.

지금까지 나를 들뜨게 하고 아침부터 내내 바쁘게 만들었던 여왕 놀이가 이제는 나를 완전히 무참하게 만들어 버렸다. 우리는 결투에 필요한 모든 준비를 마쳤다. 나머지 한나절과 내일 하루 동안 기다리는 일만 남았다. 그 다음에 남는 것은 살아서 돌아온다 하더라도 여우 선생 없이 살아야 한다는 이 새로운 절망이었다.

나는 정원으로 나갔다. 배나무 뒤쪽으로는 가고 싶지 않았다. 그곳은 여우 선생과 프시케와 더불어 자주 가장 큰 행복을 누리던 곳이었다. 나는 추위 때문에 다시 안으로 들어와야 할 때까지 그와는 다른 쪽인 사과밭 서쪽을 비참한 마음으로 헤매고 다녔다. 된서리가 지독하게 내리고 태양도 나오지 않은 날이었다. 그때 했던 생각을 되살려 여기에 쓰자니 부끄럽기도 하고 두렵기도 하다. 나는 무지해서 노스승이 얼마나 강렬하게 고국으로 돌아가고 싶어 하는지 헤아리지 못했다. 나는 평생 한곳에서만 살았다. 글룸에 있는 것들은 전부 낡고 흔하고 뻔한 것들이었으며, 게다가 두렵고 슬프고 굴욕스러운 기억들로 가득 차 있었다. 나는 유배당한 자가 고향을 추억한다는 것이 어떤 것인지에 대해 아는 바가 없었다. 여우 선생이 날 떠날 마음을 먹었다는 것 자체에 화가 날 뿐이었다. 그는 내 인생 전체의 중심기둥이자 확고부동한 존재로서(내 생각에는), 일출이나 대지처럼 사실은 별로 고마운 줄도 모르고 지낸 사람이었다. 어리석게도 나는 그가 나에게 이런 존재이듯 나도 그에게 이런 존재일 거라고 생각했다.

'바보!'

나는 속으로 말했다.

'넌 아무에게도 그런 존재가 못 된다는 걸 몰랐어? 바르디아한테 네가 뭐지? 노왕이나 마찬가지 존재일걸. 그의 마음은 아내와 자식들이 있는 집에 다 가 있다고. 그에게 네가 의미 있는 존재였다면 싸우게 내버려 두지 않았겠지. 또 여우 선생한테는 네가 뭐지? 그의 마음은 언제나 그리스 땅에 가 있어. 물론 포로생활에 위안 정도는 되었겠지. 죄수들도 쥐를 길들인다잖아. 쥐를 사랑하게 된다더군. 그 나름의 방식으로 말이야. 하지만 감옥 문을 열고 족쇄를 풀어 줘 봐. 그때는 과연 쥐 생각을 얼마나 하게 될까?'

그래도 그렇게 우리를 사랑해 놓고 어떻게 떠날 수가 있단 말인가? 나는 프시케를 무릎 위에 올려 놓고 바라보던 그의 모습을 다시 떠올렸다. 그는 "아프로디테보다 아름답구나"라고 말했었다.

'그래, 하지만 그건 프시케였어.'

내 마음이 말했다.

'프시케가 여전히 우리 곁에 있다면 떠나지 않겠지. 할아버지가 사랑한 사람은 프시케였어. 내가 아니었다고.'

그렇게 말하면서도 그것이 사실이 아님을 알았지만, 머릿속에서 떨쳐 낼 마음도 없었고 떨쳐 낼 수도 없었다.

그런데 잠잘 시간이 되기 전에 여우 선생이 찾아왔다. 그의 얼굴은 아주 무거웠고, 움직임은 착 가라앉아 있었다. 다리까지 절었다면 고문을 당하고 왔나 보다 생각할 정도였다.

"축복을 빌어 다오, 딸아."

그가 말했다.

"싸움에서 이기고 돌아왔단다. 동료들에게 좋은 것이 자기에게도 좋은 거야. 나는 전체의 일부이니, 나한테 주어진 자리에서 일을 해야지. 나는 떠나지 않으련다. 그리고—"

"오, 할아버지!"

나는 울었다.

"그만, 그만 하거라."

그가 나를 안아 주며 말했다.

"그리스에 간들 이제 내가 무엇을 할 수 있겠느냐? 아버지는 돌아가셨다. 아들들은 틀림없이 나를 잊어버렸을 테고. 딸에게도…… 골칫거리밖에 더 되겠느냐? 어느 싯귀처럼 '백주대낮에 흘러들어온 꿈' 같은 존재가 되겠지. 어쨌든 가는 길도 멀고 위험투성이야. 아마 바다까지도 가지 못할 게다."

그는 마치 내가 그러지 말라고 말릴까 봐 두려운 듯 전혀 움직이지도 않고 이야기를 이어 나갔다. 그러나 나는 얼굴을 여우 선생의 가슴에 파묻은 채 마냥 기쁘기만 했다.

그날도 아버지를 여러 번 보러 갔지만 아무 변화도 발견하지 못했다.

그날 밤 나는 편히 자지 못했다. 결투가 두려워서가 아니라 신들이 내게 주고 있는 여러 겹의 변화들이 불안해서였다. 노사제의 죽음 하나만 해도 일주일은 족히 생각해야 할 사건이었다. 그가 죽기를 바란 적도 있었지만(그가 죽으면 프시케가 무사할 수도 있었으므로), 그가 실제로 가 버리고 없으니 마치 어느 날 아침 회색산이 사라지고 없는 것을 발견한 듯한 기분이었다. 여우 선생을 해방시킨 것 또한 내가 직접 한 일이었음에도 또 다른 불가능한 변화인 듯 느껴졌다. 마치 아버지의 병으로 어떤 버팀목이 빠져나감으로써 온 세상이, 내가 알고 있는 세상 전부가 산산조각 나 버린 것 같았다. 나는 낯설고 새로운 세상으로 들어가고 있었다. 너무 새롭고 낯설어서 그날 밤에는 나의 그 큰 슬픔조차 느낄 수가 없었다. 그 사실이 나를 놀라게 했다. 내 속의 일부는 그 슬픔을 다시 움켜쥐려 했다. 그 마음은 말했다.

'프시케를 사랑하지 않으면 오루알은 죽어.'

그러나 다른 마음은 말했다.

'죽게 내버려 둬. 오루알로 남으면 절대 여왕이 되지 못해.'

마지막 날이자 결투 전날은 마치 꿈을 꾸는 듯했다. 더 믿어지지 않는 일들이 매시간 일어났다. 내가 결투를 한다는 소문이 떠들썩하게 퍼져 나가(비밀주의는 우리의 정책이 아니었다.) 궁전 문밖에 백성들이 구름처럼 몰려들었다. 그들의 호감을 결코 과대평가하지 않았음에도—나는 그들이 프시케에게 어떻게 등을 돌렸는지 기억했다.—환호성을 듣자 싫든 좋든 맥박이 빨라지면서 머릿속이 일종의 광기 같은 것으로 뜨거워졌다. 신분이 더 높은 자들, 귀족과 장로들도 나와서 나를 기다렸다. 그들 모두 나를 여왕으로 받아들였다. 나는 많지 않은 말을 적절히 하면서—바르디아와 여우 선생은 그 점을 칭찬했다.—베일 속에 무엇이 숨어 있나 궁금히 여기며 주시하는 사람들의 눈들을 지켜보았다. 그러고 나서 탑에 있는 트루니아 왕자를 찾아가 그를 위해 싸울 투사를 찾아냈다는 것과(그게 누구인지는 말하지 않았다.) 어떻게 왕자의 명예에 해가 되지 않도록 보호 감독하면서 싸움을 관전케 할 것인지 알려 주었다. 왕자로서는 편치 않은 소식임이 분명했지만, 그래도 그는 공정한 사람이었기에 우리가 약소국으로서 감당할 수 있는 한도 내에서는 최대한 자신을 잘 대접하고 있다는 것을 이해했다. 그 다음으로 나는 그와 함께 마실 포도주를 가져오라 일렀다. 그런데 문이 열렸을 때 술병과 잔을 가지고 들어온 사람은 아버지의 술 담당 하인이 아닌 레디발이었다. 나는 잠시 화가 났다. 미리 예견치 못한 내가 바보였다. 일단 낯선 남자가 들어오면 돌벽을 뚫고서라도 나타날 아이라는 걸 그렇게 잘 알고 있었으면서. 그런데 얼마나 얌전하고 수줍고 정숙하고 성실한 동생(심지어 약간은 구박을 받아 기가 죽은)인 척하며 술을 가지고 들어오는지 나조차 놀랄 정도였다. 눈을 내리깐 채(그러나 트루니아의 모습은 붕대로 감아 놓은 발부터 머리 꼭대기까지 하나도 놓치지 않고 훑어보았다.) 어린아이처럼 진지한 모습을 하고 있었다.

"저 미인은 누구지요?"

레디발이 나가자마자 트루니아가 물었다.

"제 동생인 레디발 공주입니다."

내가 말했다.

"글롬 왕국은 장미꽃밭이로군요. 겨울인데도 말입니다."

그가 말했다.

"그런데 무정한 폐하, 왜 폐하는 얼굴을 숨기고 계십니까?"

"동생과 좀더 가까워지면 그 아이가 틀림없이 이유를 밝혀 줄 겁니다."

내가 말했다. 내 의도보다 날카로운 목소리였다.

"음, 그럴 수도 있겠군요."

왕자가 말했다.

"내일 폐하의 투사가 이긴다면 말이지요. 아니면 죽음을 아내로 맞이하게 되겠네요. 하지만 폐하, 만약 제가 살아날 경우에는 이렇게 쌓인 두 왕가간의 우정을 놓치고 싶지 않습니다. 제가 폐하의 일족과 결혼하면 어떻겠습니까? 이를테면 폐하와 결혼한다면?"

"제 왕좌에는 두 사람이 앉을 자리가 없습니다, 왕자님."

"그렇다면 여동생은 어떨까요?"

당연히 놓치지 말아야 할 제안이었다. 그러나 순간적으로 그러자고 대답하기가 싫었다. 무엇보다 왕자가 레디발보다 스무 배는 더 훌륭하다는 생각이 들었기 때문이다.

"제가 보기에 그 결혼은 성사될 수 있을 듯하군요. 먼저 현자들과 이야기를 나누어 봐야겠습니다. 저로서야 좋습니다만."

내가 말했다.

그날은 처음보다 끝이 더 이상했다. 바르디아는 마지막 연습을 하기 위해 경비대 숙소로 오라고 했다.

"거짓으로 뒤로 물러나는 척할 때 폐하께서 전부터 실수하시는 부분이 있습니다."

그가 말했다.

"이미 해결했다고는 생각합니다만. 그래도 완벽하게 처리하시는지 봐야겠습니다."

반 시간 동안 더 연습을 하고 마침내 숨을 돌리게 되었을 때 그가 다시 말했다.

"기술적으로는 완벽합니다. 진검으로 싸워도 저를 쓰러뜨리실 거라 믿습니다. 그러나 두 가지 더 말씀드릴 것이 있습니다. 첫째는 이것입니다. 고귀한 혈통을 가지고 계시니 이런 일은 거의 일어나지 않으리라 생각합니다만, 그래도 폐하가 망토를 벗었을 때, 무리가 숨을 죽인 가운데 텅 빈 광장으로 상대를 맞으러 나간 순간에 혹 두려움이 느껴지더라도 전혀 개의치 마시기 바랍니다. 처음 싸울 때에는 누구나 두렵게 마련이지요. 저도 싸울 때마다 두렵거든요. 둘째는 이것입니다. 폐하가 입고 계신 미늘갑옷은 가볍고 잘 맞습니다. 허나 볼품이 없습니다. 금박을 약간 입히는 편이 여왕 투사에게 더 잘 어울릴 듯합니다. 왕의 처소에 뭐가 있는지 가 보십시다."

왕이 자기 처소에 온갖 무기와 갑옷을 보관해 두고 있다는 이야기는 이미 앞에서 했다. 우리는 그리로 갔다. 여우 선생이 침대 가에 앉아 있었다. 어떤 이유에서, 무슨 생각으로 앉아 있었는지는 모른다. 오래된 주인을 사랑해서일 리는 없었다.

"여전히 변화가 없어."

그가 말했다. 바르디아와 나는 갑옷들을 뒤지기 시작했는데 곧 논쟁이 벌어졌다. 나는 쇠사슬로 된 웃옷이 다른 어떤 것보다 안전하고 유연하리라고 생각했지만, 바르디아는 계속해서 "아니 잠깐만요, 잠깐, 여기 더 나은 게 있습니다"라고 말했기 때문이다. 그렇게 분주히 살피고 있는데 뒤에서 여우 선생의 목소리가 났다.

"끝났어."

우리는 뒤를 돌아보았다. 오랫동안 거반 죽은 상태로 침대 위에 누워 있던 존재가 아주 죽었다. 여자가 자신의 갑옷들을 뒤지는 것을 보면서.

(자기가 보는 것을 이해할 수 있었다면 말이다.)

"고이 잠드소서."

바르디아가 말했다.

"일을 아주 신속하게 끝내야겠습니다. 곧 여자들이 와서 시체를 닦아야 하니까요."

우리는 즉시 갑옷 문제를 처리하는 일로 돌아갔다.

그리하여 내가 그토록 오랜 세월 골몰했던 일이 그 순간 더 중요했던 문제 때문에 결국 어수선하게 스치듯 지나가 버렸다. 한 시간 후에 돌이켜 보니 놀라지 않을 수가 없었다. 그러나 이후에 종종 주목하게 된 사실은, 거의 모든 이들의 죽음이 생각보다 큰 동요를 일으키지 않는다는 것이었다. 아버지보다 훨씬 더 사랑받았던 이, 훨씬 더 사랑받을 만했던 이들도 작은 소용돌이만 남긴 채 사라져 간다.

나는 전에 입었던 미늘갑옷을 입되, 잘 문질러 닦아서 은처럼 광을 내기로 했다.

19

어떤 날을 중요하게 만든 일이라도 정작 그 일에 걸리는 시간은 하루 중 가장 적을 수 있다. 식사할 때 먹는 시간은 적은 반면, 짐승을 잡고 빵을 굽고 요리를 하고 그릇을 씻고 닦는 데에는 아주 오랜 시간이 걸리듯이. 왕자와의 싸움은 10분만에 끝났다. 하지만 그와 관련된 일을 하는 데에는 열두 시간 이상이 걸렸다.

우선 이제는 자유인이자 '여왕의 제등'(이것은 직책의 이름인데 아버지는 그 직책을 활용하지 않았다.)이 된 여우 선생에게 화려한 옷을 입혀 싸움에 대동하기로 했다. 그러나 까탈스러운 여자아이를 첫 연회에 데려간다 해도 그렇게 힘들지는 않았을 것이다. 선생은 야만인의 옷은 야만스러워서 싫다고 했고 아름다운 옷은 아름다워서 더 싫다고 했다. 좀먹은 옛날 옷을 걸치고 가겠다는 것이었다. 선생 문제를 대충 해결하고 나자, 이제는 바르디아가 나더러 베일 없이 싸워야 한다고 했다. 그는 베일 때문에 시야가 가릴 거라고 생각했으며, 투구 바깥쪽에 써도 좋지 않고 안쪽에 써도 좋지 않다고 보았다. 그러나 나는 맨얼굴로는 절대 싸우지 않겠다고 했다. 결국 푸비를 시켜 고운 천으로 속이 보이지 않는 두건 내지는 가면을 만들게 했다. 눈 있는 곳에만 구멍을 내고 투구 전체를 뒤덮게 한 것이다. 사실 이 모든 것은 불필요한 짓이었는데, 전에도 베일을 쓴 채 열 번도 넘게 바르디아와 싸워 보았기 때문이다. 그러나 그 가면은 유령처럼 아주 무섭게 보이게 하는 효과가 있었다.

"그가 사람들 말처럼 겁쟁이라면 아주 간담이 서늘하겠군요."

바르디아가 말했다. 우리는 아주 일찍 출발해야 했다. 길가에 모인 사람들 때문에 말을 빨리 달릴 수 없을 듯했기 때문이다. 그래서 우리는 트루니아를 데려와 바로 말에 올랐다. 왕자에게도 아름다운 옷을 입히자는 말이 있었지만 본인이 거절했다.

"폐하의 투사가 죽었을 때든 저쪽이 죽었을 때든, 낡은 군복 대신 자줏빛 옷을 입고 있다고 해서 제 마음이 더 편해지는 않을 겁니다."

그가 말했다.

"그런데 폐하의 투사는 어디 있지요?"

"결투장에 가 보면 압니다, 왕자님."

내가 말했다.

트루니아는 유령처럼 얼굴을 감싼 내 모습을 처음 보았을 때 몹시 놀랐다. 목도, 투구도 보이지 않고, 하얀 언덕 같은 것 위에 눈구멍만 두개 뚫려 있었으니 그럴 법도 했다. 아마 허수아비나 문둥병자처럼 보였으리라. 그의 첫 반응을 보니 아간의 반응도 짐작이 되었다.

몇 명의 귀족과 장로들이 우리를 수행해서 성을 가로질러 가기 위해

문에서 기다리고 있었다. 그때 내가 무슨 생각을 했는지 추측하고도 남을 것이다. 그날 프시케도 백성들을 고쳐 주려고 이렇게 나갔었다. 그리고 또 다른 날에는 야수에게 제물로 바쳐지기 위해 이렇게 나갔다. 신이 "너 또한 프시케가 되리라"라고 말한 의미가 이건가 하는 생각이 들었다. 나도 제물이 될지 모른다. 그것은 내가 붙들고 있었던 만족스럽고도 흔들림 없는 생각이었다. 그러나 결투의 순간이 다가오자 나 자신의 생사는 거의 돌아볼 겨를이 없었다. 모든 시선이 나를 향하고 있는 상황에서 내 유일한 관심사는 바로 지금, 또 싸움이 벌어졌을 때 용감한 모습을 보이는 것이었다. 내가 5분간 잘 싸우다가 죽을 것이라고 예언하는 선지자가 있었다면 10달란트라도 주었으리라.

내 곁에서 말을 타고 가는 귀족들은 아주 심각한 표정이었다. 내가 보기에는(실제로 나중에 알게 된 한두 사람도 같은 고백을 했거니와) 아간이 금방 내 칼을 빼앗을 거라고, 그래도 나의 무모한 도전이 아간과 트루니아를 이 나라에서 내보내기에는 가장 좋은 방법이라고 생각하는 듯했다. 귀족들은 침울했지만 거리의 백성들은 만세를 부르며 모자를 공중으로 던져 대고 있었다. 그들의 얼굴을 들여다보지 않았다면 나도 덩달아 기분이 들떴을 것이다. 그러나 나는 그들의 마음을 쉽게 읽을 수가 있었다. 그들의 생각 속에는 나도, 글룸도 없었다. 어떤 싸움이든 그들에게는 공짜로 볼 수 있는 구경거리에 불과했다. 게다가 여자가 남자와 싸우는 희귀한 일이 벌어졌으니 더 좋았을 것이다. 음정 하나 구분할 줄 모르는 사람들도 누가 발가락으로 하프를 연주한다는 말을 들으면 몰려가듯이 말이다.

마침내 강가의 넓은 벌판에 도착했지만 결투는 좀더 지연되었다. 새

가면을 쓴 아르놈이 와 있었고 제물로 쓸 황소가 준비되어 있었다. 신들은 인간사에 너무나 깊숙이 들어와 있어서 그들의 몫을 챙겨 주기 전까지는 아무 일도 할 수 없는 법이다. 우리 맞은편, 들판 저 멀리에는 파르스의 기병들이 모여 있었고 아간은 그 한가운데 말을 타고 있었다. 여타의 사람들과 다를 바 없는 그를 보며 우리 둘 중 한 사람이 곧 다른 이의 손에 죽을 것이라고 생각하니 이상하기 짝이 없었다. '**죽이다**'라는 말을 전에는 한 번도 해 보지 않은 것 같았다. 그의 머리칼과 턱수염은 밀짚 색이었고, 몸은 호리호리했으며, 입은 부루퉁하여 왠지 부어 보였다. 아주 불쾌감을 주는 인물이었다. 그 다음으로 그와 나는 말에서 내려 서로 가까이 다가가 황소의 살점을 조금 먹고, 모든 합의사항을 지키겠노라고 백성을 대표하여 맹세해야 했다. 이제야말로 확실히 싸움이 시작될 거라고 나는 생각했다. (그날 잿빛 하늘에는 창백하고 흰 태양이 떠 있었고 살을 에는 듯한 바람이 불었다. '싸우기도 전에 얼어 죽게 하려는 심산인가?'라는 생각이 들었다.) 그러나 군중은 병사들의 창끝에 밀려 나갔고, 들판은 비워졌으며, 바르디아가 저쪽으로 건너가 아간 쪽 우두머리에게 무언가를 속삭였다. 그리고 두 사람이 함께 아르놈에게 가서 속삭였고, 아간과 나의 나팔수가 나란히 섰다.

"자, 여왕폐하."

대체 언제가 되어야 준비가 끝나나 반쯤 체념하고 있을 때 바르디아가 갑자기 말했다.

"신의 가호를 빕니다."

여우 선생은 쇳덩이처럼 굳은 얼굴로 서 있었다. 말을 꺼냈다가는 금세라도 눈물을 흘릴 것 같았다. 내가 망토를 벗어던지고 칼을 뽑아 든 채 넓은 풀밭으로 나서자 트루니아의 얼굴에 대경실색하는 빛이 떠올랐다. (그의 낯빛이 창백해졌다고 해서 그를 탓할 생각은 없었다.)

파르스 쪽 사람들이 요란하게 웃음을 터뜨렸다. 우리 쪽 무리는 환호했다. 아간은 열 걸음 앞, 다섯 걸음 앞으로 다가왔다. 그리고 마침내 우리는 맞붙었다.

나는 그가 나를 무시한다는 걸 알았다. 첫 공격은 안이하고도 오만했다. 그러나 운 좋게도 내 칼이 그의 손마디를 스쳐 껍질을 벗겨내자(손이 약간은 얼얼했을 것이다.) 정신을 차렸다. 그의 칼만 보고 있었는데도 어찌 된 셈인지 얼굴까지 눈에 들어왔다. '성깔이 있군'이라고 생각했다. 찌푸린 눈살과 불량배처럼 짜증 서린 입가를 보니 애써 두려움을 감추고 있는 듯했다. 그러나 오히려 나는 실제 결투에 돌입하자 두렵지 않았고 결투라는 생각도 전혀 들지 않았다. 바르디아와의 모의시합이나 다를 바가 없었다. 똑같이 공격하고 견제하고 맞붙고. 손마디에 피가 난 것도 마찬가지였다. 무딘 칼로 치거나 칼을 눕혀서 쳐도 그런 정도의 상처는 낼 수 있었다.

이 글을 읽는 그리스인은 아마 한 번도 싸워 본 적이 없을 것이다. 혹 싸워 보았다 해도 대부분 전차병으로서 싸웠을 것이다. 그러니 내가 칼이나 최소한 막대기라도 잡고 앞에 서서 설명하지 않는 한 칼싸움의 과정을 이해하기는 어려울 것이다. 그는 날 죽이지 못한다는 확신이 금방 들었다. 그렇다고 내가 그를 죽일 수 있다는 확신이 선 것은 아니었다. 싸움이 너무 길어져서 나보다 힘센 그에게 눌리는 것은 아닐까 매우 두려웠다. 곧 바뀌어 버린 그의 얼굴을 나는 영원히 잊지 못할 것이다. 내가 볼 때 그것은 놀랍기 짝이 없는 변화였다. 그때는 이해하지 못했다.

그러나 지금은 이해한다. '이젠 죽는구나'라는 생각이 들 때 남자들의 얼굴이 어떻게 변하는지 그 후로도 죽 보아 왔기 때문이다. 그대도 그런 사람의 얼굴을 보았다면 알 것이다. 생명이 그 어느 때보다 강렬하게, 고통으로 몸부림치며 타오르는 것을. 그때 그가 처음으로 큰 실수를 했는데 기회를 놓치고 말았다. 다음 실수를 할 때까지는 오랜 시간이(실제로는 몇 분밖에 되지 않았음에도) 걸린 듯했다. 이번에는 대비를 하고 있었다. 나는 곧장 칼을 찔러 넣었고, 한 번에 칼을 돌려 다리 안쪽까지 깊이 베어 냈다. 어떤 수술로도 출혈을 막을 수 없는 곳이었다. 당연히 쓰러지는 그의 몸에 닿지 않기 위해 펄쩍 뒤로 물러나야 했다. 그리하여 사람을 처음 죽였을 때에는 돼지를 처음 죽였을 때만큼도 핏물이 튀지 않았다.

사람들이 달려왔지만 목숨을 구할 가능성은 없었다. 무리의 함성이 귀를 때렸다. 투구를 쓰면 모든 소리가 이상하게 들리는 법이다. 나는 숨도 차지 않았다. 바르디아와 승부할 때보다 더 금방 끝이 났다. 그런데도 갑자기 맥이 확 풀리면서 다리가 떨려 왔다. 마치 무언가가 빠져나간 듯 나 자신이 바뀌는 것이 느껴졌다. 그 후로 여자들이 처녀성을 잃을 때의 느낌이 그렇지 않을까 하는 생각을 종종 하곤 했다.

바르디아(여우 선생은 바로 뒤에 있었다.)가 기쁨이 넘치는 얼굴로 눈물이 그렁한 채 내게로 달려왔다.

"복되도다! 복되도다!"

그가 소리쳤다.

"여왕이시여! 전사여! 내 최고의 제자여! 세상에, 정말 잘하셨습니다! 평생 기억할 만한 일격이었습니다."

그는 나의 왼손을 들어올려 입을 맞추었다. 나는 심하게 울었으나 고개를 깊이 떨구고 있었기 때문에 눈물 방울이 떨어지는 것은 보이지 않았을 것이다. 내가 채 무슨 말을 하기도 전에 사람들이 몰려와(트루니아는 걸을 수 없었기 때문에 여전히 말 위에 앉아 있었다.) 찬사와 감사의 말을 퍼붓자, 기분 좋게 짜릿한 느낌이 살짝 들면서도 성가셨다. 편하게 숨을 돌릴 틈이 없었다. 내 백성들에게도, 파르스 사람들에게도 무슨 말인가를 해야 했다. 처리해야 할 일이 수십 가지인 것 같았다. '오, 처음 칼을 써 보았던 날, 그 시원한 착유장에서 마신 우유 한 잔이 그립다!'라는 생각이 들었다.

소리를 낼 수 있게 되자마자 말을 불러 올라타고 트루니아에게 가서 손을 내밀었다. 그리하여 우리는 말을 탄 채 앞으로 나아가 파르스의 기병들 앞에 섰다.

내가 말했다.

"이방인들이여, 너희는 아간 왕자가 정당한 결투 끝에 죽은 것을 보았다. 파르스의 왕위를 놓고 더 이상 다툴 필요가 있는가?"

아간의 열렬한 지지자였던 것이 분명한 십여 명의 군인들이 아무 말 없이 말을 돌려 사라졌다. 나머지는 모두 투구를 창끝에 올리고 '트루니아'와 '평화'를 연호했다. 그때 내가 트루니아의 손을 놓았고, 그는 말을 타고 앞으로 나아가 곧장 대장들과 이야기를 나누었다.

"자, 폐하."

바르디아가 내 귀에 속삭였다.

"우리 쪽 귀족과 파르스 귀족들을(누가 귀족인지는 왕자가 일러 줄 겁니다.) 연회에 꼭 초청하셔야 합니다. 아르놈도 초청하십시오."

"연회라고, 바르디아? 형편없는 빵만 가지고? 글롬의 식료창고가 거의 비었다는 걸 알 텐데."

"돼지가 있습니다, 폐하. 그리고 웅깃께서도 황소를 나누어 주실 것이 분명하고요. 제가 아르놈에게 말해 보겠습니다. 오늘 밤을 위해 왕의 술 저장고를 조금 축낸다면 빵은 그렇게 문제가 되지 않을 겁니다."

그래서 바르디아, 여우 선생과 더불어 오붓하게 저녁식사를 하려던 꿈은 깨지고, 첫 싸움에서 칼에 묻힌 피를 채 닦아 내기도 전에 다시 여자로 돌아가 안주인이 신경 써야 할 일들에 붙잡혀야 했다. 그들이 궁전에 닿기 전에 내가 먼저 말을 타고 달려가 어떤 술이 남아 있는지 시종장에게 알아 볼 수만 있다면! 아버지는(물론 바타도) 말년에 헤엄을 쳐도 될 만큼의 술을 마셔 없앴다.

결국 스물다섯 명이(나까지 합쳐서) 말을 타고 궁전으로 돌아왔다. 왕자는 내 옆에서 온갖 좋은 말을 늘어놓으면서(사실 그로서는 그럴 만도 했다.) 계속 내 얼굴을 보여 달라고 간청했다. 그것은 일종의 예의로 건넨 농담이었기 때문에 다른 여자였다면 그냥 흘려들었을 것이다. 그러나 내게는 너무 새로울 뿐 아니라 달콤하게 느껴져서(이 또한 고백해야겠다.) 그 놀이를 좀더 지속하지 않을 수가 없었다. 나는 행복했다. 오래전, 고난이 닥치기 전 프시케나 여우 선생과 함께 지냈던 시절 이후 다시는 누리지 못할 것이라고 생각했던 행복보다 더 큰 행복이었다. 평생처음으로 (그리고 마지막으로) 나는 즐거웠다. 환히 빛나는 새로운 세계가 펼쳐지는 듯했다.

물론 그것은 신들의 전형적인 속임수였다. 거품을 크게 불었다가 터뜨려 버리는 속임수.

거품은 내가 궁전 문지방을 넘자마자 터져 버렸다. 전에 본 적이 없는 어린 계집종 하나가 구석에 웅크리고 있다가 나오더니 바르디아의 귀에 무언가를 속삭였다. 그때까지 아주 흥겨워하던 그의 얼굴에서 빛이 사라졌다. 그는 내게 다가와 수줍은 듯한 얼굴로 말했다.

"폐하, 오늘 일은 끝났습니다. 이젠 제가 없어도 될 겁니다. 집에 가도록 허락해 주시면 정말 감사하겠습니다. 아내가 진통을 시작했다는군요. 이렇게 빨리 진통이 올 줄은 몰랐는데. 오늘 밤은 옆에 있어 주고 싶습니다."

그 순간 아버지의 분노가 이해되었다. 나는 억지로 자신을 누르며 말했다.

"이런, 바르디아, 마땅히 그래야지. 부인에게 안부를 전해 줘. 그리고 부인의 순산을 위해 이 반지를 웅깃에게 바치길."

내가 손에서 빼낸 반지는 내가 가진 반지 중에 가장 좋은 것이었다.

그는 진심으로 고마워했다. 그러나 그 표현을 다 할 틈도 없이 황급히 집으로 달려가 버렸다. **"오늘 일은 끝났습니다"**라는 자신의 말이 내게 어떤 상처를 입혔는지는 꿈에도 생각지 못했을 것이다. 그래, 그것이었다. 오늘 일. 나는 그의 일이었다. 그는 내 군인 노릇을 해서 밥벌이를 하는 것이다. 그날 일이 끝나면 다른 고용인들처럼 집에 가서 진짜 인생을 사는 것이다.

그날 밤의 연회는 내가 참석한 최초의 연회이자 끝까지 앉아 있었던 마지막 연회였다. (우리는 그리스인들처럼 식탁 앞에 비스듬히 눕지 않고 개별 의자나 긴 의자에 앉는다.) 이후에도 많은 연회를 베풀었지만 참석한 횟수는 세 번을 넘지 않았고, 그나마 주빈을 위해 축배를 들고 모두에게 연설을 한 후에 빠져나온 것이 전부였다. 그때마다 시녀 두 사람을 대동했다. 그럼으로써 힘도 많이 절약했을 뿐 아니라 내가 오만하기도 하고 겸손하기도 하다는 평판을 널리 퍼뜨렸고, 그 평판을 아주 유용하게 활용할 수 있었다. 그날 밤에는 거의 끝까지 앉아 있었는데, 여자는 나뿐이었다. 내 4분의 3은 그런 자리에 참석했다고 여우 선생에게 야단맞을 것을 생각하고 겁을 내며 수치스러워 하는 오루알, 너무나도 외로운 오루알이었다. 4분의 1은 그런 열기와 소란 속에서도 당당한(멍한 상태면서도) 여왕, 가끔씩은 자신이 남자이고 전사인 양 큰소리로 웃고 진탕 마실 수 있다고 착각하는가 하면 그 다음 순간에는 더욱 어리석게도 자신이 마치 예쁜 얼굴을 가리고 있는 여인인 양 트루니아의 장난에 응하는 여왕이었다.

그 자리에서 빠져나와 차갑고 적막한 회랑에 들어서자 머리가 빙빙 돌고 아파 왔다. '흥! 남자들은 야비한 족속이로군!'이라고 생각했다. 그 즈음에는 모두가(일찍 자러 간 여우 선생만 빼고) 취한 상태였지만, 술을 마시는 모습보다 음식을 먹는 모습이 더 역겨웠다. 전에는 남자들이 즐기는 모습을 본 적이 없었다. 아귀아귀 먹고 움켜쥐고 트림하고 딸꾹질하고 얼굴에는 기름이 번질번질 흐르는 데다 바닥에 뼈를 던져 개들이 발 밑에서 쟁탈전을 벌이게 하는 모습이라니. 남자들은 다 이런가? 바르디아도? 그러자 외로움이 다시 몰려왔다. 바르디아 때문에도 외로웠고 프시케 때문에도 외로웠다. 그 이중의 외로움은 서로 분리가 되지 않았다. 어리석게도 나는 처음부터 모든 것이 달랐더라면, 바르디아가 내 남편이고 프시케가 우리 딸이었다면 하는 허망한 꿈을 꾸었다. 그러면 내가 프시케를 낳기 위해…… 산고를 겪었을 테고…… 바르디아가 날 보러 집으로 달려왔겠지. 그제야 술의 놀라운 힘이 느껴졌다. 나는 남자들이 왜 술꾼이 되는지 이해한다. 그날 술의 효험은 슬픔을 지우는 데 있었던 것이 아니라, 그것을 비통한 음악처럼 영화롭고 고상하게 만들어 그런 감정을 느끼는 나 자신을 위대하고 거룩한 사람인 듯 착각하게 만드는 데 있었다. 나는 노래에 등장하는 위대하면서도 슬픈 여왕이 되었다. 나는 커다란 눈물방울들이 두 눈에 차오르는 것을 막지 않았다. 오히려 그것을 즐겼다. 요컨대 취했던 것이다. 나는 바보 놀음을 하고 있었다.

그렇게 바보의 침상으로 향했다. 저 소리는 뭐지? 아니야, 아니야. 뜰에서 우는 여자아이 따위는 없어. 춥고 배고픈 몸으로 쫓겨나 안으로 들어오고 싶어 하면서도 들어오지 못하는 여자아이는 거기 없다고. 저건 우물에 매달린 사슬이 흔들리는 소리야. 일어나 나가서 또다시 "프시케, 프시케, 내 유일한 사랑"이라고 불러보는 것은 어리석은 짓이지. 난 위대한 여왕이야. 남자를 죽였어. 또 남자처럼 취했지. 전사들은 전투 후에 진탕 마시는 법이야. 바르디아의 입술이 닿았던 손에 번개가 떨어진 흔적이 남은 것 같았다. 위대한 군주들은 다 연인이 있는데. 다시 울음소리가 들려왔다. 아니야, 우물 물통에 달린 사슬 소리라니까. 푸비, 창문 좀 닫아. 이제 자러 가도 돼, 얘야. 넌 날 사랑하니, 푸비? 밤 인사를 해 다오. 잘 자. 왕은 죽었다. 다시는 내 머리채를 휘어잡지 못하리라. 바로 찔러서 다리를 베어 내면 된다. 그러면 죽는다. 난 여왕이다. 오루알은 죽여 없애리라.

20

다음날 우리는 선왕을 화장했다. 그리고 그 다음날에는 레디발과 트루니아를 약혼시켰다. (결혼식은 한 달 후에 올릴 예정이었다.) 사흘째 되는 날 모든 이방인들이 물러가고 우리만 남았다. 나의 진정한 통치가 시작되었다.

이제 빨리 세월을 건너뛰어야겠다. (재임기간이 내 인생에서 가장 긴 부분을 차지하고 있지만 말이다.) 그동안 내 속에서 글롬의 여왕은 점점 더 커지고 오루알은 점점 더 작아졌다. 나는 최대한 내 속 깊은 곳에 오루알을 가두어 두었고 잠재워 두었다. 오루알은 거기에서 웅크리고 있었다. 마치 아이를 잉태한 형국이었지만, 실상은 그 반대였다. 내 속에 들어 있는 존재는 서서히 작아졌고 생기를 잃어 갔다.

이 책을 읽는 그대도 내 통치와 전쟁과 업적에 대한 이야기나 노래를 들었을지 모르겠다. 그 대부분은 거짓이다. 세간의 소문, 특히 이웃 나라들에 퍼져 있는 소문은 사실보다 두세 배 과장된 것이다. 변변치 못한 내 행적과 (아마도) 오래 전 저 멀리 북쪽 나라에 살았을 위대한 여왕 전사의 이야기가 뒤섞임으로써 경이롭고 불가능한 일들의 그럴듯한 짜깁기가 탄생했다. 사실 아간과 싸운 이후 전쟁에 참전한 것은 세 번뿐이었고, 그나마 마지막으로 회색산 너머 사는 와곤 부족과 벌인 전투는 아주 가벼운 것이었다. 나는 모든 전투에 군대를 거느리고 나가기는 했지만, 그렇다고 스스로 위대한 지휘관이라고 착각할 정도로 어리석지는 않았다. 지휘관은 바르디아와 페누안이었다. (페누안은 아간과 싸운 날 밤 처음 만난 자로서, 귀족들 중 가장 충성스러운 신하가 되었다.) 또 밝힐 것이 있다. 나는 어떤 전투에서든 전선이 형성되고 적진에서 화살이 처음 날아들며 주변의 산천초목이 갑자기 연대기에 기록될 장소이자 전장으로 변할 때마다 진심으로 집에 남아 있었으면 하고 바랐다. 내 손으로 주목할 만한 일을 한 것도 단 한 번뿐이다. 에수르와 전쟁할 때, 매복하고 있던 기병들이 튀어나와 제 위치로 돌아가던 바르디아를 순식간에 둘러싼 적이 있었다. 나는 말을 타고 뛰어들어 상황이 종료될 때까지 거의 정신없이 칼을 휘둘러 댔다. 그때 내가 휘두른 칼에 일곱 명이 죽었다고 한다. (나도 부상을 입었다.) 그러나 세간의 소문을 들으면, 마치 내가 모든 전쟁과 전투를 계획하고 우리 군대 전체를 합친 것보다 더 많은 적을 넘어뜨린 양 생각될 것이다.

　나의 진정한 강점은 두 가지였다. 첫째는, 특히 초기에 두 명의 탁월한 조언자를 거느린 것이다. 그 두 사람보다 나은 동료는 없을 것이다. 여우 선생은 바르디아가 모르는 것을 알았고, 두 사람 다 내 필요 앞에서는 자신의 체면이나 출세를 눈꼽만치도 고려하지 않았기 때문이다.

또 나는 그들이 서로를 놀려 대며 조롱하는 것이 일종의 놀이에 지나지 않는다는 것도 알게 되었다. (어렸을 때는 무지해서 그것을 알아채지 못했다.) 또한 그들은 아부할 줄 모르는 사람들이었다. 이 점에서 나는 추한 얼굴 덕을 좀 보았다. 그들은 나를 여자로 생각지 않았다. 여자로 생각했다면 우리 셋만 기둥의 방 난롯가에 앉아(자주 있는 일이었다.) 그토록 자유롭게 이야기한다는 것 자체가 불가능했을 것이다. 나는 그들을 통해 남자에 대한 사실들을 수천 가지 알게 되었다.

내 두 번째 강점은 베일에 있었다. 베일의 효력을 믿게 해 준 증거가 있다. 얼굴을 가리자마자(정원에서 트루니아를 마주친 날부터) 가장 먼저 일어난 일은 사람들이 내 목소리에서 온갖 아름다움을 발견하기 시작한 것이다. 처음에는 "남자처럼 깊지만 결코 남성적이지는 않다"라고 하더니, 후에 나이가 들면서 목소리가 갈라지자 귀신의 소리니 세이렌의 소리니 오르페우스의 소리니[7], 이런저런 말들을 했다. 세월이 흐르면서 성내에서 내 얼굴을 기억하는 이들이 점점 줄어들자(성 밖에는 기억하는 이가 한 사람도 없었다.) 베일 속의 얼굴에 대해 기가 막힌 추측들이 난무하게 되었다. 베일 뒤에 추한 여자의 얼굴이 있을 거라는 평범한 생각을 하는 사람은 아무도 없었다. 어떤 이들은(젊은 여자들은 거의 모두) 내 얼굴이 차마 볼 수 없을 정도로 소름끼칠 거라고 했다. 돼지나 곰이나 고양이나 코끼리 얼굴이 있을 거라는 식이었다. 그중에서도 최고의 억측은 아예 얼굴이 없다는 것이었다. 베일을 걷으면 텅 비어 있다는

....
7) 세이렌은 그리스 신화에 나오는 바다 요정으로서 감미로운 노래로 선원들을 유혹하여 잡아먹었다. 오르페우스는 아름다운 하프 연주로 저승의 왕 하데스를 감동시켰다.

것이다. 그러나 어떤 이들은(이런 말을 하는 사람들 중에는 남자가 많았는데) 내가 황홀하리만큼 아름다워서 그 얼굴을 본 세상 남자들은 다 미쳐버릴 것이기 때문에 베일을 쓴다고도 했다. 웅깃이 내 아름다움을 질투해서 내가 얼굴을 드러내고 다니면 없애 버리기로 맹세했다는 말도 있었다. 이 모든 헛소리의 결론은 내가 어딘가 아주 신비하고 두려운 존재가 되었다는 것이다. 전장의 용사였던 이웃 나라들의 대사들도 내가 기둥의 방에 나타나 말없이 바라보면(그들은 내가 자신들을 보는지조차 알지 못했다.) 어린애들처럼 하얗게 질리곤 했다. 똑같은 무기를 써서 노련하기 짝이 없는 사기꾼도 얼굴이 새빨개진 채 진실을 토해 내게 만든 적도 있었다.

내가 처음으로 한 일은 처소를 궁전 북쪽으로 옮겨 우물의 사슬 소리에서 벗어나는 것이었다. 낮에는 그 소리의 정체를 환히 알고 지낼 수가 있었지만, 밤에는 아무래도 여자아이의 울음소리로 들리는 것을 어쩔 수가 없었다. 그러나 아무리 처소를 옮기고 또 옮겨도(궁전 사방으로 다 옮겨 보아도) 소용이 없었다. 사슬 소리에서 벗어날 수 있는 곳은 어디에도 없었다. 정적이 깊어지는 밤에는 그랬다. 그것은 한 가지 소리를 늘 두려워하는 자, 동시에 그 소리를 한 번이라도 놓칠까 봐 두려워하는―만 번은 거짓이었더라도 마지막 한 번은 진짜라면 어쩌나, 정말로 프시케가 돌아온 거라면 어쩌나 두려워하는―자만이 들을 수 있는 소리였다. (그자는 오루알, 죽기를 거부하고 있는 오루알이었다.) 물론 나는 그것이 어리석은 생각임을 알고 있었다. 만약 프시케가 살아 있어 돌아올 수 있었다면, 또 돌아오기를 원했다면 진작 왔을 것이다. 그 아이는 죽은 것이 분명하다. 아니면 누군가에게 잡혀 노예로 팔려 갔겠지……. 그런 생각이 들 때는 아무리 시간이 늦고 날씨가 추워도 자리에서 일어나 기둥의 방으로 가서 일거리를 찾는 것밖에 다른 대책이 없었다. 거기에서 나는 눈이 침침해져 보이지 않을 때까지, 머리는 뜨겁고 발은 추워서 아려 올 때까지 읽고 써 댔다.

물론 나는 노예시장이 열리는 곳마다 입찰자를 내보냈으며, 내 손이 닿는 모든 나라에 수색자를 파견했고, 프시케의 흔적을 알려 줄 만한 모든 여행자들의 이야기에 귀를 기울였다. 수년간 그렇게 하면서도 전부 소용없다는 걸 알고 하는 짓이었기에 한없이 지루했다.

즉위한 지 1년이 되기 전에(무화과를 따는 계절이었기에 잘 기억하고 있다.) 바타를 목매달았다. 마구간에서 일하는 소년의 말을 우연히 듣고 바타가 오랫동안 궁전 전체의 암적인 존재로 지냈다는 사실을 알게 되었기 때문이다. 노예들은 바타의 몫을 챙기지 않는 한 사소한 것조차 얻을 수가 없었고 좋은 음식 한 번 맛볼 수가 없었다. 그럴 경우 바타는 헛소문을 꾸며 매질을 당하게 하거나 광산으로 쫓아내 버렸다. 바타를 목매단 후에 연이어 궁전의 식솔들을 줄여서 질서를 잡았다. 노예가 너무 많았다. 좀도둑이나 헤픈 계집은 팔아 버렸다. 남녀를 막론하고 건장하고 성실한 노예는 해방시켜서(그렇지 않은 노예는 해방시켜 봤자 거지가 될 뿐이니까) 땅과 오두막을 주어 스스로 살아갈 수 있게 해 주었다. 또 서로의 짝을 찾아 결혼도 시켰다. 때로는 스스로 남편이나 아내를 고르게도 했는데, 노예들에게도 낯설고 이상한 결혼 방식이기는 했으나 종종 좋은 결과가 나오곤 했다. 푸비를 해방시킨 것은 내게 큰 손실이었다. 그러나 푸비는 좋은 남편을 골랐다. 푸비의 오두막집 불가에 앉아 있는 시간이 내게는 가장 행복한 시간이었다. 이렇게 해방된 자들은 대부분

잘사는 농부들이 되었고, 전부 궁전 근처에 살면서 내게 충성을 다했다. 제2의 경비대가 생긴 것이나 다름없었다.

광산(은광)도 재정비했다. 아버지는 광산을 처벌 수단 이상으로 여긴 적이 없었던 것으로 보인다. 그는 "광산으로 보내 버려! 본때를 보여 주지. 죽을 때까지 일하라고 해"라고 말하곤 했다.

그러나 광산에는 일하는 사람들보다 죽는 사람들이 더 많았고 생산 량도 적었다. 정직한 감독을 구하자마자(그런 인물을 찾아내는 데에는 바르디아만한 사람이 없었다.) 튼튼하고 젊은 노예들을 사서 마른 잠자리와 좋은 음식을 제공하게 했으며, 매일 정해진 양의 은을 캐서 할당량을 채우면 자유의 몸으로 풀어 준다고 공표하게 했다. 그것은 건장한 남자라면 10년 안에 자유의 몸이 될 수 있다는 뜻이었다. 나중에는 그 기간을 7년까지 줄여 주었다. 그러자 첫해 생산량은 줄었지만 셋째 해에는 10분의 1이 증가했다. 지금은 선왕 시절보다 반이나 많은 양을 생산하고 있다. 우리 광산은 이쪽 근방에서 가장 질 좋은 은광으로 부의 큰 원천이 되고 있다.

나는 여우 선생을 그때까지 기거하던 초라한 움막에서 끌어내 궁전 남쪽에 우아한 집을 선사했다. 또한 먹고 살 수 있는 토지를 주어 여왕의 하사품에 의지할 필요가 없게 했다. 손에도 돈을 쥐어 주어 책도 구해 보게(살 책만 있다면) 했다. 스무 나라는 거쳐야 할 만큼 먼 곳의 상인들이 글롬에 책을 팔 수 있다는 걸 알게 되기까지는 오랜 시간이 걸렸고, 그 책이 글롬에 당도하기까지는 그보다 더 오랜 시간이 걸렸다. 여러 손을 거치느라 일 년 내지는 그 이상의 기간이 걸리는 경우도 잦았다. 여우 선생은 책값을 보며 머리를 쥐어뜯었다. 그는 "은전 하나 값밖에 안 되는 책을 한 달란트나 주고 사야 하다니"라고 말했다. 그러나 고르고 말고 할 것 없이 손에 닿는 책은 무엇이든 구하고 보아야 했다. 이런 식으로 야만인의 땅에서는 제법 훌륭한 도서관이 세워지기에 이르렀다. 전부 18질의 책이 갖추어져 있었다. 트로이에 대한 호메로스의 시를 불완전하나마 페트로클루스가 우는 장면까지 구해 놓았다. 에우리피데스의 비극도 두 편, 즉 안드로메다에 대한 극과 디오니소스가 프롤로그의 이야기꾼으로 나오고 광란의 여인들이 코러스로 나오는 극으로 구비했다. 또 마소의 사육과 치료, 개의 구충 같은 문제들을 다룬 양질의 실용서(산문으로 된)도 있었다. 소크라테스의 대화편 일부, 헤시아스 스테시코러스가 헬렌을 기리며 쓴 시, 헤라클리투스의 책, "인간은 모두 본성적으로 앎을 원한다"라는 말로 시작되는 아주 길고 어려운 책(산문으로 된)도 있었다. 책들이 들어오자마자 아르놈은 여우 선생과 자주 만나 책 읽는 법을 배우기 시작했다. 그리고 머지않아 귀족 집안의 젊은 자제들을 주축으로 다른 이들도 선생을 찾게 되었다.

이제는 나도 여왕답게 귀족들과 친분을 쌓고 나라의 귀부인들에게도 예를 갖추며 살기 시작했다. 그러다 보니 당연히 바르디아의 아내 안싯도 만나게 되었다. 나는 그녀가 눈부시게 아름다운 줄 알았다. 그러나 실은 아주 작은 데다 아이도 여덟이나 낳은 터라 살이 많이 찌고 몸매가 망가져 있었다. 글룸의 여인들은 전부 일찍감치 이렇게 펑퍼짐해졌다. (아마도 그래서 내 베일 뒤에 아름다운 얼굴이 숨어 있을 거라는 환상이 더 퍼졌을 것이다. 나는 처녀였기 때문에 오랫동안 꽤 볼 만한─얼굴만 제외하면─ 몸매를 유지하고 있었다.) 나는 안싯에게 예의를 다하기 위해 무진 애를 썼다. 예의를 지키는 것 이상으로 다정하게 굴려고 했다. 또 그 이상으로, 할 수만 있었다면 바르디아를 위해 정말 그 아내를 사랑해 주었을 것이다. 그러나 그녀는 내가 있는 자리에서는 꿀 먹은 벙어리가 되었다. 날 두려워 하나 하는 생각이 들었다. 함께 이야기라도 나눌라치면 마치 '날 여기에서 구해 줄 사람 없나?'라고 묻는 듯 방안을 이리저리 두리번거렸다. 번뜩 '혹시 질투하는 걸까?'라는 생각도 들었는데, 꼭 불쾌하지만은 않은 생각이었다. 함께 보낸 세월 내내 만날 때마다 같은 상황이 반복되었다. 가끔씩 나는 생각하곤 했다.

'그 여자가 바르디아와 같은 자리에 눕는다는 건 유감스러운 일이야. 그의 아이들을 낳았다는 건 더욱 더 유감스러운 일이지. 하지만 그 여자가 매복하면서 바르디아 옆에 웅크리고 있어 봤겠어? 나란히 말을 타고 돌진해 봤겠어? 하루 종일 목이 말랐다가 같은 물병을 들고 썩은 내 나는 물을 나누어 마셔 봤겠어? 한 쌍의 비둘기처럼 정다운 눈길이야 서로 주고받겠지만, 속속들이 잘 아는 동지로서 치명적인 위험이 기다리는 전장으로 각자 따로 달려 나가기 전에 눈빛으로 나누는 인사가 뭔지 알겠어? 난 그녀가 남편에 대해 생각지도 못할 많은 부분들을 알고 있고 경험해 왔어. 그녀는 바르디아의 장난감이자 휴식처이자 쉬는 곳이자 위안일 뿐이야. 하지만 나는 그가 남자로서 살아가는 삶을 함께 나누는 사람이지.'

바르디아가 어떻게 여왕과 아내 사이를 날마다 오가면서도 두 사람에게 의무를 다하고 있다고 확신해 마지않았는지, 어떻게 자신이 두 사람 사이에 혼란을 일으킬 수 있다는 의심을 품지 않았는지 생각해 보면 이상하다. 남자란 이런 자들이다. 신들이 용서하지 못하는 한 가지 죄는 바로 여자로 태어났다는 것이다.

여왕의 의무 중 가장 성가셨던 것은 자주 웅깃의 신전을 찾아 제사를 드려야 한다는 것이었다. 웅깃이 이렇게 약해지지 않았다면(내가 오만해서 약해졌다고 생각한 것이었는지 모르겠지만) 훨씬 더 힘들었을 것이다. 아르놈이 벽에 새로 창문들을 냈기 때문에 신전은 전처럼 어둡지 않았다. 그는 짐승을 잡은 후에 피를 닦고 깨끗한 물을 끼얹는 식으로 신전을 과거와는 다르게 관리했다. 그래서 신전에서는 더 깨끗하고 덜 거룩한 냄새가 났다. 또한 아르놈은 여우 선생의 가르침을 받아 신들에 대해 철학자처럼 말하게 되었다. 그가 웅깃의 신상—그리스식으로 여자의 모습을 한 신상—을 만들어 아무 형태가 없는 오래된 돌 앞에 세우자고 제안하면서 큰 변화가 일어났다. 그는 그 돌 자체를 없애고 싶었을 테지만, 그랬다면 어떤 의미에서 웅깃 자신과 백성들의 분노를 샀을 것이다. 그가 원하는 신상을 구하는 데에는 막대한 자금이 들었다. 글룸에는 그런 형상을 만들 만한 자가 없었기 때문이다. 신상은 그리스 본토까지는 아니더라도 그리스 양식을 배운 나라에서 가져와야 했다. 나는 이제 부자였으므로 은으로 아르놈을 도와주었다. 왜 그랬는지는 분명치 않다. 그 신상이 어린 시절 내내 공포를 주었던 늙고 굶주리고 얼굴 없는 웅깃을 어떤 식으로든 눌러 주리라고 생각했던 것 같다. 새 신상이 드디어 도착해서 하얗게 발가벗은 몸을 신전에 들일 때까지만 해도 우리 야만인들의 눈에는 놀랍도록 아름답고 생생하게 보였다. 거기에 칠을 하고 옷까지 입히자 주변 나라들 사이에서도 명물이 되어 순례자들이 줄을 잇게 되었다. 그러나 고국에서 더 훌륭하고 아름다운 작품을 보았던 여우 선생은 코웃음을 쳤다.

나는 사슬이 바람에 흔들리는 것 같기도 하고 길 잃고 헐벗은 프시케가 내 문간에 와서 우는 것 같기도 한 소리가 들리지 않는 방을 찾아다니기를 포기했다. 그 대신 우물가에 돌벽을 쌓고 이엉으로 지붕을 얹고 문을 달았다. 벽은 아주 두터웠다. 석공이 터무니없다고 말할 정도였다. 그는 "폐하, 돼지우리 열 개는 좋이 만들 돌을 낭비하시는 겁니다"라고 했다. 그 후로 한참 동안 꿈에서 본 건지 비몽사몽 중에 본 건지 흉흉한 환상이 나타나곤 했다. 우물이 아닌 프시케(혹은 오루알)에게 돌로 재갈을 물려 가두는 환상이었다. 그러나 그 단계도 지나갔다. 프시케의 울음소리는 더 이상 들리지 않았다. 나는 그 다음 해에 에수르를 격파했다.

여우 선생은 이제 나이가 들어 휴식이 필요했다. 여우 선생을 기둥의 방으로 부르는 일이 점점 줄어들었다. 그는 글롬의 사기史記를 쓰느라 아주 바빴다. 한번은 그리스어로, 한번은 우리말로 썼는데, 이제 자신은 우리말도 유창하게 한다고 자부했다. 우리가 쓰는 말이 그리스 문자로 쓰인 것을 보니 기분이 묘했다. 여우 선생에게 그 자신이 생각하는 것만큼 우리말을 잘 아는 건 아니라는 말은 하지 않았다. 그가 쓴 우리말은 종종 우스꽝스러웠는데 스스로 유창하게 썼다고 생각하는 부분일수록 더했다. 나이가 들수록 철학적인 이야기는 줄고 수사법과 비유, 시에 대한 이야기가 느는 듯했다. 목소리는 새되어지고 말수도 많아졌다. 그는 종종 나를 프시케로 착각하곤 했다. 크레티스라고 부를 때도 있었고, 심지어 차르미데스나 글라우콘 같은 소년의 이름으로 부를 때도 있었다.

그러나 나는 너무 바빠 그와 함께 많은 시간을 보내지 못했다. 내가 하지 않은 일이 무엇이 있었던가? 나는 모든 법을 개정하여 돌에 새겨서 성읍 한가운데에 두었다. 또 세닛 강의 폭을 좁히고 깊이를 더 깊이

파서 배가 성문 앞까지 들어올 수 있게 했다. 옛 여물목이 있던 자리에
는 다리를 놓았다. 저수지들을 만들어 가물어도 기근이 들지 않게 했다.
가축에 대해서도 많이 알게 되어 황소와 숫양을 좋은 놈들로 들여놓아
종자를 개량했다. 나는 일하고 일하고 또 일했다. 내가 무슨무슨 일을
했다는 게 뭐가 중요하랴? 나는 이 모든 일을 마치 남자가 사냥이나 체
스에 열중하듯 했다. 사냥이나 체스를 하는 동안에는 온통 그 생각이 머
리를 채우고 그것이야말로 중요한 일처럼 느껴지지만 막상 짐승을 잡
거나 왕이 외통수로 죽고 나면 신경이나 쓰게 되는가? 살아오는 내내
거의 매일 저녁이 그러했다. 연회나 회의에 참석하고 여왕으로 부산하
게 일하며 수완을 발휘하고 영광을 누리다가 좁은 계단을 올라 내 방으
로 돌아오면 완전히 외톨이가 되었다. 공허해졌던 것이다. 잠자리에 들
었다가 아침에 일어나면(나는 대체로 너무 일찍 일어났다.) 항상 기분이 좋
지 않았다. 너무 많은 저녁과 아침들. 어떤 때는 대체 누가, 또는 무엇이
우리로 하여금 이처럼 의미 없이 낮과 밤과 계절과 해를 반복하게 하는
것일까 하는 의문이 들었다. 마치 미련한 아이가 휘파람으로 같은 가락
만 불고 또 불어서 대체 언제까지 저 짓을 할까 궁금해지는 것과 같지
않은가?

여우 선생이 죽자 나는 왕에게나 어울림 법한 장례를 치러 주고 묘비
에 그리스어로 된 시를 네 편 새겨 주었다. 진짜 그리스인이 보면 웃을
테니 여기 쓰지는 않으련다. 여우 선생은 수확기가 끝날 무렵 죽었다.
그의 무덤은 여름날 나와 프시케를 가르쳤던 배나무 뒤에 있다. 그러고
나서 다시 전처럼 날과 달과 해가 쳇바퀴 돌듯 돌고 또 돌았다. 어느 날,
정원과 궁전과 동쪽 회색산 등성이를 보다가 더 이상 날마다 똑같은 것

들만 보다가 죽을 수는 없다는 생각이 들었다. 외양간 나무 벽에 칠해 놓은 송진이 군데군데 뭉쳐 있는 모습까지도 여우 선생이 글롬에 오기 전부터 있었던 것처럼 느껴졌다. 나는 순행을 떠나 다른 나라들을 다녀 보기로 결심했다. 우리는 모든 나라와 평화를 유지하고 있었다. 내가 없어도 바르디아와 페누안과 아르놈이 모든 일을 처리할 수 있었다. 실제로 글롬은 거의 저절로 돌아간다고 할 정도로 잘 성장해 있었고 훈련되어 있었다.

나는 바르디아의 아들인 일레르디아와 푸비의 딸인 알릿, 시녀 둘과 한 무리의 창병(모두 정직한 자들이었다.), 요리사와 말구종을 거느리고 짐승들에게 천막과 식량을 지우고서 사흘 뒤 글롬을 떠났다.

21

내가 이 여행과 관련하여 말하고자 하는 사건은 여행을 막 마치려고
할 때 일어났다. 심지어 여행이 이미 끝났다고 생각하던 참이었다. 우리
가 처음 간 곳은 파르스였는데, 우리보다 추수하는 시기가 늦어 한 해의
일정 기간이 두 번 반복되는 듯한 느낌이 들었다. 고국을 막 떠날 때 보
고 들었던 것들―낫 가는 소리, 추수꾼들의 노랫소리, 옥수수가 서 있던
자리가 줄어드는 데 비례하여 점점 늘어나는 그루터기 벌판, 옥수수를 잔
뜩 실은 길가의 수레들, 햇빛에 그은 얼굴에 땀을 흘리며 즐거워하는 모
습―을 다시 경험했다. 우리는 트루니아의 궁전에서 열흘 동안 머물렀
는데, 레디발이 어찌나 살이 찌고 추해졌는지 깜짝 놀랐다. 레디발은 예
전처럼 끝도 없이 수다를 떨었는데 온통 자기 아이들에 대한 이야기뿐,
글룸에 관해서는 바타의 안부를 묻는 것이 고작이었다. 트루니아는 레
디발의 말을 한마디도 듣지 않았지만, 나와는 많은 이야기를 나누었다.

나는 이미 의회를 열어 그의 둘째 아들 다란이 내 뒤를 이어 글룸 왕이 되도록 조처해 둔 터였다. 다란은 심성 바른(어미는 그토록 푼수없었으나) 아이였다. 내가 마음만 먹고 레디발이 방해만 하지 않았다면 그 아이를 사랑할 수도 있었을 것이다. 그러나 나는 다시는 어린 것들에게 마음을 주지 않을 작정이었다.

파르스를 떠난 후 산 속 깊이 난 길들을 따라 서쪽 에수르로 들어갔다. 에수르는 내가 지금까지 본 중에 가장 숲이 울창하고 강이 힘차게 흐르며 새와 사슴을 비롯한 사냥감들이 풍부한 나라였다. 내가 데려간 사람들은 전부 젊고 여행을 아주 즐기는 자들로서, 모든 사람이 여행을 통해 하나가 되었다. 모두가 볕에 그을은 얼굴로 희망과 근심과 농담과 지식의 세계에서 어울리며, 고향을 떠난 이후 부닥친 모든 일을 함께했다. 처음에는 나를 두려워해서 조용히 말을 몰았지만, 이제는 다들 좋은 친구가 되었다. 내 마음도 상기되었다. 독수리는 머리 위에서 맴돌았고 폭포는 포효했다.

우리는 산에서 에수르로 내려가 궁전에서 사흘 밤을 묵었다. 내가 볼 때 왕은 나쁜 사람이 아니었지만 비굴할 정도로 굽실거렸다. 글룸과 파르스가 연합하면서 에수르도 태도를 바꾸었다. 왕비는 자신이 들은 소문과 내 베일 때문에 겁을 집어먹은 것이 분명했다. 원래는 거기에서 글룸으로 곧장 돌아갈 생각이었는데, 서쪽으로 15마일쯤 가면 천연 온천이 있다는 이야기가 들렸다. 나는 일레르디아가 온천을 몹시 보고 싶어 한다는 걸 알고 있었다. 이렇게 신기한 자연의 작품이 가까이 있는데도 살펴보지 않고 그냥 가 버리면 여우 선생이 얼마나 꾸짖을까 생각하니 웃음이 나기도 하고 슬프기도 했다. 그래서 하루 더 여행을 한 뒤 귀향

길에 오르기로 했다.

아주 평온한 대낮이었다. 가을이 완연했다. 몹시 더웠지만, 추수한 그루터기에 내리쬐는 햇살은 맹렬한 여름 볕과 달리 농익고 부드러웠다. 마치 한 해가 할 일을 마치고 쉬는 듯했다. 나는 스스로에게 이제는 나도 쉬어야겠다고 속삭였다. 글롬으로 돌아가면 더 이상 일에 파묻혀 살지 않으리라. 바르디아도 좀 쉬게 해 주어야지. (그도 이제는 피곤해 보인다는 생각이 종종 들곤 했다.) 머리는 젊은 사람들이 쓰라고 하고 우리는 햇볕을 쬐고 앉아 옛 전투나 추억하리라. 내가 할 일이 뭐가 더 있겠는가? 평안을 누리지 못할 이유가 무엇인가? 이제야말로 노년의 지혜가 시작되는 것 같았다.

온천은 (그런 종류의 희귀한 구경거리가 다 그렇듯이) 그저 그런 감탄의 대상에 불과했다. 우리는 온천을 구경한 후 포근한 초록색 골짜기로 내려가 산등성이가 시작되는 곳에서 냇물과 나무가 어우러진 훌륭한 야영지를 찾아냈다. 일행이 천막을 치고 말을 돌보느라 바쁜 사이, 나는 숲 속으로 좀더 들어가 서늘한 곳에 앉았다. 그리 오래지 않아 뒤쪽 어딘가에서 사원의 종소리가 들려 왔다. (에수르의 사원에는 거의 모두 종이 있었다.) 말을 오래 탔으니 좀 걷는 것도 좋겠다 싶어서 자리에서 일어나 나무들 사이로 천천히 걸으며 사원을 찾아보았다. 별 의도 없이, 찾든지 말든지 하는 마음으로. 그런데 몇 분 지나지 않아 나무는 없고 이끼만 깔린 곳이 나왔다. 거기에 사원이 있었다. 농부의 오두막보다 크지는 않았지만 순백색의 돌로 지어져 있었으며 기둥에는 그리스 풍으로 세로 홈이 패여 있었다. 그 뒤에 지붕을 이엉으로 엮은 작은 집이 있었는데, 사제의 집인 것이 분명했다.

그 장소 자체도 몹시 조용했지만, 사원 내부는 훨씬 더 깊은 정적에 빠져 있었고 공기도 아주 서늘했다. 청결하고 텅 빈 그곳에는 보통 사원에서 나는 냄새도 나지 않아서 꽃과 과일만 제물로 받는 작고 평화로운 신들 중 하나를 모셨는가 했다. 그때 제단 위에 약 2피트 정도 되는 어떤 여인의 형상이 나무로 조각되어 있는 것을 보고 그가 바로 이 사원의 여신임을 알아챘다. 조각한 솜씨도 나쁘지 않았고, 색칠이나 금칠을 하는 대신 자연스럽고 연한 나무 색을 그대로 살려 놓아 훨씬 더 아름다웠다. (내 마음에는 그랬다.) 흠이 있다면 띠인지 스카프인지 검은 천으로 머리 부분을 싸 놓아 ─ 내 베일과 아주 비슷했으나 내 것은 희다는 점이 달랐다. ─ 얼굴을 가리고 있다는 것이었다.

웅깃의 신전보다 얼마나 좋은가, 얼마나 다른가 하고 생각했다. 그때 뒤에서 발걸음 소리가 나 뒤돌아보니 검은 옷을 입은 남자가 들어와 있었다. 눈길이 차분한 노인이었다. 약간은 무지해 보였다.

"나그네여, 여신께 공양하시렵니까?"

그가 물었다.

나는 그의 손에 동전 두 닢을 주고 여신의 이름을 물었다.

"이스트라."

그가 말했다.

그 이름은 글롬과 이웃 나라들에서 그리 특별한 이름이 아니었기에 크게 놀랄 이유가 없었다. 그러나 나는 그런 여신의 이름은 들어 본 적이 없노라고 말했다.

"오, 이분은 아주 젊은 여신이라 그렇습니다. 이제 막 여신이 되셨지요. 다른 많은 신들이 그렇듯이 여신도 원래는 인간이셨습니다."

"그런데 어떻게 여신이 되었는가?"

"나그네여, 이분은 여신이 되신 지 얼마 되지 않아서 아직도 좀 가난하시답니다. 은화 한 닢을 주시면 그 신성한 이야기를 해 드리지요. 고맙습니다. 친절한 나그네여, 고맙습니다. 이스트라가 당신의 친구가 되어 주시길. 이제 그 신성한 이야기를 들려 드리겠습니다. 옛날 옛적 어떤 나라에 왕과 왕비와 세 공주가 살고 있었는데, 막내 공주는 세상에서 가장 아름다운 분이었습니다⋯⋯."

이렇게 그는 다른 사제들처럼 마치 노래하듯 자신이 선명하게 외우고 있는 이야기를 읊어 나갔다. 노인의 목소리와 사원과 나 자신과 우리의 여행이 모두 그 이야기 속에 들어 있는 것처럼 느껴졌다. 그가 말하고 있는 것은 다름 아닌 우리 이스트라, 프시케의 이야기였기 때문이다. 그는 어떻게 탈라팔(에수르의 웅깃)이 그녀의 미모를 시기하여 산짐승에게 바치게 했는지, 어떻게 탈라팔의 아들이자 가장 아름다운 신인 이알림이 그녀를 사랑하여 멀리 자신만의 비밀 궁전으로 데려갔는지에 대해 이야기했다. 이알림이 어두울 때만 그녀를 찾아왔다는 것과 자기 얼굴을 보지 못하도록 금했다는 것까지 알고 있었다. 그러나 그는 거기에 유치한 이유를 갖다 붙였다.

"나그네여, 아시겠지만 이알림은 어머니 탈라팔 때문에 아주 은밀하게 움직여야 했습니다. 자신이 가장 미워하는 여자와 아들이 결혼한 걸 알면 극도로 진노하실 테니까요."

나는 혼자 생각했다.

'이 이야기를 15년 전에 듣지 않길 다행이다. 그래, 10년 전에 듣지 않은 것도. 그랬다면 잠들어 있던 괴로움이 전부 깨어났겠지. 이제는 저

런 이야기를 들어도 마음이 거의 흔들리지 않는군.'

그때 문득 이 일의 기묘함이 새삼스럽게 다가와 그에게 물었다.

"그대는 어디에서 이 모든 이야기를 들었는가?"

그는 그 질문 자체를 이해하지 못하겠다는 듯 나를 빤히 쳐다보았다.

"이건 신성한 이야기라니까요."

그는 교활하다기보다는 어리석어서 물어 보았자 소용이 없다는 걸 알 수 있었다. 내가 입을 다물자 그가 이야기를 이어갔다.

그런데 꿈결 같은 느낌이 갑자기 사라져 버렸다. 퍼뜩 정신이 들면서 피가 얼굴로 몰리는 것이 느껴졌다. 그의 이야기는 왜곡되었다. 그것도 고약하고 황당하게 왜곡되었다. 우선 그는 프시케의 언니 두 사람이 신의 비밀 궁전을 방문했다고 했다. (레디발이 거기에 갔다고 생각해 보라!)

"그리하여, 아름다운 궁전을 보고 연회에 참석하고 선물까지 받은 두 언니는—"

"궁전을 **봤다고**?"

"나그네여, 신성한 이야기를 방해하는군요. 물론 그들은 궁전을 보았지요. 소경이 아니었으니까. 그러고 나서—"

마치 신들이 처음에는 웃었다가 그 다음에는 내 얼굴에 침을 뱉는 것 같았다. 이렇게 이야기의 모양새가 만들어졌구나. 신들이 그렇게 짜맞추었다고 해도 무방하리라. 이 어리석은 노인의 마음이나 그에게 이 이야기를 전해 주었을 또 다른 몽상가의 마음에 이런 이야기를 심어 준 건 틀림없이 신들일 테니 말이다. 어떻게 유한한 인간이 그 궁전에 대해 알 수 있단 말인가? 신들은 딱 그만큼의 진실만 꿈이나 신탁이나 그 밖의 것들을 통해 인간의 마음에 살짝 떨어뜨려 주었다. 딱 그만큼만. 그리고 전체 이야기의 본질적인 의미와 요점과 중요한 핵심은 깨끗이 지워 버렸다. 그러니 그에 대적하여 그들이 숨겨 놓은 이야기를 이렇게 책으로 밝히는 것이 마땅하지 않겠는가? 내가 재판석에 앉아 보니 교묘한 반쪽짜리 진실보다 더 거짓된 증거는 없다. 정말 그들의 이야기대로였다면 나는 어떤 수수께끼에도 휘말리지 않았을 것이다. 그렇게 추측하다가 오류에 빠지지도 않았을 것이다. 아니, 이 이야기는 그 이상이다. 이 이야기는 내가 경험한 것과는 다른 세계의 이야기, 신들이 자기를 선명하게 드러내는 세계, 얼핏만 보여 줌으로써 인간을 괴롭히지 않으며 누구에게는 보여 주고 누구에게는 감추는 짓을 하지 않는 세계, 인간의 눈과 귀와 코와 혀와 손에 반대되는 것을 믿으라고 요구하지 않는 세계에 대해 말하고 있었다. 그런 세상이었다면(과연 그런 세상이 있을까? 이 땅에는 없는 것이 확실하다.) 나도 바른 길로 갔을 것이다. 그리고 신들은 내게서 잘못을 찾을 수 없었을 것이다. 그런데 이제 와서 자신들이 보여 주지도 않은 것을 내가 본 듯이 이야기를 꾸며 내다니……. 마치 절름발이 이야기를 하면서 그가 다리를 전다는 사실을 한 번도 밝히지 않거나, 비밀을 누설한 배신자 이야기를 하면서 그것이 스무 시간의 고문 끝에 일어난 일임을 밝히지 않는 셈이 아닌가? 나는 순간적으로 이 거짓된 이야기가 더 발전되어 온 세상으로 퍼져 나갈 것을 알아챘다. 다른 신성한 이야기들 중에도 이처럼 왜곡된 거짓말이 얼마나 많을까 하는 생각이 들었다.

"그리하여,"

사제는 말을 이었다.

"두 사악한 언니는 이스트라 님을 파멸시킬 계획을 세우고 등잔을 가져가—"

"하지만 궁전을 봤다면 왜 그 언니가, 언니들이, 굳이 동생을 신에게서 떨어뜨리려고 했겠는가?"

"궁전을 **보았으니까** 파멸시키려 한 거지요."

"하지만 왜?"

"오, 질투가 난 겁니다. 이스트라 님의 남편과 궁전이 자신들 것보다 훨씬 아름다우니까."

그 순간 나는 이 책을 쓰기로 결심했다. 나와 신들의 오래된 분쟁은 수년간 잠들어 있었다. 나는 바르디아 식으로 생각하기로 했었다. 더 이상 그들의 일에 간섭하지 않기로 한 것이다. 신을 직접 보았음에도 그런 건 없다는 생각까지 할 때가 많았다. 신의 목소리와 얼굴에 대한 기억이 영혼의 방 한 칸을 차지하고 있었으나 쉽게 그 문을 열지는 못했다. 그러나 나는 사원의 그 자리에서 내가 신들과 대면하게 되었음을 알아차렸다. 나는 무력했고 그들은 전능했다. 나는 그들을 볼 수 없었지만 그들은 나를 볼 수 있었다. 나는 쉽게 상처받는 존재였지만(이미 만신창이가 되어 오직 그 상처를 숨기고 흐르는 피를 막는 데만 온 인생을 바쳐 왔지만) 그들은 난공불락이었다. 나는 혼자였고 그들은 다수였다. 이 오랜 세월 동안 그들은 마치 고양이가 쥐를 가지고 놀듯이 내가 도망치도록 내버려 두었을 뿐이다. 그리고 지금 낚아채 버렸다! 다시 움켜쥔 것이다. 좋다. 나도 말할 수 있다. 나도 진실을 밝힐 수 있다. 전에는 절대 할 수 없었던 일을 이제야말로 해야겠다. 신들에 대한 고소장을 써야겠다.

질투! 내가 프시케를 질투했다고? 나는 그 거짓말의 비열함뿐 아니라 진부함에 역겨움을 느꼈다. 신들의 생각이나 가장 하찮은 천민들의 생각이나 다를 바가 없는 것 같았다. 이야기에 끼워 맞출 수 있는 가장 쉬운 이유, 가장 그럴듯하고 간단해 보이는 이유로 생각해 낸 것이 고작 거리의 거지들과 신전 매음굴을 뒹구는 자들과 노예와 아이와 개나 느끼는 뻔하고 옹색한 감정이라니. 꼭 거짓말을 해야만 했더라도 그보다 더 나은 것을 생각해 낼 수는 없었단 말인가?

"……그렇게 울며, 울며, 하염없이 울며 온 땅을 방황한답니다."

노인은 얼마나 오랫동안 이야기하고 있었던 걸까? 그 한마디가 마치 천 번은 반복한 듯 귓전을 울렸다. 나는 이를 악물고 마음을 단단히 먹었다. 한 번만 더 들으면 내 속에서 거듭 그 소리를 듣게 될 것이다. 그 아이가 신전 문밖 작은 숲 속에서 우는 소리를 듣게 될 것이다.

"그만!"

나는 소리쳤다.

"여자가 상심해서 운다는 것이 무엇인지 내가 모르겠는가? 다음 이야기를 해 보라, 다음 이야기를."

"울며, 울며, 하염없이 울며 방황하다가,"

그가 말했다.

"자신을 미워하는 탈라팔의 손아귀에 들어갑니다. 물론 이알림은 보호해 줄 수가 없습니다. 탈라팔은 어머니인 데다 이알림은 어머니를 두려워하니까요. 그리하여 탈라팔은 이스트라 님을 괴롭히며 불가능해 보이는 온갖 힘든 일을 시킵니다. 하지만 이스트라 님이 그 모든 일을 해 내면 마침내 탈라팔이 그를 놓아 주고, 그는 이알림과 재결합하여 여신이 되지요. 그러면 우리는 여신의 검은 베일을 벗기고 저도 검은 옷을 흰 옷으로 갈아입은 후에 제물을—"

"그러니까 여신이 언젠가 신과 재결합한다는 건가? 그때 베일을 벗긴다는 건가? 그 일이 언제 일어나지?"

"봄에 베일을 벗기고 저도 옷을 갈아입습니다."

"그대가 뭘 하느냐는 상관없어. 그 일이 일어난 건가, 아닌 건가? 이스트라가 아직도 온 땅을 방황하고 있는 건가? 아니면 이미 여신이 된 건가?"

"하지만 나그네여, 신성한 이야기는 신성한 일들을 다룬답니다. 사원에서 하는 일들 말이지요. 봄과 여름에는 내내 여신으로 계십니다. 그러다가 수확기가 되면 밤에 사원에 등불을 가져다 놓고 떠나 버리십니다. 그러면 우리는 베일을 씌우지요. 겨울 내내 여신은 방황하며 고난을 겪으십니다. 울며, 하염없이 울며……."

그는 아무것도 몰랐다. 이야기와 신앙은 그의 마음속에서 한덩어리가 되어 있었다. 그는 내 질문을 이해하지 못했다.

"내가 들은 이야기는 다르다, 사제여. 그대가 아는 것과는 달라. 그 언니에게도, 언니들에게도 할 말이 있을 게다."

"틀림없이 할 말이 아주 많겠지요."

그가 대답했다.

"질투가 많은 자들은 언제나 그렇거든요. 우리 마누라만 해도—"

나는 인사를 하고 그 추운 곳에서 빠져나와 따뜻한 숲 속으로 들어갔다. 나무들 사이로 일행이 이미 지펴 놓은 붉은 불빛이 보였다. 해는 이미 져 있었다.

나는 내 느낌을 전부 숨기고—사실은 가을 여행의 모든 평화가 산산이 깨져 버렸다는 것 외에 무엇을 느꼈는지도 모르겠다.—일행의 즐거움을 망치지 않으려 했다. 그 다음날에는 좀더 분명하게 알 수 있었다. 신들을 고소하는 글을 쓰기 전까지는 다시 평화를 얻지 못하리라는 것을. 그 마음이 속에서 타올랐다. 요동쳤다. 여인이 아이를 품듯이 나는 책을 품었다.

그러므로 글롬으로 돌아오는 귀향길에 대해서는 쓸 말이 하나도 없다. 여정은 7, 8일 정도 걸렸고, 우리는 에수르의 이름난 곳들을 많이 거쳤다. 글롬으로 돌아오자 사방이 평화롭고 풍요로운 데다 여왕에게 바치는 충성과 사랑이 넘쳐 흐뭇해 할 만도 했다. 그러나 나의 눈과 귀는 굳게 닫혀 있었다. 나는 하루 종일, 종종 밤까지 새 가면서 진짜 이야기의 구석구석을 다시 떠올리며 수년간 생각지 않았던 공포와 수치와 갈등과 번민을 이끌어 냈고, 오루알을 깨워 입을 열게 했으며, 무덤과 벽으로 막아 놓은 우물에서 끄집어 내 말하게 했다. 기억하면 할수록 더 많은 것들이 생각났다. 여왕답지 않게 베일 속에서 울 때가 많았지만, 슬픔보다는 타오르는 분노가 더 솟구쳤다. 또 서두를 필요도 있었다. 신들이 내 입을 틀어막을 방법을 찾기 전에 빨리 책을 써야 했다. 저녁 무렵에 일레르디아가 "폐하, 저기 야영할 만한 좋은 장소가 있어요"라고 할 때마다 "아니, 아니야. 오늘 밤 3마일은 더 가야 한다. 아니 5마일은 더 가야 해"라고 (나도 모르는 사이에) 말하곤 했다. 잠에서 깨는 시간이 날마다 더 빨라졌다. 처음에는 참고 기다렸다. 차가운 안개 속에서 조바심을 내며 젊은이들의 깊은 숨소리를 들었다. 그러나 인내심은 곧 바닥이 났다. 나는 일행을 깨웠다. 날마다 점점 더 빨리 깨웠다. 결국 우리는 기세등등한 적군을 피해 도망치는 자들처럼 움직이게 되었다. 나는 침묵을 지켰고 덩달아 다른 이들도 조용해졌다. 그들이 당황하는 것과 여행의 편안함이 이미 사라져 버린 것을 알 수 있었다. 아마 그들은 여왕의 변덕을 놓고 수군거렸을 것이다.

　돌아와서도 내가 바란 만큼 빨리 일에 착수할 수가 없었다. 온갖 잡다한 일들이 쌓여 있었다. 그리고 내게 가장 도움이 필요한 때 바르디아가 아파서 누워 있다는 전갈이 왔다. 아르놈에게 바르디아의 병세를 물었더니 "독 때문도 아니고 열병 때문도 아닙니다, 폐하. 강한 남자에게는 사소한 문제지요. 그래도 누워 있는 편이 좋습니다. 아시겠지만 이제 나이가 있으니까요"라고 말했다. 그의 아내가 마치 새끼를 품는 암탉처럼 남편을 어르고 쓰다듬는다는 걸 진작부터 몰랐다면(최근 들어 그 징조가 더 많이 나타나고 있었다.) 두려움이 엄습했을 것이다. 맹세컨대 내가 정말 두려웠던 것은 그가 아프다는 것이 아니라 그가 집에 묶여 궁전에 오지 못하는 것이었다.

　그러나 마침내 수많은 장애를 넘어 책을 썼고, 지금 여기에 이 책이 있다. 이제 이 책을 읽는 그대여, 신들과 나 사이에 판단을 내려 달라. 그들은 세상에서 프시케밖에 사랑할 대상을 주지 않고서 곧바로 그 아이를 빼앗아 가 버렸다. 그것이 전부가 아니다. 내가 무슨 말을 하느냐에 따라 그 아이가 천상의 복을 누리며 살 것인지 아니면 불행의 나락으로 떨어질 것인지가 결정되는 자리로 나를 몰고 갔다. 그들은 프시케가 정말 신의 신부인지, 미친 것인지, 짐승이나 악당의 노리갯감이 된 것인지 말해 주지 않았다. 내가 간청했는데도 분명한 표징을 주지 않았다. 나는 추측하지 않을 수 없었다. 그런데도 잘못 추측했다고 내게 벌을 내렸다. 더 극악하게도 프시케를 통해서 벌을 내렸다. 그 또한 전부가 아니다. 이제 거짓 이야기까지 퍼뜨려 추측할 수수께끼 같은 것은 처음부터 없었으며, 그 아이가 신의 신부임을 보고 알았으면서도 질투심 때문에 일부러 파멸시킨 것으로 만들어 버렸다. 마치 내가 또 다른 레디발인 것처럼. 나는 우리에 대한 신들의 처사가 지극히 부당하다고 주장하는 바이다. 우리를 떠나 이 짧은 인생을 우리 스스로 살도록 내버려 두지도 않고(이것이 가장 좋은 일이다.) 자신들을 공개적으로 드러내서 우리에게 원하는 바를 밝혀 주지도 않는다. 그렇게만 해 주어도 견딜 만할 텐데 말이다. 그러나 그들은 암시만 주고 주변을 빙빙 맴돌며 꿈이나 신탁으로 가까이 오거나 보자마자 사라지는 이상으로 나타날 뿐이며, 우리가 그 의미를 물으면 죽은 듯 침묵을 지키다가 우리를 제발 좀 내버려 두었으면 싶을 때 슬쩍 다시 나타나 우리 귀에 속삭이고(그것도 알 수 없는 말들을), 누구에게는 감춘 것을 누구에게는 보여 준다. 그것이 고양이가 쥐를 놀리는 것이나 까막잡기나 단순한 사기가 아니라면 대체 무엇이란 말인가? 왜 거룩한 곳은 꼭 어두워야 하는가?

그러므로 단언컨대 신들보다 인간에 유해한 존재는 없다. (두꺼비, 전갈, 독사도 그만큼 해롭지는 않다.) 신들에게 대답할 말이 있으면 한번 해 보라고 하라. 당연히 대답하는 대신 나를 쳐서 미치광이나 문둥병자로 만들어 버리거나 짐승이나 새나 나무로 둔갑시켜 버릴 것이다. 그러나 그것이야말로 신들에게 대답할 말이 없음을 온 세상에 알리는(신들도 세상이 그 점을 안다는 걸 알리라.) 일이 아니겠는가?

제 2 부

1

신들에게는 **대답할 말이 없다**는 말을 쓴 지 얼마 되지 않은 지금, 나는 다시 책을 펴야만 한다. 처음부터 다시 쓰는 편이 더 낫겠지만, 내 생각에는 그럴 시간이 없다. 급속히 쇠약해지고 있는 터라 아르놈은 고개를 저으며 쉬라고 한다. 그들은 다란에게 이미 기별이 가 있다는 걸 내가 모르는 줄 안다.

책을 고칠 수 없으니 보충이라도 해야겠다. 이대로 두면 위증을 하고 죽는 셈이 되니까. 나는 이 책을 쓴 여자에 대해 훨씬 더 많은 것을 알고 있다. 이런 변화를 일으킨 것은 글쓰기 그 자체였다. 글쓰기는 쉽게 덤벼들 일이 아니다. 일단 깨어난 기억은 제멋대로 움직이게 마련이다. 나는 내가 까맣게 잊고 있었던 감정과 생각들을 기록해야 한다는 것을(재판관들 앞에서 말할 때는 거짓말을 해서는 안 되므로) 깨달았다. 내가 앞에서 적어 내려갔던 과거는 (오랜 세월 동안) 내가 기억하고 있다고 생각했던 과거가 아니었다. 책을 끝낼 때조차 분명히 보이지 않았던 많은 것들이 지금은 보인다. 글쓰기가 내 속에 빚어낸 변화는(그 변화에 대해서는 앞의 책에 쓰지 않았다.) 출발점일 뿐이었다. 신들의 수술을 받기 위한 준비과정일 뿐이었던 것이다. 신들은 펜을 통해 내 상처를 철저히 탐색해 보게 했다.

막 글을 쓰기 시작했을 때 나에게 충격을 주는 외적인 사건이 일어났다. 유년기를 회상하며 레디발과 정원에서 흙집을 짓고 놀던 일을 쓰는데, 프시케도 여우 선생도 없던 시절, 나와 레디발만 있었던 시절에 일어났던 수천 가지 다른 일들이 떠올랐다. 냇가에서 두꺼비를 잡던 일, 바타의 눈을 피해 건초 더미에 숨던 일, 아버지가 연회를 베풀 때 문 앞에 서서 노예들이 음식을 들고 드나들 때마다 감언이설로 꾀어 한 입씩 얻어먹던 일. 그 여자아이가 지금은 얼마나 무섭게 변해 버렸나 하는 생각이 들었다. 이것은 전부 속으로 생각한 것이었다. 그런데 그때 외적인 충격이 가해졌다. 첩첩 쌓인 장애물들에 더해 동남쪽 나라의 대왕이 사절을 보내 왔다.

"또 귀찮은 일이로군."

내가 말했다. 이방인들(나는 그들과 몇 시간 동안 담화를 나눈 후에 연회까지 베풀어 주어야 했다.)의 통솔자가 환관인 것을 보니 더욱 기분이 좋지 않았다. 환관들은 궁전에서 대단한 권력을 행사하는 자들이다. 이 환관은 내가 본 중에서도 가장 뚱뚱한 자로, 눈이 볼에 가려 거의 보이지 않을 지경이었으며, 온통 기름기가 번들거렸고, 웅깃의 신녀들처럼 화려한 옷으로 잔뜩 멋을 내고 있었다. 그런데 그가 말을 할수록 전에 어디선가 본 듯한 느낌이 들었다. 생각날 듯 말듯 하기를 여러 차례 하다가 무의식중에 돌연 머리를 스치는 이름이 있어 소리쳤다.

"타린!"

"오, 그렇습니다, 폐하, 맞습니다."

그가 심술궂게(내 생각에는) 실실거리며 말했다.

"오, 그래요. 제가 바로 타린이라 불리던 그 사람입니다. 선왕께서는 저를 좋아하시지 않았지요, 그렇지 않나요? 그래도…… 히히…… 제 운을 틔워 주셨지요. 오, 그래요. 바른 길로 가게 해 주신 거죠. 두 쪽을 싹둑 잘라서. 선왕이 아니셨다면 지금처럼 대단한 인물이 되지 못했을 겁니다."

나는 그의 행운을 축하해 주었다.

"감사합니다, 폐하, 감사합니다. 정말 좋아요. 생각해 보세요. (히히.) 선왕께서 성질을 부리시지 않았다면 왕국을 다 합쳐도 제 주인님의 사냥터 한 구석밖에 안 되는, 눈에 띄지도 않을 만큼 작은 나라를 다스리는 하찮은 야만족 왕을 지키느라 방패를 들고 다녔겠지요! 기분이 상하지는 않으셨겠지요?"

나는 대왕의 훌륭한 사냥터 이야기는 늘 들었노라고 말했다.

"동생은 어떻게 되셨지요, 폐하?"

환관이 물었다.

"아, 예쁜 아가씨였는데…… 히히, 그 후에 더 예쁜 여자들이 제 손을 거쳐 갔습니다만……. 아직 살아 계시지요?"

"파르스의 왕비가 되었소."

내가 말했다.

"아, 그렇지, 파르스. 생각나네요. 약소국의 이름은 자꾸 잊어버려서.

그래요…… 예쁜 아가씨였지요. 나는 그 공주님이 불쌍했어요. 외로웠 거든요."

"외로웠다고?"

내가 말했다.

"오, 그럼요, 그럼요. 아주 외로웠지요. 막내 공주님이 태어난 후로 말입니다. 공주님은 말씀하시곤 했습니다. '처음엔 오루알 언니가 날 많이 사랑해 주었는데. 여우가 오고 나니 그만큼 사랑해 주지 않았어. 이제 아기까지 태어나니 하나도 사랑해 주지 않아.' 그래서 외로웠던 겁니다. 딱했지요…… 히히……. 오, 그때는 저도 멋진 청년이었어요. 글쎄 여자들 절반은 절 흠모했지요."

나는 그의 관심을 다시 국정 문제로 돌려 버렸다.

이것은 가벼운 첫 번째 충격에 불과했다. 그 후 닥칠 일에 비하면 이 제 시작될 겨울의 첫 눈송이에 지나지 않았던 것이다. 나는 타린의 말을 사실로 믿지 않았다. 지금도 레디발은 불성실하고 어리석다고 생각한 다. 동생의 아둔함에 대해서는 신들도 나를 비난하지 못하리라. 그 아둔 함은 아버지에게서 물려받은 것이다. 그러나 한 가지는 분명했다. 처음 에는 여우 선생, 그 다음에는 프시케에게로 내 마음이 쏠렸을 때 동생의 마음이 어떠했을지 한 번도 생각해 보지 않았다는 것. 학대받는 불쌍한 사람은 바로 나라는 생각이 처음부터 마음속에 자리 잡고 있던 탓이었 다. 레디발에게는 곱슬거리는 황금빛 머리털이 있지 않았던가?

나는 다시 글쓰기로 돌아왔다. 쉼 없는 정신노동이 잠자리까지 이어 졌다. 그것은 고르고 솎아 내며 이 동기, 저 동기를 가려 내서 그것이 핑계인지 아닌지 살펴보는 작업이었다. 나는 밤마다 이렇게 솎아 내는 꿈을 꾸었는데, 그 양상은 매번 달랐다. 내 앞에 밀과 보리와 양귀비 씨와 호밀과 기장 등등의 낟알들이 내 힘에 넘치도록 엄청나게 쌓여 있는 것 같았다. 나는 그것들을 솎아 내서 종류별로 다시 쌓아야 했다. 이유는 알 수 없었다. 하지만 조금이라도 쉬거나 일이 다 끝났을 때 낟알 하나라도 잘못 섞여 있으면 한없이 벌을 받아야 했다. 평상시에는 그것이 불가능한 일임을 알 수 있다. 꿈이 괴로운 것은 상상 속에서는 그런 일이 버젓이 가능해지기 때문이다. 정해진 시간 안에 그 일을 마칠 가능성은 몇만 분의 일이었고, 실수 없이 그 일을 끝낼 가능성은 몇십만 분의 일이었다. 임무를 완수하지 못하고 벌을 받을 것이 거의 확실했다. 그러나 완전히 확실한 것은 아니었다. 그러니 해 볼 수밖에. 엄지와 검지로 낟알을 하나씩 잡아 찾고 살피면서. 언제나 손가락으로 찾는 것도 아니었다. 어떤 꿈에서는 더 황당하게도 작은 개미가 되어 연자맷돌만큼 큰 낟알을 골라야 했다. 여섯 개의 다리가 부러지도록 온 힘을 다해 그것들을 제자리로 가져다 날랐다. 개미들처럼 내 몸집보다 더 큰 짐을 입에 물고서.

신들이 밤낮에 걸친 이중의 노동에 얼마나 온전히 나를 묶어 두었는지, 이 책을 쓰는 내내 바르디아 생각을 거의 못했던 것을 보면 알 수 있다. 그가 없어서 글쓰기가 더 방해를 받을 때만 불평을 했을 뿐이다. 분노에 사로잡혀 있는 동안에는 책을 끝내는 것 외에 그 어떤 일도 중요치 않게 느껴졌다. 바르디아에 대해서도 "여생을 침대에서 구르며 보낼 작정인가?"라든지 "마누라가 잡아 두고 있는 게지"라고 말하는 것이(그말은 여러 번 했다.) 고작이었다.

그러다가 어느 날 드디어 책의 마지막 줄("신들에게 대답할 말이 없음을 온 세상에 알리는 것이 아니겠는가?")을 썼는데, 잉크가 채 마르기도 전에 아르놈의 말이 귀에 들어오면서 마치 생전 처음 들은 말인 양 그 표정과 어조가 전하고 있는 의미를 알아차리게 되었다.

"바르디아 경이 위독하단 말인가?"

나는 소리쳤다.

"아주 쇠약해졌습니다, 폐하."

사제가 말했다.

"이럴 때 여우 선생이 계셨으면 좋았을 텐데. 우리 글롬 사람들은 돌팔이입니다. 이제 바르디아는 병과 싸울 힘도, 정신도 없는 듯합니다."

"맙소사, 왜 진작 알리지 않았지? 여봐라! 게 없느냐! 말을 대령하라. 가서 직접 봐야겠다."

아르놈은 이제 신뢰할 만한 늙은 조언자가 되어 있었다. 그는 내 팔을 붙잡았다.

"폐하."

그의 말은 부드러우면서도 아주 근엄했다.

"폐하가 지금 가시면 그는 더 회복되기 힘들 겁니다."

"내가 전염병이라도 옮긴단 말인가?"

내가 말했다.

"베일을 썼는데도 내 모습을 보면 죽음이 떠오른다는 건가?"

"바르디아는 폐하의 가장 충성스럽고 충직한 신하입니다."

아르놈이 말했다.

"폐하를 뵈면 온 힘을 다해 일어나려 들 겁니다. 몸이 부서지는 한이 있어도 말이지요. 어떻게든 일어나 의무와 예를 다하려 할 겁니다. 폐하께 아뢰고 싶은 나랏일이 수백 가지나 떠오르겠지요. 지난 아흐레 동안 잊고 지냈던 일들을 기억하려고 두뇌를 혹사할 것입니다. 그러다가 자칫 죽을 수도 있습니다. 졸며 꿈꾸게 내버려 두십시오. 지금이 그에게는 가장 좋은 기회입니다."

무엇보다 가혹한 진실이었지만 받아들였다. 바르디아가 살아날 가능성이 깃털만큼이라도 커진다면 아르놈의 말대로 틀어박혀서 잠자코 웅크리고 있으리라. 그렇게 사흘을 견뎠다. (나는 가슴은 늘어지고 허리는 꼬부라진 어리석은 늙은이가 되어 있었다.) 나흘째가 되자 "더 이상 못 참겠다"라는 말이 나왔다. 닷새째 되는 날, 울면서 찾아온 아르놈을 보니 굳이 듣지 않아도 무슨 소식을 가지고 왔는지 알 수 있었다. 이상하고도 어리석은 일이지만, 바르디아가 들었다면 부끄러워했을 말을 하지 않고 보낸 것이 가장 슬펐다. 한 번만이라도 그를 찾아가 "바르디아, 당신을 사랑했어"라고 귓가에 속삭일 수 있었다면 어떤 일이라도 견딜 수 있을 것 같았다.

그의 시신을 화장하기 위해 장작 더미 위에 올렸을 때 나는 그저 곁에 서서 추모할 수밖에 없었다. 아내도, 친척도 아니었기 때문에 곡을 할 수도 없었고 가슴을 칠 수도 없었다. 아, 가슴을 칠 수만 있었다면 철 장갑이나 고슴도치 털 장갑을 끼고 치라고 해도 마다치 않았으리라.

나는 관습에 따라 사흘 후에 미망인을 위로방문(사람들이 그렇게 불렀다.)했다. 의무나 관례에 따르기 위해서만 그렇게 한 것은 아니었다. 그는 아내를 사랑했으므로 어떤 의미에서 그녀는 내 적이 분명했다. 하지만 그녀가 아니라면 누가 내게 그의 이야기를 해 줄 수 있으랴?

나는 그녀가 물레로 실을 잣고 있는 이층 방으로 인도되었다. 그녀는

아주 창백하면서도 아주 침착했다. 나보다 더 침착했다. 한때 나는 그녀
의 아름다움이 소문에 훨씬 못 미치는 걸 보고 놀랐었다. 그러나 말년에
그녀에게는 새로운 종류의 아름다움이 생겨났다. 그녀의 얼굴은 당당
하면서도 고요했다.

"안싯—부인."

내가 그녀의 두 손을 잡으며 말했다. (그녀는 미처 손을 빼낼 틈이 없었
다.)

"내가 무슨 말을 할 수 있겠는가? 그를 잃은 것만큼 한없이 슬픈 일은
진정 없다는 말밖에 더 할 수 있는 말이 있을까? 그 말도 위로는 되지 않
겠지. 지금도 다른 남자와 영원히 사느니 이 남편과 잠시 살다가 그를
먼저 보낸 편이 낫다고 생각할 테니까."

"그렇게 말씀해 주시니 황송할 뿐입니다."

안싯이 손을 빼내며 궁중의 예대로 손을 가슴에 올린 채 눈을 내리깔
고 말했다.

"오, 부인, 부탁이니 날 잠시만 여왕으로 생각지 말아 주길. 우리가
어제 오늘 만난 것도 아니잖는가? (감히 비할 수는 없겠지만) 부인 다음으
로 상실감이 큰 사람은 나니까. 부탁이니 자리에 앉지. 물레질도 계속하
고. 물레의 움직임에 맞추어 이야기하는 게 더 낫겠군. 옆에 앉아도 되
겠지?"

안싯은 앉아서 다시 물레질을 시작했다. 얼굴은 평온했고, 입술은
여주인답게 약간 오므리고 있었다. 그녀는 내가 앉는 것을 도와주지
않았다.

"정말 뜻밖의 일이었다."

내가 말했다.

"병이 위중하다는 걸 처음부터 알았는가?"

"네."

"그래? 아르놈은 나한테 가벼운 병이라고 했는데."

"사제님은 저한테도 그렇게 말했지요, 폐하. 싸울 힘이 있는 남자한 테는 가벼운 병이라고요."

"힘이라니? 바르디아 경은 강한 사람이었어."

"그래요. 속에서부터 파 먹히고 있는 나무 같았지요."

"파 먹힌다고? 뭐에? 전혀 모르는 얘기인데."

"모르셨겠지요, 폐하. 그이는 지쳤어요. 자신을 혹사했지요. 혹사당 했다고 해도 좋고. 10년 전에는 이미 물러나서 여느 노인들처럼 살았어 야 했어요. 그이는 강철이나 구리로 된 사람이 아니라 육신을 가진 사람 이었습니다."

"늙은이처럼 보인 적도 없었고 늙은이처럼 말한 적도 없었어."

"남편이 약한 모습을 드러내는 경우를 못 보셨을 테니까요, 폐하. 이 른 아침에 초췌한 얼굴로 일어나는 걸 보신 적이 한 번도 없지요. 아침 에 깨우면(꼭 깨우라고 해서 할 수 없이 깨우면) 억지로 일어나느라 신음하 는 소리도 들으신 적이 없고요. 궁전에서 늦게 돌아와 시장하면서도 너 무 지쳐서 아무것도 먹지 못하는 모습 또한 보신 적이 없습니다. 폐하가 어떻게 아시겠어요? 그의 아내는 저 하나뿐이니까. 아시겠지만 그이는 너무나 예의 바른 사람이어서 폐하 앞에서는 졸지도, 하품을 하지도 못 했지요."

"그의 일이 그렇게까지 고된—"

"전쟁이 다섯 번, 전투가 서른한 번, 대사로 다녀온 것이 열아홉 번에 이 문제도 생각하고 저 문제도 생각하고, 이쪽에는 이렇게, 저쪽에는 저렇게 말을 하고, 이 사람은 달래고 저 사람은 겁을 주고 또 다른 사람에게는 아부를 하고, 계략을 짜고 조언을 하고 기억하고 추측하고 예측하고…… 기둥의 방에 가고 또 가고. 광산에서만 죽도록 일하는 건 아닙니다."

내 생각보다 더 고약한 경우였다. 분노가 섬광처럼 지나가더니, 다음 순간 무서운 불안이 스쳐 갔다. 이 말이(이 터무니없는 말이) 사실일까? 그러나 그럴지도 모른다는 생각만으로도 비참해져서 거의 비굴한 목소리가 나왔다.

"슬퍼서 하는 말이겠지, 부인. (이렇게 말해서 미안하지만) 그건 상상일 뿐이야. 난 바르디아 경보다 더 많이 일했다. 강한 남자가 여자도 이렇게 감당하는 짐을 못 이겨서 쓰러졌다는 말인가?"

"남자를 아는 사람이라면 과연 그런 의심을 할까요? 건장하기는 남자가 더하지만, 강인하기는 여자가 더하지요. 남자는 여자보다 오래 살지 못해요. 병도 더 견디지 못하지요. 남자들은 깨지기 쉬운 존재예요. 그리고 폐하는 더 젊으시지요."

마음이 속에서 차갑게 오그라들며 비열해졌다.

"그게 사실이라면 날 속인 거로군."

내가 말했다.

"한마디라도 흘렸다면 모든 짐을 벗겨 주었을 텐데. 내가 줄 수 있는 훈장을 전부 주어 영원히 집으로 돌려보냈을 거야."

"그이가 그런 말을 하리라 기대하셨다면 그이를 너무 모르시는 겁니다, 폐하. 오, 폐하는 운이 좋은 분입니다. 그렇게 충성스러운 신하를 둔 군주는 어디에도 없을 테니까요."

"내가 충성스러운 신하를 두었다는 건 안다. 그게 못마땅한가? 슬픈 건 알지만 그렇다고 그걸 못마땅해 할 수가 있는가? 내가 평생 누려 본 사랑, 누릴 수 있는 사랑이 이런 것밖에 없다는 걸 비웃는 건가? 난 남편도 없고 아이도 없다. 하지만 넌, 넌 다 가졌으면서ー"

"폐하가 남겨 주신 건 다 가졌지요."

"남겨 주다니, 이런 어리석은 사람이 있나? 무슨 당치도 않은 생각을 하는 거야?"

"오, 두 분이 연인 사이가 아니었다는 건 잘 압니다. 그 부분은 제게 남겨 주셨지요. 원래 '신성한 혈통은 신하와 섞이지 않는다'고들 하더군요. 그건 제 몫으로 남겨 주셨어요. 그를 다 쓰시고 나면 제가 있는 집으로 슬쩍 보내 주셨지요. 다시 필요해질 때까지. 전쟁이 일어나면 몇 주 몇 달씩 서로 밤낮으로 붙어다니면서 회의를 하고 위험을 함께하고 승리와 군사들의 식사와 농담을 공유하며 지냈고요. 그이는 매번 조금씩 더 여위고 더 머리가 세고 더 많은 상처를 입은 채 저한테 돌아오곤 했어요. 그리고 저녁도 먹기 전에 곯아떨어졌지요. 꿈에서도 그는 소리를 질렀습니다. '빨리, 오른쪽으로! 폐하가 위험하시다.' 그리고 다음 날 아침이면 기둥의 방으로 다시 달려갔지요. 폐하는 글룸에서 누구보다 일찍 일어나시는 분이시니까. 그래요, 그 점을 부정하진 않겠습니다. 폐하가 남겨 주신 부분은 제가 가졌습니다."

그 표정을 보고 목소리를 들은 여자는 누구라도 그녀가 사실을 말했다는 걸 부인할 수 없었으리라.

"무슨 소리냐?"

내가 소리쳤다.

"어떻게 날 질투할 수가 있지?"

그녀는 대답하지 않았다.

나는 벌떡 일어나 베일을 걷었다.

"봐라, 보라고, 이 어리석은 여자야!"

내가 소리쳤다.

"이런 얼굴을 질투하는 건가?"

안싯이 깜짝 놀라 물러서며 쳐다보는 것을 보니 순간적으로 내 모습이 그렇게 공포스러운가 하는 생각이 들었다. 그러나 그녀는 무서워서 그런 것이 아니었다. 처음으로 그녀의 새침한 입술이 씰룩였다. 눈에도 눈물이 맺혔다.

"오!"

그녀가 숨을 삼켰다.

"오, 몰랐어요……. 폐하도……?"

"무슨 뜻이지?"

"폐하도 그이를 사랑했군요. 폐하도 고통받았군요. 우리 둘 다……."

그녀는 울고 있었다. 나도 울었다. 다음 순간 우리는 서로 부둥켜안았다. 내가 자신의 남편을 사랑했다는 사실을 안 순간 적의를 버리다니 이상하기 짝이 없는 일이었다. 그 남편이 살아 있었다면 적의는 좀더 오래 갔을 것이다. 그러나 우리는 무인도에(바르디아가 없는 적막한 삶에) 단둘만 남겨진 표류자였다. 이 넓고 무관심한 세상에서 남들은 아무도 이해하지 못하는 언어를 공유한 사람들이었다. 그러나 그것은 오직 눈물로만 통하는 언어였을 뿐이다. 바르디아에 대한 말은 입 밖에 낼 수가 없었다. 그것은 동시에 칼을 빼드는 것이나 같은 짓이었다.

부드러운 분위기는 오래가지 못했다. 나는 전투를 할 때에도 비슷한 경험을 했다. 두 사람이 맞붙어서 그는 나를, 나는 그를 죽이려 한다. 그때 갑자기 불어온 심한 돌풍으로 망토가 날려 칼을 덮고 눈까지 거의 가려 버리면 바람과 먼저 싸우느라 서로에게 아무 짓도 못하게 된다. 그리고 그런 상황에서 그처럼 우스운 싸움을 벌이는 것은 아주 생소한 일이기 때문에 둘 다 얼굴을 마주보며 웃어 버린다. 그렇게 잠시 친구가 되었다가, 다음 순간 영원한 적으로 다시 돌아서는 것이다. 이번에도 그랬다.

우리는 곧(어쩌다 그렇게 되었는지는 기억나지 않는다.) 서로에게서 떨어져 나왔다. 나는 다시 베일을 썼고 그녀의 얼굴은 차갑고 딱딱하게 굳었다.

내가 말했다.

"그래! 내가 바르디아 경의 살인자나 다름없단 말이지. 날 괴롭히려는 게 목적이었다면 방법을 잘 택했군. 기뻐하라. 복수에 성공했으니. 하지만 이건 말해 주길. 단지 내게 상처를 입히기 위해 그런 말을 한 건가, 아니면 정말 그렇다고 믿는 건가?"

"믿는다고요? 믿는 게 아닙니다. 아는 것이지요. 폐하는 남편의 피를 한 해 한 해 다 빨아 마셨고 그의 생명을 삼켜 버렸습니다."

"그렇다면 왜 말하지 않았지? 그대가 한마디만 해 주면 되었을 텐데. 항상 뒤늦게 말해 주는 신들을 닮은 건가?"

"말씀드린다고요?"

그녀는 일종의 오만한 놀라움을 표시하며 나를 바라보았다.

"폐하께 말씀을 드려요? 그렇게 해서 남편의 생명이자(어떤 군인이 자기 일만큼 여자를 소중히 여길까요?) 모든 영광이요 위대한 업적인 일을 빼앗으라고요? 어린애나 노망난 늙은이로 만들어 버리라고요? 내 옆에 붙잡아 두기 위해 그런 대가를 치르게 하라고요? 내 것으로 삼기 위해 그이 자신을 잃게 만들라고요?"

"그래도— 그대의 것이 되기는 했겠지."

"전 제 편에서 그이 것이 되고 싶었어요. 저는 그의 아내였지 정부가 아니었습니다. 그도 제 남편이었지 집 지키는 개가 아니었고요. 그이는 스스로 가장 장부다운 삶이라고 여기는 삶을 살아야 했어요. 절 기쁘게 해 주는 삶이 아니라. 폐하는 일레르디아도 데려가셨습니다. 이제 제 어미의 집에는 점점 더 등을 돌리게 되겠지요. 낯선 땅을 찾아다닐 것이고, 제가 모르는 일들로 바빠질 것이며, 제가 따라갈 수 없는 곳으로 다니면서 날마다 제게서 멀어질 겁니다. 그렇게 자기 자신의 것이 되고 세상의 것이 되겠지요. 설사 그걸 막을 수 있다 한들 제가 새끼손가락 하나라도 까딱할 것 같습니까?"

"그대는— 그대는 그걸— 견딜 수 있는가?"

"그게 알고 싶으신가요? 오, 오루알 여왕폐하, 폐하는 사랑에 대해 아무것도 모르시는 것 같군요. 아니, 그렇게 말하지 않겠습니다. 폐하의 사랑은 여왕의 사랑이지 보통 사람의 사랑이 아니니까요. 신의 소생이시니 아마도 사랑도 신들처럼 하시겠지요. 그림자 야수처럼. 사랑하는 것과 삼키는 것은 하나라면서요, 그렇지 않나요?"

"이 여자야, 난 그의 목숨을 구해 주었어. 감사할 줄 모르는 얼간이 같으니! 내가 잉간 들판에 있지 않았다면 그대는 벌써 오래 전에 과부가 되었을 게야. 그때 입은 상처가 지금도 철이 바뀔 때마다 쑤신다고. **그 대는** 어디에 상처를 입었지?"

"여덟 아이를 낳느라 상처를 입었지요. 그래요. 폐하는 그이의 목숨을 구해 주셨습니다. 그리고 그 목숨을 잘도 활용하셨어요, 알뜰하신 오 루알 여왕폐하. 그냥 버리기에는 너무 좋은 칼이었으니까요. 흥! 배부르 시겠어요. 다른 남자들의 목숨도 삼켰으니. 여자들의 목숨도 삼키고. 바르디아와 내 목숨, 여우 선생의 목숨, 동생의 목숨, 두 동생의 목숨 다."

"그만!"

내가 소리쳤다. 방이 진홍빛 공기로 가득 찼다. 내가 그녀를 고문해서 죽이라고 명령해도 아무도 막을 사람이 없다는 생각이 섬뜩하게 마음을 스쳐 갔다. 아르놈은 불만을 표할 것이다. 일레르디아는 반기를 들 것이다. 그러나 누가 어찌해 보기도 전에 이 여자는 날카로운 나무 말뚝에 꽂혀 몸을 비틀며 (풍뎅이처럼) 죽어갈 것이다.

무언가가(그게 신들이었다면 그 이름에 감사를 바친다.) 그렇게 하지 못하게 막았다. 어찌어찌해서 문가까지 다가갔다. 나는 뒤를 돌아보며 말했다.

"선왕께 그런 말을 나불거렸다면 혀가 잘렸을 거다."

"뭐라고요? 제가 그런 걸 두려워할 줄 아시나요?"

그녀가 말했다.

궁전으로 말을 타고 돌아오면서 나는 혼자 생각했다.

'일레르디아를 돌려주마. 자기 땅이나 파먹으면서 살게 해 주지. 그렇게 촌놈이 되게 해 주겠어. 몸은 점점 뚱뚱해지고 소 값을 흥정하다

트림이나 하는 인간이 되게 해 주겠다고. 난 그를 위대한 용사로 만들어 줄 수도 있었다. 이젠 아무짝에도 쓸모없는 인간이 되게 해 주마. 그러면 제 어미에게 꽤나 감사하겠군. 다시는 나한테 자기 남정네들을 다 삼켰다는 말은 하지 않겠지.'

그러나 나는 일레르디아에게 어떤 짓도 하지 않았다.

이제 하늘의 의사들은 나를 눕혀 묶어 놓고 수술을 시작했다. 분노의 보호를 받은 것은 잠시뿐이었다. 분노가 제풀에 스러지고 나면 진실이 그 자리로 밀고 들어오는 법이다. 안싯의 말은 다 진실이었다. 그녀가 알고 있는 것보다 더. 일이 많은 게 좋아서 쓸데없는 일을 잔뜩 쌓아 놓고 그를 늦게까지 궁전에 붙잡아 놓았다. 단지 그의 목소리를 듣는 게 좋아서 질문들을 퍼부었다. 그가 가고 나만 공허하게 남는 순간을 늦추기 위해서라면 무슨 짓이든 마다하지 않았다. 그를 집으로 보내기가 너무나 싫었다. 또 그를 괴롭히기도 했다. 남자들에게는 아내를 과하게 사랑하는 남편을 놀리는 수백 가지 방법이 있는데, 바르디아는 거기에 속수무책으로 당하곤 했다. 그가 지참금 없는 여자와 결혼했다는 것과 안싯이 자기는 (대부분의 사람들처럼) 집안일을 할 못생긴 여종을 노예시장에서 구해 올 필요가 없노라고 큰소리친다는 건 누구나 아는 사실이었다. 내가 직접 놀린 적은 한 번도 없었다. 그러나 (베일 뒤에서 은밀하게) 끝도 없이 모략과 계략을 세움으로써 그런 쪽의 소문을 퍼뜨려 남들의 조롱을 사게 만들었다. 사람들이 그를 조롱하는 건 싫었지만, 수심에 찬 얼굴을 보면 씁쓸하면서도 달콤한 즐거움이 느껴졌다. 그렇다면 나는 그를 미워했던 걸까? 사실은 그랬다고 생각한다. 사랑은 9할이 미움으로 바뀌었을 때에도 스스로 사랑이라고 부르는 법이다. 한밤중의 터무니없는 상상 속에서(안싯은 죽거나, 그보다 더 기분 좋은 경우에는 창녀나 마녀나 배신자로 판명 나곤 했다.) 그가 마침내 내 사랑을 구하러 올 때면 나는 항상 용서부터 구하게 만들었다. 때로는 그를 용서해 줄 때까지 수많은 고생을 시키는 상상을 하기도 했다. 거의 죽을 지경까지 밀어붙이곤 했다.

그러나 그 쓰라린 시간들을 다 보낸 후에 나타난 결말은 기묘한 것이었다. 바르디아를 갈망하던 마음이 사라져 버렸다. 오랫동안 열심히 무언가를 바라보며 살아 보지 않은 사람은 수년간 마음을 온통 뒤덮었던 열정이 이토록 갑자기 마르고 시들 수 있다는 사실을 믿지 못할 것이다. 땅에서 자라나는 것들이 그렇듯이, 영혼에서 자라나 최고로 화려한 빛깔을 자랑하고 가장 강렬한 향기를 뿜어내던 것들이라고 해서 뿌리까지 늘 깊은 것은 아닌가 보다. 아니면 세월이 그렇게 만드는 것인지도 모른다. 무엇보다 이 경우가 그러했다고 생각한다. 바르디아에게 품었던 사랑(바르디아 자신이 아니라)은 역겨운 것이 되어 버렸다. 나는 진실의 높고 가파른 절벽 꼭대기까지 질질 끌려 올라갔다가 진실이 살 수 없는 허공으로 떨어져 버렸다. 진실은 악취를 풍겼다. 자신은 아무것도 주지 못하면서 상대방의 것은 전부 차지하려 드는, 상대방을 갉아먹는 욕심. 안싯과 내가 얼마나 그를 고문했는지는 하늘이 알 것이다. 그 수많은 밤, 궁전에서 늦게 귀가할 때마다 시기하는 아내 때문에 얼마나 그 집이 괴로운 곳이 되었을지는 오이디푸스가 아니더라도 능히 짐작할 수 있는 일이다.

그러나 이렇게 상대방을 전부 차지하려는 욕심이 사라지면서 나 자신이라고 할 수 있는 것까지 거의 다 함께 사라져 버렸다. 마치 영혼 전체에 한 대밖에 없던 이가 빠져 버린 것 같았다. 나는 텅 빈 존재가 되어 버렸다. 이젠 정말 바닥까지 떨어졌으니 신들도 더 이상 더 심한 말로 날 저주할 수 없을 것이라는 생각이 들었다.

2

안싯을 만나고 난 며칠 후에 새해의 탄생을 기리는 의식이 있었다. 사제가 일몰 때부터 웅깃의 신전에 갇혀 있다가 다음날 정오에 싸워 가며 길을 찾아 나오면 새해의 탄생이 선포되는 의식이었다. 물론 다른 신성한 일들이 다 그렇듯이 이것은 사실이기도 하고 사실이 아니기도 하다. (여우 선생은 그 여러 겹의 모순을 쉽게 밝혀 냈다.) 싸움이라고 해 봐야 목검으로 하는 것이고, 투사들의 몸에 붓는 것도 피가 아닌 포도주인 데다, 사제를 가두어 둔다고는 하지만 성으로 통하는 서쪽의 큰 문만 닫아 놓을 뿐 다른 쪽에 있는 작은 문 두 개는 늘 열려 있어 경배하러 오는 일반 백성들이 얼마든지 드나들 수 있기 때문이다.

왕이 글롬 왕국 안에 있을 때에는 사제와 함께 일몰 때 들어가 새해가 탄생할 때까지 신전 안에 머물러야 한다. 그러나 처녀가 그날 밤 신전 안에서 일어나는 일을 보는 것은 법으로 금지되어 있다. 그래서 나는 탄생 한 시간 전에만 북쪽 문으로 들어간다. (귀족과 장로와 백성들 중에서도 각각 한 사람씩 그 자리에 가게 되는데, 어떤 신성한 방식으로 그들을 선택하는지는 여기에서 밝힐 수 없다.)

그해의 첫날 아침은 아주 맑고 신선했으며 남풍이 가볍게 불었다. 바깥 공기가 신선하니 컴컴하고 거룩한 웅깃의 신전 안으로 들어가기가 더욱 싫었다. 아르놈이 신전을 좀더 밝고 청결하게 만들어 놓았다는 말은 이미(내 생각에는) 했다. 그래도 신전은 여전히 답답하고 숨 막히는 장소였다. 특히 탄생의 날 전야에는 밤새도록 향을 피우고 짐승을 잡고 포도주와 피를 붓고 춤을 추고 연회를 베풀고 여자들을 희롱하며 기름을 태운다. 깔끔치 못한 천하의 게으름뱅이라도 창문을 열어젖히고 박박 닦고 쓸 정도로(설사 인간의 집이라 해도) 심한 악취와 땀 냄새가 진동했다.

나는 내 자리인 평평한 돌 위에 앉았는데, 맞은편에는 신성한 돌, 즉 웅깃이 있었다. 여인의 형상을 한 새 신상은 그보다 약간 왼쪽에 있었다. 아르놈의 자리는 오른쪽이었다. 그는 당연히 가면을 썼는데 지쳐서 졸고 있었다. 사람들은 북을 치고 있었지만 소리는 크지 않았고, 그 외에는 고요했다.

신전 양쪽으로 무섭게 치장한 신녀들이 자기 방 문 앞에 가부좌를 하고 앉아 있는 것이 보였다. 그들은 해마다 그렇게 앉아 있다가(철이 몇 번 바뀌도록 그렇게 앉아 있다 보면 대개는 생식 능력을 잃게 마련이다.) 이 빠진 쪼그랑 할망구가 되어 비척거리며 다니면서 불씨를 돌보고 비질을 하는 것이다. 그러다가 가끔씩 동전이 보이면 주변을 살핀 후에 새처럼 홱 주워 올리거나 뜯다 만 고기 뼈다귀를 치마폭에 숨기기도 한다. 건장한 남자가 되고 생산적인 여자가 될 수도 있었던 인간의 씨가 얼마나 많이 신전으로 흘러들어가 열매도 맺지 못한 채 스러졌는가, 사람들이 열심히 번 돈이나 요긴하게 썼을 돈이 얼마나 많이 그리로 흘러들어가 가뭇없이 사라졌는가, 얼마나 많은 계집아이들이 아무 보상도 받지 못한 채 거기에 먹혀 버렸는가 하는 생각이 들었다.

그리고 웅깃을 쳐다보았다. 여신은 대부분의 신성한 돌들이 그렇듯이 하늘에서 떨어진 것이 아니었다. 전설에 따르면 태초에 땅속에서부터 밀고 올라왔다고 한다. 저 아래, 한 층 한 층 한없이 내려가는 어둡고 무겁고 뜨거운 저 아래 살며 일하고 있는 무언가의 전조이자 전령으로서. 사람들은 여신에게 얼굴이 없다고 했다. 그러나 그것은 천 개의 얼굴을 가졌다는 뜻이기도 했다. 여신은 아주 울퉁불퉁하고 울룩불룩하고 주름이 패여 있어서 마치 불 속을 들여다볼 때처럼 이런 얼굴로 보이기도 했고 저런 얼굴로 보이기도 했다. 밤에 피를 온통 들이부어 놓았기 때문에 어느 때보다 더 울퉁불퉁해 보였다. 나는 작은 핏덩어리들이 이리저리 얽혀 있는 모습을 보며 하나의 얼굴을 만들어 보았다. 처음에는 공상으로 한 짓이라도 한번 그렇게 얼굴을 만들어서 보고 나면 그 다음부터는 영락없이 그 모양으로 보이는 법이다. 빵 덩어리에 나타나는 얼굴처럼 수심에 잠겨 부어 있는 듯한, 지극히 여성적인 얼굴이었다. 그 얼굴은 내가 기억하는 어떤 시절의 바타와 약간 비슷한 데가 있었다. 어렸을 때는 바타가 내게도 다정한 태도를 보여 주었다. 나는 바타의 크고 뜨겁고 억세면서도 물컹하고 부드러운 품에서 빠져나오려고―개운하고 신선한 공기를 마시려고―정원으로 도망치곤 했다.

나는 생각했다.

'그래, 웅깃은 오늘 바타와 아주 비슷한걸.'

"아르놈."

내가 귀엣말을 했다.

"웅깃은 누구지?"

"폐하, 제가 볼 때 웅깃은 모든 살아 있는 것들의 자궁이자 어머니인 대지를 의미합니다."

그가 말했다. (가면을 쓰고 있어서 목소리가 낯설게 들렸다.) 이것이 아르놈을 비롯하여 여우 선생에게 영향을 받은 다른 이들이 신들을 설명하는 새로운 방식이었다.

내가 물었다.

"여신이 만물의 어머니라면 어째서 그에 더해 회색산 신의 어미도 되는 건가?"

"산의 신은 대기요 하늘입니다. 구름은 수증기와 안개의 형태로 대지에서 하늘로 올라가지요."

"그렇다면 왜 어떤 전설에서는 그가 여신의 남편도 된다고 말하는 거지?"

"하늘이 비를 내려 대지로 하여금 열매를 맺게 하기 때문입니다."

"그게 전부라면 왜 그걸 그렇게 이상한 이야기로 포장해 놓았을까?"

"그 이유는 분명합니다."

아르놈이 말했다. (철야로 지친 나머지 가면 속에서 하품하는 것을 알 수 있었다.)

"속된 자들에게 그 의미를 숨기기 위해 그런 것이 분명하지요."

나는 더 이상 그를 괴롭히지 않기로 했다. 그러나 이런 생각이 들었다.

'선조들이 처음에는 하늘에서 비가 내린다는 걸 알려야 한다고 생각했다가 그 후에는 그렇게 대단한 비밀인 척하며 혹시라도 새어 나갈까 봐 아무도 이해하지 못할 불쾌한 이야기로 포장해 놓았다니 정말 이상한 일이로군. (그렇다면 왜 아예 처음부터 입을 다물지 않은 거지?)'

북소리가 계속 울렸다. 허리가 아파 왔다. 곧이어 오른쪽의 작은 문이 열리더니 농가의 아낙이 하나 들어왔다. 탄생 축제 때문이 아니라 좀더 다급한 자기 문제가 있어 찾아온 것임을 알 수 있었다. 아낙은 아무것도 즐기지 않았고(가장 가난한 자들도 축제 분위기에 젖어 있었는데), 눈물만 두 뺨 가득 흘리고 있었다. 밤새도록 운 것 같았다. 손에는 살아 있는 비둘기를 쥐고 있었다. 아랫사제들 중 하나가 즉시 나서 아낙의 작은 제물을 받아 들고 돌칼로 배를 갈랐고 얼마 안 되는 피를 웅깃 위에 뿌린 다음(내가 만든 얼굴의 입가에 침이 흐르는 형국이 되었다.) 죽은 비둘기를 신전 노예에게 내주었다. 아낙은 웅깃의 발치에 얼굴을 대고 엎드렸다. 아주 오랫동안 그 자세로 있었는데, 어찌나 몸이 흔들리는지 누가 보아도 심하게 울고 있음을 알 수 있었다. 그런데 울음이 멈추었다. 아낙은 무릎을 꿇고 앉아서 머리칼을 뒤로 쓸어 넘기더니 깊은 한숨을 내쉬었다. 아낙이 돌아가려고 자리에서 일어나며 몸을 돌릴 때 그 눈을 똑바로 볼 수가 있었다. 여전히 심각한 표정이었다. 그러나 해면으로 싹 닦아낸 듯 말끔했다. (나는 아주 가까이 있었기 때문에 분명하게 볼 수가 있었다.) 갈등은 진정되었다. 아낙은 차분하고 느긋해졌으며 무엇이든 자신이 해야 할 일을 할 수 있는 힘을 얻었다.

"웅깃이 너를 위로해 주더냐?"

내가 물었다.

"오, 그렇고 말고요, 폐하."

아낙이 이제는 거의 밝아진 얼굴로 말했다.

"오, 그럼요. 웅깃께서는 절 크게 위로해 주셨습니다. 웅깃 같은 여신은 없어요."

"항상 **저** 웅깃에게 기도하느냐?"

내가 (형태 없는 돌덩이 쪽으로 고갯짓을 하면서) 말했다.

"**저쪽**이 아니고?"

이번에는 긴 옷을 입고 늘씬하고 꼿꼿하게 서 있는 새 형상, 이 땅에서 가장 아름다운(여우 선생이야 뭐라고 했든지 간에) 작품 쪽으로 고갯짓을 했다.

"오, 항상 이쪽에 합니다, 폐하."

아낙이 말했다.

"저기 저 그리스식 웅깃은 제 말을 못 알아들을 테니까요. 저분은 지체 높은 분들과 배운 분들만을 위한 신이지요. 위로가 없어요."

곧 정오가 되어 서쪽 문에서 가짜 싸움이 벌어졌고, 우리 모두 아르놈을 따라 햇빛 아래로 나섰다. 전에도 많이 보았던 장면이 우리를 맞이했다. 엄청난 무리가 "태어나셨다! 태어나셨다!" 하고 소리치며 딸랑이를 흔들고 밀알을 공중으로 던졌다. 모두가 아르놈과 우리들을 보려고 땀을 뻘뻘 흘리며 엎치락뒤치락 하면서 서로의 등에 올라탔다. 그런데 오늘은 그 모습이 새삼스럽게 다가왔다. 사람들의 기뻐하는 모습이 나를 놀라게 했다. 그들은 거의 숨도 쉴 수 없을 만큼 많은 이들이 북적대는 곳에서 여러 시간을 선 채로 기다렸다. 그들은 각자 수십 가지 걱정과 슬픔에 눌리고 있는 것이 분명하면서도(그렇지 않은 사람이 누가 있으랴?) 새 분장을 한 사람이 목검을 몇 차례 휘두르고 문 밖으로 나왔다는 이유만으로 남녀노소를 막론하고 온 세상이 평안하다는 듯한 얼굴을 했다. 경쟁에서 밀려나 우리를 보지 못하게 된 사람들도 별 것 아니라는 듯 누구보다 큰 소리로 웃어젖혔다. 내가 잘 아는 불구대천의 원수지간인 두 농부도(나는 백성 절반을 재판하는 데 들인 시간보다 두 사람을 재판하는 데 더 많은 시간을 썼다.) 그 순간만큼은 형제가 되어 손뼉을 치며 "태어나셨다!"라고 외치는 모습이 보였다.

나는 처소에서 쉬기 위해 궁전으로 돌아왔다. 이제는 늙어서 돌에 계속 앉아 있기가 너무나 피곤했다. 나는 깊은 상념에 빠져들었다.

"일어나라, 이 계집아."

어떤 목소리가 들려왔다. 나는 눈을 떴다. 아버지가 옆에 서 있었다. 순식간에 여왕으로 군림해 왔던 오랜 세월이 한낱 꿈인 양 조그맣게 쪼그라들었다. 내가 정말 여왕으로 살아왔던 게 맞나? 어떻게 왕에게서 벗어난다는 생각을 할 수 있었지? 나는 침대에서 일어나 왕 앞에 다소곳이 섰다. 베일을 쓰려고 하자 왕이 말했다.

"어리석은 짓일랑 집어치우거라, 알겠느냐?"

나는 그 말대로 베일을 옆으로 치웠다.

"같이 기둥의 방으로 가자."

그가 말했다.

나는 왕을 따라서 계단을 내려가(궁전은 텅 비어 있었다.) 기둥의 방으로 갔다. 주변을 둘러보는 그를 보자 아주 두려운 마음이 들었다. 자신의 거울을 찾는 것이 분명했기 때문이다. 그러나 거울은 레디발이 파르스의 왕비가 될 때 주어 버렸기 때문에 거기에 없었다. 자신이 가장 아끼던 보물을 치워 버린 걸 알면 무슨 짓을 할까? 그러나 그는 방 구석으로 가더니 곡괭이 두 자루와 쇠지레 한 자루를 찾아냈다. (그런 물건들이 그 방에 있다니 이상한 일이었다.)

"일해라, 이 도깨비야."

그가 이렇게 말하며 곡괭이를 한 자루 주었다. 그는 포석이 깔린 방 중앙의 바닥을 깨기 시작했고, 나는 그를 도왔다. 허리가 아픈 내게 그것은 아주 고된 노동이었다. 큰 포석을 네다섯 개 들어내자 그 아래로 넓은 우물처럼 컴컴한 구멍이 나타났다.

"뛰어내려."

왕이 내 손목을 잡으며 말했다. 아무리 버둥거려도 벗어날 수가 없어서 왕과 함께 뛰어내렸다. 한참을 떨어져 내리다가 아무 데도 다친 데 없이 사뿐히 발을 디뎠다. 아래는 더 덥고 숨 쉬기가 힘들었지만 그리 어둡지는 않아서 어떤 곳인지 볼 수 있었다. 그곳은 또 다른 기둥의 방으로, 모양은 우리가 있던 방과 똑같았지만 크기가 작았고 전부(바닥, 벽, 기둥 다) 흙으로 만들어져 있었다. 여기에서도 아버지는 주변을 둘러보았고, 나는 그가 거울을 어쨌느냐고 물을까 봐 또 다시 두려워졌다. 그러나 아버지는 흙방 구석으로 가더니 삽 두 자루를 찾아 하나를 내 손에 쥐어 주며 말했다.

"자, 일을 해야지. 평생 침대에서 뒹굴 셈이냐?"

그렇게 우리는 방 한가운데 구멍을 파야 했다. 작업은 전보다 더 힘들었다. 끈끈하고 차진 진흙이었기 때문에, 판다기보다는 사각형으로 잘라서 떠내야 했다. 게다가 그곳은 숨이 막혔다. 그런데 그 결과는 또 다른 시커먼 구멍이 입을 벌리는 것이었다. 이번에는 아버지의 의도를 알고 있었기에 미리 손을 빼려 했다. 그러나 그는 여전히 내 손을 잡으며 말했다.

"지금 나한테 잔머리를 굴리는 게냐? 얼른 뛰어내려."

"오, 싫어요, 싫어, 싫어. 더 이상은 내려가지 않을래요. 제발!"

내가 말했다.

"여기에는 널 도와줄 여우가 없다."

아버지가 말했다.

"어떤 여우도 예까지 굴을 파고 내려올 수는 없지. 가장 깊은 여우 굴도 수백 길 위에 있거든."

그리하여 우리는 또 한 번 구멍으로 뛰어내려 전보다 더 아래로 떨어졌고, 이번에도 다친 데 없이 사뿐히 발을 디뎠다. 훨씬 더 어두웠지만, 이곳 역시 또 다른 기둥의 방인 것을 알 수 있었다. 그러나 이곳은 용암으로 되어 있었고, 벽에서 물이 흘러내리고 있었다. 모양은 위의 두 방과 똑같았으나 크기는 훨씬 더 작았다. 내가 둘러보고 있는 동안에도 방은 점점 더 작아졌다. 지붕이 우리 머리 위로 내려오고 있었다. 나는 아버지에게 소리치려 했다.

"빨리 피하지 않으면 파묻히겠어요."

그러나 숨이 막혀 목소리가 나오지 않았다. 나는 생각했다.

'아버지는 신경도 안 쓸 거야. 벌써 죽은 몸이니 묻혀도 상관없잖아.'

"웅깃이 누구냐?"

아버지가 여전히 내 손을 잡은 채 물었다.

그러더니 나를 이끌고 방을 가로질러 갔다. 아직 먼 거리인데도 거울이 예전 그대로 벽에 걸려 있는 것이 보였다. 그것을 보자 공포심이 더

욱 커져, 온 힘을 다해 끌려가지 않으려고 발버둥을 쳤다. 그러나 지금
그의 손은 너무 큰 데다 바타의 팔처럼 흐늘거리고 척척 달라붙어서 우
리가 파낸 차진 진흙 같기도 하고 커다란 밀가루 반죽 같기도 했다. 얼
마 끌려가지 않아 거울 바로 앞에 서게 되었다. 나는 거울에 비친 아버
지를 보았다. 전에 나를 거울 앞으로 끌고 갔던 모습 그대로였다.

그러나 거기에 비친 내 얼굴은 그날 웅깃의 신전에서 본 여신의 얼굴
이었다.

"웅깃이 누구냐?"

왕이 물었다.

"제가 웅깃이에요."

내 소리가 통곡처럼 터져 나오는 순간, 내가 서늘한 대낮, 내 방에 여
전히 있는 것을 알게 되었다. 이른바 꿈을 꾼 것이다. 그러나 그때부터
나는 꿈인지 생시인지 알 수 없고 어느 것이 더 진실인지도 알 수 없는
이상異象들이 계속 눈앞에 나타날 것을 예상해야 했다. 어찌 되었든 이
이상은 부정할 수가 없었다. 그것은 틀림없는 진실이었다. 웅깃은 바로
나 자신이었다. 그 황폐한 얼굴이 바로 내 얼굴이었다. 나는 바타같이
생긴 존재, 모든 것을 집어삼키는 존재, 태처럼 생겼으나 생명을 잉태
할 수 없는 존재였다. 글롬은 거미줄이었고, 나는 그 중앙에 웅크리고
앉아 훔친 목숨으로 배를 채워 퉁퉁하게 부푼 거미였다.

"난 웅깃이 되지 않겠어."

내가 말했다. 나는 열 때문에 떨리는 몸으로 침대에서 일어나 문을 잠
갔다. 그리고 바르디아가 사용법을 가르쳐 주었던 옛 칼을 뽑아 들었다.
칼이 너무나 행복해 보여서(그 칼날은 정말이지 충직하고 완벽했으며 운도

좋았다.) 눈물이 고였다.

"칼아, 넌 행복한 생을 살았다. 아간을 죽였고 바르디아를 구했지. 이젠 너의 걸작을 남길 차례야."

그러나 그것은 아주 어리석은 짓이었다. 칼은 이제 너무 무거웠다. 나의 손아귀 힘은ㅡ힘줄이 드러나고 마디가 불거진 갈퀴 같은 손을 그려 보라.ㅡ어린아이의 수준을 넘지 못했다. 이런 손으로는 제대로 찌를 수가 없었다. 힘없는 공격이 어떤 결과를 낳는지 전쟁을 통해 익히 보아 온 터였다. 이런 식으로 웅깃에게서 벗어난다는 것은 너무나 어려운 일이었다. 나는 기운을 잃고 작고 무력한 존재로 침대 가에 걸터앉아 다시 생각에 잠겼다.

신들이 알든 모르든 인간의 영혼에는 틀림없이 무언가 위대한 것이 있다. 고난도 끝이 없는 것 같지만 인간의 능력에도 한계가 없다.

그 후에 본 것들이 이른바 실제인지 꿈인지는 전혀 말할 수가 없다. 그저 말할 수 있는 것은 여럿이 보는 것이 실제요, 한 사람만 보는 것이 꿈이라는 것뿐. 그러나 여럿이 보는 것에는 독특한 풍미나 순간이 없는 반면, 한 사람만 보는 것은 진실의 가장 깊은 곳에서 나온 싹과 가지일 수가 있다.

그날이 어떻게 지나갔는지 모르겠다. 모든 날은 지나가게 마련이다. 그것이 얼마나 큰 위안인지. 세월이 흐르지 않는 끔찍한 곳이 저승에 따로 있지만 않다면 말이다. 궁전이 전부 잠에 빠져들자 나는 검은 망토를 두르고 지팡이를 짚었다. 내 생각에는 그 무렵부터 몸이 쇠약해져서 지금까지 나를 죽음으로 몰아가고 있는 것 같다. 그때 새로운 생각이 떠올랐다. 베일은 더 이상 나를 가리는 수단이 되지 못했다. 오히려 내 정체를 폭로하는 역할을 했다. 여왕이 베일을 쓰고 다닌다는 건 누구나 아는 사실이었으니까. 이제 변장을 하려면 맨얼굴로 다녀야 했다. 베일을 쓰지 않은 내 모습을 본 사람은 거의 없었다. 그래서 수십 년 만에 처음으로 맨얼굴로 나갔다. 많은 이들이 보지 못했으면서도 오히려 잘 파악하고 있었던 바, 차마 볼 수 없을 만큼 무서운 얼굴을 내놓은 것이다. 벌거벗고 나섰어도 그렇게 부끄럽지는 않았으리라. 나는 땅 밑 거울 속에 비친 대로 내 얼굴이 웅깃처럼 보일 것이라 생각했다. 웅깃처럼? 내가 바로 **웅깃이었다.** 나는 웅깃 안에 있었고 웅깃은 내 안에 있었다. 나를 보는 사람은 누구나 엎드려 경배하리라. 나는 백성들과 노사제가 거룩하다고 일컫던 그 존재가 되어 있었다.

전에도 자주 그랬듯이 약초밭 쪽에 나 있는 작은 동문을 통해 길을 나섰다. 거기서부터 벌써 한없는 피로를 느끼며 잠든 성읍을 통과했다. 얼마나 어두운 존재가 자신들의 창가를 비척거리며 지나가고 있는지 안다면 그렇게 곤히 잘 수는 없으리라는 생각이 들었다. 한번은 어린아이가 우는 소리가 들렸다. 아마 꿈에서 나를 보았겠지. "그림자 야수가 성으로 내려오면 백성들은 크게 두려워할 것"이라고 노사제는 말했었다. 내가 웅깃이라면 그림자 야수도 될 수 있는 것이다. 신들은 인간 속에 들락날락하듯이 서로서로 들락날락하니 말이다.

마침내 피로로 쓰러질 것 같은 상태로 성을 벗어나 강가로 내려갔다. 나는 그 강을 깊이 파 놓았다. 수로 공사를 하기 전의 셰닛 강이라면 홍수가 난 경우를 제외하고서는 쭈그렁 할망구조차 빠져 죽기 힘들었을 것이다.

내가 아는 가장 높은 기슭에 이르려면 강을 따라 좀더 가야 했다. 거기에서 몸을 던질 생각이었다. 얕은 쪽으로 들어가면 처음에는 무릎으로, 그 다음에는 배로, 그 다음에는 목으로 느껴지는 죽음을 견뎌 낼 용기가 과연 생길지 의심스러웠기 때문이다. 높은 기슭에 이르자 허리띠를 풀어 발목을 묶었다. 이렇게 늙었으면서도 헤엄을 쳐서 목숨을 부지하려 들거나 죽음의 시각을 미루려 들까 싶어서였다. 그러고 나서 죄수처럼 발을 묶은 채로 헐떡이며 몸을 세웠다.

나는 그렇게 묶인 발로 깡충깡충 뛰어서(그렇게 뛰는 내 모습을 볼 수 있었다면 얼마나 비참하면서도 익살스러웠을까!) 가장자리로 다가갔다.

그때 어떤 소리가 강 저편에서 들려왔다.

"그러지 말라."

곧 불꽃이 굽이치며—그때까지 내 몸은 꽁꽁 얼어붙어 있었다.—나를 지나갔다. 신의 소리였다. 그 소리를 나보다 더 잘 알아들을 사람이 있을까? 그것은 내 인생 전부를 산산조각 냈던 소리였다. 그런 소리는 도저히 착각할 수가 없는 법이다. 사제들의 속임수에 넘어가 인간의 소리를 신의 소리로 착각하는 경우는 있지만 그 반대의 경우는 없다. 신의 소리를 듣고도 인간의 소리로 착각할 사람은 아무도 없다.

"주여, 누구십니까?"

내가 물었다.

"그러지 말라."

신이 말했다.

"저승으로 간다고 웅깃을 피할 수는 없다. 웅깃은 거기에도 있기 때문이다. 죽기 전에 죽으라. 이제 다시는 기회가 없다."

"주여, 제가 웅깃입니다."

그러나 대답은 없었다. 이것이 신의 소리에 나타나는 또 한 가지 특징이다. 일단 소리가 사라지고 나면 그것이 방금 전의 일이었더라도, 그 선명하고 확실한 음절과 육중한 기둥 같고 거대한 첨탑 같은 음향이 여전히 귓전에 울리고 있더라도, 이미 천 년 전에 사라진 소리같이 느껴지는 것이다. 그 소리가 더 나기를 바라는 것은 세상이 만들어지던 날 열매를 맺은 나무에게 그 열매를 내놓으라고 요구하는 것과 같다.

그 오랜 세월에도 신의 소리는 변하지 않았으나 나는 변했다. 이제 내 속에는 반역하는 마음이 없었다. 나는 물에 빠져서는 안 되었으며 빠질 수도 없는 것이 분명했다.

나는 다시 한 번 마녀처럼 컴컴한 형상을 하고 지팡이 소리로 잠든 성읍을 방해하며 궁전으로 기어 들어왔다. 금방 베개에 머리를 파묻은 것 같았는데 시녀들이 깨우러 왔다. 그 외출이 모두 꿈이었든지, 아니면 너무 피곤해서(놀랄 일도 아니다.) 금세 깊은 잠에 빠져든 탓이었을 것이다.

3

그러고 나서 며칠 동안 신들은 자신들이 준 이상한 양식을 곱씹도록 내버려 두었다. 내가 웅깃이라니. 그게 대체 무슨 뜻이었을까? 신들끼리 서로 들락날락하듯이 우리 안에도 들락날락한다는 것인가? 또한 그들은 내가 죽기 전까지는 죽음을 허락지 않을 것이다. 저 멀리 그리스의 엘레우시스에는 죽은 사람의 혼이 몸을 떠나기 전에 되살리는 어떤 의식이 있다는 걸 알고 있었다. 그러나 어떻게 그곳까지 갈 수 있겠는가? 그러다가 소크라테스가 독배를 들기 전 벗들과 대화를 나누면서 진정한 지혜는 죽음의 기술과 연습이라고 말했던 것이 기억났다. 같은 책에 영혼이 어떻게 "보이지 않는 것에 대한 두려움으로 질질 끌려다니는지"에 대해 썼던 것으로 볼 때, 이 문제는 여우 선생보다 그가 더 잘 이해하고 있었다는 생각이 들었다. 심지어 그 자신도 내가 프시케의 계곡에서 맛보았던 공포를 경험한 것이 아닐까 하는 의문까지 들었다. 나는 지혜로서의 죽음이란 열정과 욕망과 헛된 소신의 죽음을 의미하는 것일 게라고 짐작했다. 그러자 즉시(어리석다는 것은 무서운 일이다.) 내 길이 분명하게 보이면서 그 길을 가는 것이 불가능하지는 않다는 생각이 들었다. 내가 웅깃이라는 것은 내 영혼이 웅깃처럼 추하다는 의미였다. 탐욕스럽고 피에 굶주렸다는 뜻이었다. 그러나 소크라테스의 말처럼 진정한 철학을 연마한다면 내 추한 영혼도 아름답게 변화되리라. 신들이 도와준다면 할 수 있으리라. 지금 당장 시작하리라.

신들이 도와준다면……. 하지만 그들이 과연 도와줄까? 어쨌든 시작해야만 했다. 내가 볼 때에는 도와주지 않을 것 같았다. 모든 생각과 행동을 공정하고 평온하고 지혜롭게 하기 위해 매일 아침 하루를 담대하게 시작하리라. 그러나 옷을 다 차려입기도 전에 예전의 분노나 원한이나 괴로운 상상이나 음울하고 쓰라린 마음으로 되돌아가겠지. (그리고 언제 그렇게 되돌아갔는지조차 알아채지 못하겠지.) 나는 채 반 시간도 버틸 수가 없었다. 머리 모양과 옷 색깔을 새롭게 해서 추한 육신을 고쳐 보고자 했던 옛날의 끔찍한 기억들이 마음속에 기어들었다. 또 다시 같은 짓을 하고 있다는 두려움에 등골이 서늘해졌다. 나는 얼굴을 고칠 수 없는 것 이상으로 영혼도 고칠 수가 없었다. 신들이 도와주지 않는다면. 그런데 왜 신들은 도와주지 않은 걸까?

이 야만인! 무섭고 강파른 생각이 절벽처럼 거대하게 앞을 가로막고 섰다. 그 생각이 거의 절대적으로 맞을 것 같았다. 네 얼굴이 예쁘지 않으면 남자를 위해 목숨을 바쳐도 널 사랑해 주지 않는다. 그처럼 네 영혼이 아름답지 않으면 (네가 아무리 그들을 기쁘게 하고자 애를 쓴다 해도, 또 무슨 고통을 겪는다 해도) 신들은 널 사랑해 주지 않는다. (왜 그렇지 않겠는가?) 인간의 사랑을 얻기 위한 경주든 신의 사랑을 얻기 위한 경주든 승자와 패자는 날 때부터 정해지는 법이다. 두 경우 모두 추함을 타고나는 이들이 있다. 그에 따라 운명이 결정되는 것이다. 이것이 얼마나 쓰라린 일인지 못난 여자라면 누구나 알 것이다. 우리는 모두 다른 어떤 나라, 다른 어떤 세상에서 다른 어떤 상급을 받아 승리자가 될 것을 꿈꾼다. 부드럽고 완벽한 팔다리, 뺨이 발그레한 작고도 하얀 얼굴, 금빛으로 빛나는 머리카락일랑 저리 치워라. 그들의 시대는 가고 우리 시대가 올 것이다. 하지만 그렇지 않으면 어떡하지? 어디에서든, 어떤 식으로든 우리는 늘 찌꺼기이고 쓰레기라면?

그 무렵에 또 다른 꿈(그걸 꿈이라 할 수 있다면)을 꾸었다. 그러나 꿈과는 달랐다. 정오에서 한 시간쯤 지났을 때 처소로 돌아왔는데(시녀는 아무도 없었다.) 눕지도 않고 심지어 어디 앉기도 전에 방문을 열자마자 이상 속으로 곧장 들어갔기 때문이다. 나는 환하고 큰 강의 기슭 위에 서 있었다. 기슭 저쪽에 가축의 무리가 보였다. 양 떼 같았다. 좀더 자세히 살펴보니 전부 숫양으로 말처럼 기운차고 뿔이 훌륭하며 털도 눈부신 금빛이어서 계속 쳐다볼 수가 없을 정도였다. (그 위로는 높고 푸른 하늘이 펼쳐져 있었고, 풀밭은 에메랄드처럼 빛나는 녹색이었으며, 나무마다 발치에 아주 짙고 선명한 그림자를 드리우고 있었다. 공기는 음악처럼 달콤했다.)

'아, 신들의 양 떼로구나.'

나는 생각했다.

'저 양들의 옆구리에서 금빛 양털 한 뭉치만 훔칠 수 있다면 나는 아름다워질 텐데. 저 양털에 비하면 레디발의 곱슬머리는 아무것도 아닌데.'

나는 셰닛 강에서는 무서워서 할 수 없었던 일을 이상 속에서 했다.

차가운 물속에 발을 들여 놓고 무릎과 배와 목이 잠길 때까지 걸어 들어
간 것이다. 발이 닿지 않는 곳부터 다시 발이 닿는 곳까지는 헤엄을 쳐
서 신들의 초장으로 건너갔다. 나는 기쁘고 좋은 마음으로 그 거룩한 잔
디를 밟았다. 그런데 그때 황금빛 양 떼가 일제히 내게로 달려오는 것이
아닌가. 그들은 서로 밀쳐 가며 내 쪽으로 돌진해 오더니 살아 있는 견
고한 황금 벽을 이루었다. 그리고 무서운 기세로 그 구부러진 뿔을 들이
대 나를 쓰러뜨리고 짓밟았다. 분노로 그런 것은 아니었다. 기쁨으로 돌
진한 것이었다. 아마 내 모습은 보지도 못했을 것이다. 그들의 눈에 나
는 아무것도 아닌 것이 분명했다. 나는 그것을 잘 알 수 있었다. 그들은
단지 기쁨에 이끌려 나를 뿔로 받고 발로 짓밟은 것이다. 신성한 자연은
그저 원래의 생김새 때문에 우리에게 상처를 입히며 우리를 파괴하는
것인지도 모른다. 우리는 그것을 신들의 진노라고 부른다. 파르스의 거
대한 폭포가 푸른 천둥소리를 내며 주변의 모든 날벌레를 휩쓸어 내리
는 것을 폭포의 분노라고 표현하듯이 말이다.

그러나 양 떼는 나를 죽이지 않았다. 양 떼가 밟고 지나 간 후에도 나
는 살아서 정신을 차리고 두 발로 똑바로 설 수가 있었다. 그때 들판에
또 다른 여자가 있는 것이 보였다. 그녀는 나를 본 것 같지 않았다. 풀밭
에 쳐 놓은 울타리를 따라 천천히 조심스럽게 걸으면서 이삭을 줍듯 무
언가를 찬찬히 골라내고 있었다. 나는 그게 무엇인지 보았다. 금빛으로
밝게 빛나는 것이 울타리 가시 위에 점점이 걸려 있었다. 당연한 일이었
다! 양 떼가 달려가면서 그 황금빛 털을 남겨 놓은 것이다. 여자는 그것
을 한 줌 한 줌 모아서 풍성한 수확을 거두고 있었다. 내가 그 유쾌하면
서도 무서운 짐승들을 맞닥뜨렸으면서도 얻지 못한 것을 그녀는 한가

로이 얻고 있었다. 내가 죽을 힘을 다했어도 갖지 못했던 것을 그녀는 수고 없이 거두고 있었다.

나는 웅깃이 되지 않으려고 애쓰는 일에 지쳐 버렸다. 밖은 봄이었지만, 내 속에는 겨울만 영원히 계속되는 것 같았고 내 힘도 전부 묶여 버린 듯했다. 나는 이미 죽은 목숨이나 진배없었으나 신이나 소크라테스가 죽으라고 했던 것처럼 죽은 것은 아니었다. 그런 상태에서도 나는 필요한 말과 행동을 하면서 내 일을 계속해 나갈 수 있었고, 아무도 거기에서 흠을 찾아내지 못했다. 오히려 그 무렵에 내가 재판관으로서 내린 판결은 이전 어느 때보다 훨씬 더 지혜롭고 공정하다는 평가를 받았다. 나는 힘을 다해 일했고, 또 그 일을 잘해 냈다는 걸 안다. 그러나 내 눈에는 죄인이나 고소인이나 중인이나 그 나머지 사람들이 실재하는 인간이라기보다는 그림자에 가깝게 보였다. 누가 한 치의 밭을 가질 권리가 있는지, 누가 치즈를 훔쳤는지에 대해서는 털끝만큼의 관심도 없었다. (그럼에도 제대로 판결하기 위해 애를 썼다.)

이제 나에게 남은 위안은 하나뿐이었다. 내가 바르디아는 삼켜 버렸을지 몰라도 프시케만큼은 진정으로 사랑했다. 다른 건 몰라도 이 점에서만큼은 내가 옳고 신들이 틀렸다. 감옥에 갇힌 죄수나 침상에 누운 환자가 자기에게 남은 아주 작은 즐거움을 크게 여기듯이 나도 이 점을 크게 생각했다. 그리고 어느 날 일로 몹시 지쳤을 때, 여유가 생기자마자 나 자신을 위로하기 위해 이 책을 들고 정원으로 나가 내가 얼마나 프시케를 열심히 돌보고 가르쳤으며 그 아이를 구하려 애썼는지, 그 아이를 위해 희생했는지 읽어 보려 했다.

그 다음에 일어난 일은 분명 꿈이 아닌 이상이었다. 앉아서 책을 펼치기도 전에 일어났기 때문이다. 나는 실제로 눈을 크게 뜨고 이상 속으로 걸어 들어갔다.

나는 빈 그릇을 들고 뜨거운 모래 위를 걷고 있었다. 해야 할 일은 분명했다. 저승의 강과 연결된 샘을 찾아 죽음의 물을 가득 채운 후 한 방울도 흘리지 않고 돌아와 웅깃에게 바쳐야 했다. 이 이상에서 나는 웅깃이 아니었다. 웅깃의 노예 내지는 죄수였다. 모든 과업을 완수하면 자유롭게 풀어 줄 것 같았다. 그래서 발목까지 쑥쑥 빠지는 메마른 모래 위를 걸었다. 허리까지 모래로 하얗게 뒤덮였고 목구멍도 모래로 따끔거렸다. 머리 위로는 정오의 폭염이 이글거렸으며 해가 너무 높아 그늘 한 점 찾아볼 수 없었다. 죽음의 물이 너무나 마시고 싶었다. 그 물이 아무리 쓰다 해도 태양이 없는 곳에서 흘러나왔으니 차가울 것이 분명했기 때문이다. 나는 백 년 동안 걸었다. 마침내 거대한 산맥의 발치에서 사막은 끝이 났다. 험한 바위와 산봉우리와 부스러져 내리는 절벽이 있어 아무도 오르지 못할 것처럼 보였다. 돌덩이가 계속 부서지며 높은 곳에서부터 떨어져 내리고 있었다. 들리는 것이라고는 그것들이 이쪽저쪽 부딪치며 우르르 쾅쾅 구르는 소리와 모래 위로 쿵쿵 떨어지는 소리뿐이었다. 그 떨어지는 돌덩이들을 보았을 때 처음에는 그것들만 있다고, 그 뜨거운 표면 위에 어른거리는 것은 구름의 그림자들뿐이라고 생각했다. 그러나 구름은 한 점도 없었다. 그제야 실상이 보였다. 그 산은 서로 끝없이 엉겨 붙고 미끄러지는 무수한 뱀과 전갈들로 이루어져 있었다. 그곳은 거대한 고문실이었고 그 도구들은 전부 살아 있는 것들이었다. 내가 찾는 샘은 그 산 한가운데서 솟아나고 있었다.

"절대로 올라갈 수 없어."

내가 말했다.

나는 모래밭에 앉아 살이 타서 뼈와 분리될 것 같은 느낌이 들 때까지 산을 올려다보았다. 그러다가 마침내 그늘이 나타났다. 오, 신들이 자비롭게도 구름을 보내 주시는 것인가? 하늘을 올려다보다 여전히 머리 위로 내리꽂히는 태양빛에 눈이 멀 뻔했다. 마치 한낮이 결코 지나가지 않는 나라에 들어온 듯했다. 끔찍한 태양빛에 눈알이 뚫릴 듯한 와중에서도 드디어 무언가가 눈에 들어왔다. 푸른 하늘에 검은 점, 그러나 구름이라고 하기에는 너무 작았다. 회전하는 모습을 보고 새라는 걸 알아챘다. 빙빙 돌며 내려오는 새는 독수리인 것이 분명했다. 그러나 신들의 독수리는 파르스 고원에서 본 독수리보다 훨씬 더 컸다. 새는 모래 위에 사뿐히 내려앉더니 나를 보았다. 노사제와 약간 닮은 얼굴이었으나 사제는 아니었다. 그 새는 신성한 생물이었다.

"여자여."

새가 말했다.

"너는 누구냐?"

"글롬의 여왕 오루알입니다."

"그렇다면 내가 도울 사람은 네가 아니로구나. 네 손에 있는 두루마리는 무엇이냐?"

이제 보니 내가 그때까지 내내 들고 있었던 것은 너무나 실망스럽게도 그릇이 아니라 책이었다. 모든 것이 수포로 돌아가 버렸다.

"신들에 대한 저의 고소장입니다."

내가 말했다.

독수리는 날개를 퍼덕이고 고개를 들며 큰 소리로 외쳤다.

"드디어 왔다. 신들을 고소한 여자가 왔다."

그 즉시 수백 번의 메아리가 산의 전면에서 울려 나왔다.

"신들을 고소한…… 소한 여자가…… 자가 왔다."

"오너라."

독수리가 말했다.

"어디로 갑니까?"

"재판정으로 오너라. 네 사건을 심리하겠다."

그리고 그는 한 번 더 큰 소리로 말했다.

"여자가 왔다. 여자가 왔다."

그러자 산에 있는 모든 틈과 구멍에서 사람의 모습을 한 검은 형상들이 쏟아져 나와 피할 새도 없이 나를 둘러싸 버렸다. 그들은 나를 잡아 서로에게로 밀어 넘기면서 그때마다 산을 향해 소리를 쳤다.

"여자가 왔다. 여자가 왔다."

그러자 산 속에서 여러 목소리가(목소리 같은 것이) 응답했다.

"데려오라. 재판정으로 데려오라. 그 사건을 심리하겠다."

나는 끌리고 밀리고 때로는 바위 위로 들어 올려져 마침내 크고 시커먼 입을 벌리고 있는 동굴 앞에 이르렀다.

"데려오라. 법정이 기다리고 있다."

목소리들이 말했다. 그리고 갑자기 찬 기운이 혹 끼치더니 뜨거운 햇빛에서 산속 어둠 속으로 끌고 들어갔다. 깊이, 더 깊이, 이 손에서 저손으로 서둘러 옮겨지는데 계속 우렁우렁한 소리가 울려 나왔다.

"여자가 왔다. 드디어 왔다. 재판관께 데려가자. 재판관께 데려가자."

그러더니 목소리들이 바뀌어 점점 잠잠해졌다. 그리고 이렇게 말했다.

"놓아 주라. 일으키라. 법정에서는 잠잠하라. 잠잠히 여자의 고소를 들으라."

나는 그들의 손에서 풀려나와 혼자(내 생각에는) 고요한 어둠 속에 남겨졌다. 희뿌연 빛이 비쳤다. 나는 단상 내지는 기둥 모양으로 솟아 있는 바위 위에 섰는데, 동굴이 너무 커서 옆도, 위도 보이지 않았다. 내 주변과 아래쪽에서부터 내가 서 있는 바위 바로 끝까지 어떤 어둠이 부산스럽게 밀려 올라왔다. 눈이 곧 어둠에 익숙해지면서 미명 속에 있는 것들이 보이기 시작했다. 그 어둠은 살아 있었다. 거대한 회중이 모두 나를 주목하고 있었으며, 나는 그들 머리 위 높은 자리에 서 있었다. 평화로울 때든 전쟁을 할 때든 그렇게 거대한 무리는 본 적이 없었다. 수만 명이 있었는데 전부 조용했다. 모든 얼굴이 나를 쳐다보고 있었다. 바타와 내 아버지인 선왕, 여우 선생, 아간도 보였다. 그들은 전부 유령들이었다. 어리석게도 전에는 죽은 자들이 얼마나 많은지 생각지 못했었다. 얼굴들은 그 줄의 수도 세어 볼 엄두를 내지 못할 정도로―하물며 얼굴의 수를 센다는 건 더더욱 터무니없는 일이었을 것이다.―층층이 쌓여(그 자리는 층층이 앉게 되어 있었다.) 가장자리로 갈수록 어스름 속에 가려지고 있었다. 그 거대한 장소는 죽은 자들로 가득 차 있었다. 재판이 열렸다.

저 멀리 나와 같은 높이에 재판관이 앉아 있었다. 남자일까, 여자일까? 그의 얼굴은 베일로 가려져 있었다. 머리끝부터 발끝까지 온통 검은 색이었다.

"벗기라."

재판관이 말했다.

뒤에서 손들이 나오더니 내 베일을 찢었다. 그리고 내가 걸치고 있던 누더기도 전부 찢었다. 웅깃의 얼굴을 한 늙은 할망구가 수없이 많은 눈들 앞에 알몸으로 섰다. 몸을 가릴 실오라기 하나 없이, 죽음의 물을 담을 그릇 하나 없이, 오직 책 한 권만 손에 들고서.

"네 고소장을 읽으라."

재판관이 말했다.

손에 쥔 두루마리를 보았는데, 내가 쓴 책이 아님을 바로 알아차렸다. 내가 쓴 책일 리가 없었다. 두루마리는 너무 작았다. 그리고 너무 낡았다. 바르디아가 죽어 가는 동안에도 날마다, 온종일 매달렸던 그 훌륭한 책이 아닌, 작고 초라하고 구겨진 것이었다. 나는 그걸 내던지고 밟아 버리려 했다. 누군가 내 고소장을 훔쳐 가고 이걸 내 손에 남겨 놓았다고 말하려고 했다. 그러나 나는 어느새 그것을 펼치고 있었다. 속에는 빼곡히 글자들이 적혀 있었으나 내 글씨가 아니었다. 전부 형편없이 끼적거려 놓은 낙서였다. 한 획 한 획 야비하면서도 야만적인 것이 마치 아버지의 으르렁거리는 소리 같았고 웅깃의 돌에 나타난 망가진 얼굴 같았다. 엄청난 공포와 혐오감이 나를 뒤덮었다. 나는 생각했다.

'저들이 무슨 짓을 해도 난 이걸 읽지 않을 거야. 내 책을 돌려줘.'

그러나 나는 이미 그것을 읽고 있었다. 내가 읽은 내용은 다음과 같았다.

"난 당신들이 무슨 말을 할지 압니다. 진짜 신들은 결코 웅깃 같지 않다고, 나는 진짜 신을 보고 신의 궁전까지 보았으니 마땅히 그걸 알 거라고 하겠지요. 위선자들! 물론 나는 압니다. 하지만 그걸 안다고 내 상처가 치유되나요! 당신들이 웅깃이나 그림자 야수 같은 존재였다면 오히려 참을 수 있었을 겁니다. 프시케가 자기 궁전에 대해, 연인이요 남편인 존재에 대해 말하기 전까지는 나도 당신들을 증오하지 않았다는 걸 잘 알 겁니다. 왜 내게 거짓말을 했습니까? 당신들은 야수가 그 아일 삼킬 거라고 했습니다. 그런데 왜 삼키지 않았지요? 그랬다면 그 아이를 위해 애통하며 유해를 묻어 주고 무덤을 만들어 주었을 텐데…… 그런데…… 당신들은 그 아이의 사랑을 훔쳐 가 버렸습니다! 당신들이 정말 그걸 모를 리가 있습니까? 당신네 신들이 아름다우면 우리 인간들이 당신들을 더 감당하기 쉬운 존재로 여길 것 같습니까? 내가 말해 주지요. 당신들이 아름다울수록 우리는 천 배나 더 힘들어집니다. 그 아름다움으로(난 아름다움이 무슨 효과를 내는지 압니다.) 유혹하고 꾈 테니까요. 우리에게는 아무것도 남겨 주지 않고 싹 다 가져가겠지요. 우리가 간직할 만한 것이나 당신들이 가져갈 만한 것들은 모조리. 우리가 가장 사랑하는 사람들, 누구보다 사랑할 만한 사람들을 당신들은 영락없이 골라가 버립니다. 오, 당신들이 아름다움을 드러내면 드러낼수록 그런 일은 계속되고 점점 더 심해지리라는 걸 능히 알 수 있지요. 신들의 영원한 부름, 부름, 부름에 아들은 어미에게 등을 돌리고 신부는 신랑을 빼앗깁니다. 그들은 우리가 따라갈 수 없는 먼 곳으로 떠나 버립니다. 당신들이 사악하고 탐욕스러운 편이 차라리 우리에게는 훨씬 더 낫습니다. 사랑하는 자의 마음이 아닌 피를 빨아먹는 편이 낫다고요. 사랑하는 자가 당신들의 것이 되어 영원히 사느니 차라리 내 것인 채로 죽는 편이 낫습니다. 그런데 그 아이의 사랑을 빼앗고 내가 보지 못하는 걸 그 아이에겐 보여 주다니……. 오, 당신들은 그 아이의 궁전이 진짜라는 표징을 내가 충분히 보았다고, 내가 원하기만 했다면 진실을 알 수 있었다고 말하겠지요. (지난 40년간 그렇게 속삭였잖아요.) 하지만 내가 어떻게 그걸 원할 수 있었겠습니까? 말해 보세요. 그 아이는 내 것이었습니다. 그런데 무슨 권리로 그 까마득히 높은 곳으로 그 아이를 훔쳐 가 버린 겁니까? 당신들은 내가 질투한다고 말하겠지요. 내가 프시케를 질투한다고요? 그 아이가 내 것일 때에는 그러지 않았습니다. 당신들이 방향을 바꾸었다면, 그 아이가 아닌 내 눈을 열어 주었다면 내가 보여 주고 말해 주고 가르쳐 주고 이끌어서 그 아이를 내 자리까지 올려 놓았을 겁니다. 그런데 내가 심어 주지 않는 생각은 하지도 못하던(해서도 안 되는) 그 건방진 계집애가 선견자요 예언자요 여신에 버금가는 존재인 척하다니……. 누가 그런 걸 참고 볼 수가 있겠습니까? 그래서 당신들이 아름답든 사악하든 차이가 없다는 것입니다. 어떤 신이든 신이 있다는 것 자체가 우리에게는 재앙이며 부당한 고통입니다. 당신들과 우리는 같은 세상에 공존할 수 없습니다. 당신들의 나무 그늘에서는 우리가 번성할 수가 없어요. 우리는 우리 자신의 것이 되고 싶습니다. 나는 내 것이었고 프시케도 내 것이었습니다. 그 아이에게 권리를 행사할 사람은 나뿐이었다고요. 오, 당신들은 내가 결코 줄 수 없는 지복과 기쁨의 세계로 그 아이를 데려갔다고, 내가 그 아이를 위한다면 마땅히 그걸 기뻐해야 했다고 말하겠지요. 그러나 왜 그래야 합니까? 내가 주지도 않은 행복, 그 아이와 날 갈라 놓은 그 끔찍하고 새로운 행복에 내가 왜 상관해야 한단 말입니까? 그 아이가 그런 식으로 행복하기를 바랐을 것 같습니까? 차라리 내 눈앞에서 야수가 그 아이를 찢어 죽이는 걸 보는 편이 낫지요. 당신들이 그 아이를 행복하게 해 주려고 훔쳐 갔다고요? 흥, 살살 웃어 가며 살금살금 다가와 감언이설로 남의 아내나 종이나 개를 꾀어

내는 사기꾼도 그렇게 말할 걸요. 그래, 개. 그 말이 딱 맞아. 내 개를 먹여 주어 고맙다고 해야겠군. 내 개한테는 당신들의 식탁에서 떨어지는 부스러기가 필요치 않았어. 그 아이가 누구 거였는지 잊어버렸나? 그 아이는 내 것이었어. **내 것**. 무슨 뜻인지 모르겠어? 내 거라고! 당신들은 도둑이고 사기꾼들이야. 그게 내가 당한 불의야. 난 당신들이 피를 마시고 인간을 잡아먹는다고 고소하는 게 아니야. (지금은 그런 게 아니야.) 그걸 넘어서……."

"그만."

재판관이 말했다.

주변은 아주 조용했다. 나는 그제야 처음으로 내가 무슨 짓을 했는지 알게 되었다. 두루마리를 읽으면서 읽는 데 이렇게 오랜 시간이 걸린다는 게 이상하기는 했다. 그것은 작은 것이었기 때문이다. 그런데 이제 보니 나는 같은 내용을 읽고 또 읽고 있었다. 열두 번은 족히 읽었을 것이다. 재판관이 제지하지 않았다면 마지막 말이 입에서 떨어지기가 무섭게 다시 첫 줄로 돌아가 끝도 없이 읽기를 반복했을 것이다. 게다가 읽는 목소리도 낯설게 들렸다. 결국 이것이 내 진짜 목소리라는 확신이 들었다.

내가 한 번 더 읽기까지 어둠 속의 회중은 침묵을 지켰다. 마침내 재판관이 입을 열었다.

"대답을 얻었느냐?"

그가 물었다.

"네."

내가 말했다.

4

고소가 곧 대답이었다. 고소의 말을 토하는 것이 곧 대답을 듣는 것이었다. 사람들은 자기가 무슨 뜻으로 말했는지에 대해 쉽게 이야기한다. 여우 선생은 그리스어 쓰기를 가르치면서 종종 말하곤 했다.

"얘야, 네가 정말 말하려는 그걸 말해라. 네가 말하려는 것 그 이상도, 그 이하도, 다른 것도 말고 바로 그것만을 온전히 말해야 해. 그것이 말하는 기술의 전부요 즐거움의 전부란다."

번지르르한 이야기다. 오랜 세월 동안 자기 영혼의 중심부에 있었던 말, 백치처럼 내내 혼자 되뇌고 되뇌었던 말을 마침내 토하지 않을 수 없는 때가 오면 말하는 즐거움에 대해 그렇게 이야기하지 못할 것이다. 나는 신들이 우리에게 드러내 놓고 말해 주지도 않고 우리 스스로 대답을 찾지도 못하게 하는 이유를 잘 알게 되었다. 이렇게 자기 중심에 무슨 말이 있는지 찾아내지도 못한 상태에서 이게 내 말의 의미입네 떠드는 소리를 신들이 뭐 하러 귀 기울여 듣겠는가? 우리가 아직 얼굴을 찾지 못했는데 어떻게 신과 얼굴을 맞댈 수 있겠는가?

"저 아이를 제게 맡겨 주십시오."

익숙한 목소리가 말했다.

"제가 가르치겠습니다."

내 아버지였던 사람의 유령이었다.

그때 발밑에서 새로운 목소리가 들렸다. 여우 선생의 목소리였다. 나는 선생 또한 나에 대해 가혹한 증거를 들이댈 것이라고 생각했다. 그러나 그는 말했다.

"오, 미노스여, 라다만토스[8]여, 페르세포네여, 어떤 이름으로 불리든 신이시여, 이 대부분의 책임은 제게 있으니 제가 그 벌을 받아야 마땅합니다. 제가 이 아이를 가르쳤습니다. 사람이 앵무새를 가르치듯 그렇게 '시인들의 거짓말'이니 '웅깃의 거짓 형상'이니 하는 말들을 떠들도록 가르쳤습니다. 그것이 모든 의문을 종식시키는 양 착각하게 만들었습니다. 우리 속에 악마의 형상이 너무나 생생하게 실재하고 있다는 말은 한 번도 하지 않았습니다. 더욱이 웅깃의 다른 얼굴이(그에게는 천의 얼굴이 있는데)…… 어찌 되었든 살아 있는 것이라는 사실도. 또 진짜 신은 그보다 더 생생한 존재라는 것과 신들이나 웅깃은 단순한 사상이나 말이 아니라는 것도. 제가 잘 다듬어진 글에서 알아 낼 수 없었던 것들을 왜 노사제는 어두운 신전에서 알아 낼 수 있었는지에 대해서도 말해 준 적이 없습니다. 저 아이는 사람들이 아르놈의 채색된 인형에서는 아무

---

8) 그리스 신화에서 미노스와 라다만토스는 죽은 자를 심판하는 신이다.

것도 얻지 못하고 형태 없는 돌덩이에서는 무언가를 얻는 이유를 묻지 않았지요. (묻지 않길 다행이었습니다.) 저는 당연히 그 이유를 몰랐습니다. 그러나 모른다고 말하지 않았습니다. 지금도 저는 그것을 모릅니다. 다만 참된 신들에게 이르는 길은 웅깃의 신전에 더 가깝다는 것만을……. 오, 그러나 다르기도 하지요. 우리가 상상하는 것보다 더 많이 다릅니다. 그러나 그것이 쉬운 지식이요 처음 배워야 할 교훈인 것은 맞습니다. 그렇다고 그 단계에 머물러 거들먹거리며 그 교훈만 되풀이하는 자는 바보밖에 없을 겁니다. 사제는 적어도 희생제물이 필요하다는 것은 알았습니다. 그들은 제물을 바칩니다. 사람을 바칩니다. 그렇습니다. 사람의 심장, 중심, 토대, 뿌리를 바칩니다. 피처럼 진하고 강하고 값비싼 것을. 미노스여, 저를 보내 주십시오. 저의 번지르르한 말을 고칠 수 있다면 타르타로스[9]한테라도 가겠습니다. 저는 저 아이에게 물처럼 옅고 맑은 경구만 떠들면 된다는 생각을 심어 주었습니다. 물론 물은 좋은 것입니다. 그러나 비싸지는 않지요. 제가 자란 곳에서는 비싸지 않았습니다. 저는 그렇게 값싼 언어로 저 아이를 키운 겁니다."

나는 거짓말이라고, 선생은 나를 언어가 아닌 사랑으로 키웠다고, 값진 모든 것을 신에게는 바치지 않았어도 내게는 다 주었다고 소리치고 싶었다. 그러나 기회가 없었다. 재판은 끝난 듯 보였다.

"정숙하라."

재판관이 말했다.

"이 여자는 원고이지 피고가 아니다. 고소를 당한 쪽은 신들이다. 그

----

9) 그리스 신화의 신으로서 지하세계의 가장 밑에 있는 나락을 의미한다.

들은 대답을 했다. 신들이 여자를 고소하면 더 높으신 재판관과 더 뛰어
난 법정이 이 사건을 심리할 것이다. 여자를 풀어 주어라."

　바위기둥 위에서 어디로 가야 하나? 나는 사방을 둘러보았다. 그리고
고민을 끝내기 위해 유령들로 이루어진 검은 바다로 몸을 던졌다. 그러
나 동굴 바닥에 떨어지기도 전에 한 유령이 뛰어나와 강한 팔로 안아서
받았다. 여우 선생이었다.

　"할아버지!"

　내가 소리쳤다.

　"생생하고 따뜻하네요. 호메로스는 죽은 자는 안을 수 없다고 했는
데……. 그들은 그저 그림자일 뿐이라고."

　"애야, 내 사랑하는 딸아."

　여우 선생이 예전처럼 내 눈과 머리에 입을 맞추며 말했다.

　"내가 말한 것 중에 한 가지는 참이란다. 시인들은 종종 틀린 말을 하
지. 하지만 나머지 말들은, 아, 날 용서해 주겠니?"

　"제가 할아버지를 용서한다고요? 아니, 아니, 난 말해야겠어요. 할아
버지가 자유인이 된 후 글룸에 머물러야 할 그럴듯한 이유들을 꾸며 낸
건 다 날 사랑해서였지요. 단지 나를 향한 연민과 사랑 때문에 머무르셨
다는 걸 전 알고 있어요. 그리스에 가고 싶어 마음이 찢어졌다는 것도.
그때 할아버지를 보내 드렸어야 했어요. 저는 목마른 짐승처럼 할아버
지가 주시는 걸 다 핥아먹었지요. 오, 할아버지, 안싯이 옳았어요. 저는
남들의 목숨으로 배를 불렸던 거예요. 제 말이 맞지 않나요?"

　"그래, 애야, 맞다. 차라리 기쁘구나. 내가 용서해야 할 거리를 주니
말이다. 그러나 난 너의 재판관이 아니야. 이제 너의 진정한 재판관들께

가야 한단다. 내가 데려다 주마."

"제 재판관들이라고요?"

"그래, 얘야. 너는 신들을 고소했지. 이제는 네 차례란다."

"저는 자비를 소망할 수가 없어요."

"무한한 소망과 두려움을 다 갖게 될 게다. 어떤 판결이 내려지든 공평하지는 않으리라는 걸 확실히 알아 두려무나."

"신들은 공평한 존재가 아닌가요?"

"오, 아니란다, 얘야. 신들이 공평하다면 우리가 어떻게 되겠느냐? 일단 와서 보려무나."

여우 선생이 어딘가로 나를 끌고 갔는데, 다가갈수록 빛이 점점 더 강해졌다. 여름날의 푸르른 빛이었다. 마침내 햇살이 포도나무 이파리들 사이로 새어 들어왔다. 시원한 방이었는데 삼면은 벽이었고 네 번째에만 기둥과 아치가 있어 밖에 있는 포도나무가 그것들을 휘감아 오르고 있었다. 빛의 기둥과 부드러운 이파리들 너머, 그 사이로 고른 잔디밭과 빛나는 물이 보였다.

"누가 널 부르러 올 때까지 기다려야 한다."

여우 선생이 말했다.

"하지만 여기에도 공부할 게 많단다."

이제 보니 이야기가 담긴 그림들이 벽을 가득 채우고 있었다. 글롬은 그림 기술이 별로 없기 때문에 내가 훌륭하다 한들 그리 큰 찬사는 되지 못할 것이다. 그러나 그 그림을 보는 인간이라면 누구나 놀라워하리라고 생각한다.

"여기에서 시작된단다."

여우 선생이 내 손을 잡고 벽 쪽으로 끌고 갔다. 전에 아버지가 두 번이나 그랬듯이 날 거울로 끌고 가는 것은 아닌가 싶어 순간적으로 두려웠다. 그러나 그림을 알아볼 정도로 가까이 다가가기 전, 그 색채의 아름다움만으로도 두려움은 머릿속에서 사라져 버렸다.

우리는 벽 앞에 섰고, 나는 그림에 담긴 이야기를 볼 수 있었다. 한 여자가 강기슭으로 걸어가고 있었다. 그려진 자세를 보니 걸어가고 있다는 걸 알 수 있었다는 뜻이다. 처음에는 그랬다. 그런데 그것을 알아보기가 무섭게 그림이 살아나더니 물결이 움직이고 갈대가 그 물결에 흔들리며 풀들이 미풍에 살랑거리고 실제로 여자가 강가로 걸어가는 모습이 보였다. 여자는 강가에 서서 몸을 굽히더니 발을 가지고 무언가를—처음에는 뭘 하는지 몰랐다.—하는 듯했다. 그 여자는 허리끈으로 발목을 묶고 있었다. 자세히 들여다보았다. 그 여자는 내가 아니었다. 프시케였다.

나는 늙은 데다 시간도 없기에 그 아름다움을 또 다시 이야기할 수가 없다. 그러나 그 어떤 것으로도, 내가 할 수 있는 그 어떤 말로도 그 아이가 얼마나 아름다웠는지 표현할 길이 없다. 마치 그 아이를 처음 본 것 같았다. 아니면 그동안 잊어버렸거나……. 아니, 밤이고 낮이고 어느 한 순간도 그 아름다움을 잊었을 리는 없었다. 그러나 이 모든 것은 순식간에 스쳐 간 생각으로서, 그 아이가 강에서 하려는 짓을 본 순간 공포에 다 휩쓸려가 버렸다.

"그러지 마. 그러지 마."

나는 소리쳤다. 내 말이 들리기라도 할 것처럼 미친 듯이. 어찌 되었든 그 아이는 하던 짓을 멈추더니 발목을 풀고 가 버렸다. 여우 선생은 다음 그림으로 나를 이끌었다. 그 그림도 살아났다. 동굴인지 지하감옥인지 캄캄한 어둠 속을 열심히 들여다보니 무언가 움직이는 것이 보였는데 바로 프시케였다. 누더기를 걸친 프시케가 쇠 차꼬를 차고 낟알을 골라 쌓고 있었다. 그런데 무엇보다 이상한 점은 그 얼굴에서 고뇌를 찾아볼 수가 없다는 것이었다. 그 아이는 진지했다. 어릴 때 어려운 내용을 배울 때처럼 미간을 모으고 있었다. (그 표정은 그 아이에게 잘 어울렸다. 어떤 표정인들 어울리지 않으랴?) 그러나 거기에 절망감은 없다는 생각이 들었다. 물론 나는 그 이유를 알았다. 개미들이 돕고 있었던 것이다. 바닥은 개미들로 새까맣게 덮여 있었다.

"할아버지, 이건—"

"쉿."

여우 선생이 굵고 주름진 손가락을 내 입술에 갖다 댔다. (이렇게 오랜 후에 그 감촉을 다시 느끼게 되다니!) 그는 다음 그림으로 나를 이끌어 갔다.

우리는 신들의 풀밭에 와 있었다. 프시케가 고양이처럼 살금살금 관목 울타리를 따라 기어가는 모습이 보였다. 그 아이는 몸을 세우더니 손가락을 입술에 대고 어떻게 황금 양털을 한 오라기 얻을 수 있을까 궁리했다. 그런데 이번에도 나는 그 얼굴을 보고 놀라지 않을 수 없었다. 그 아이는 곰곰이 생각하고 있었지만 단순히 놀이를 즐기는 듯했다. 예전에 푸비가 구슬놀이를 하는 걸 보고 나와 함께 어떻게 하는 건가 궁리했던 때처럼. 심지어는 당황스러워하는 자기 모습을 보고 속으로 약간 웃는 듯하기도 했다. (그런 모습도 그 아이가 어릴 적 실수로 일을 그르쳤을 때 본 적이 있었다. 그 아이는 선생에게뿐 아니라 자기 자신에게도 참을성을 잃지 않았다.) 그러나 그리 오랜 시간이 걸리지는 않았다. 침입자의 냄새를 맡은 양들이 프시케에게 등을 돌리더니, 그 무시무시한 머리를 꼿꼿이 세우고 다시 싸울 태세로 몸을 낮춘 채 풀밭 다른 쪽 끝에 있는 적에게 몰려가 끝없는 황금 물결 내지는 벽으로 그 적을 휩싸 버렸기 때문이다. 프시케는 웃음을 터뜨리고 손뼉을 치며 울타리에서 반짝이는 것을 쉽게 수확했다.

다음 그림에는 프시케와 내가 있었다. 그러나 나는 그림자일 뿐이었다. 둘 다 불타는 사막을 건너기 위해 안간힘을 쓰고 있었는데, 프시케는 빈 그릇을 들었고 나는 독설로 가득 찬 책을 들었다. 그 아이는 나를 보지 못했다. 얼굴은 더위로 창백하고 입술은 갈증으로 갈라졌으나, 그 옛날 여우 선생과 나하고 함께 여름날 언덕으로 소풍을 다녀오면서 더위와 갈증으로 종종 창백해졌을 때보다 더 안돼 보이지는 않았다. 그 아이는 명랑하고 활기찼다. 입술이 움직이는 걸 보니 노래하고 있는 것이 분명했다. 프시케가 절벽 가에 이르면서 나는 사라져 버렸다. 독수리가 날아와 그릇을 낚아채더니 죽음의 샘물을 가득 채워 돌려주었다.

세 벽 중에 두 벽을 둘러보았고, 이제 세 번째 벽이 남아 있었다.

여우 선생이 말했다.

"애야, 이해했느냐?"

"이 그림들이 진실인가요?"

"여기 있는 것들은 전부 진실이지."

"하지만 그 아이는 어떻게, 정말 어떻게 그런 일을 하고 그런 곳에 가면서도— 할아버지, 그 아이는 힘들어하지 않았어요. 심지어 행복해 보이기까지 했어요."

"다른 사람이 자기 고뇌를 거의 다 짊어져 주었기 때문이지."

"저 말인가요? 어떻게 그런 일이 가능하지요?"

"그것도 내가 너한테 가르친 진실 중에 하나란다. 기억나지 않느냐? 우리는 전체의 지체이며 일부란다. 따라서 서로의 지체이자 일부이기도 하지. 인간과 신들은 서로 넘나들며 섞여 있단다."

"오, 감사합니다. 신들을 찬양합니다. 그렇다면 정말로 내가―"

"그 아이의 고뇌를 짊어져 준 거지. 하지만 그 아이도 자기 과업을 완수했단다. 이래도 공평함을 바라겠느냐?"

"놀리시는 거예요, 할아버지? 공평함이라고요? 오, 저는 여왕이었기에 공평을 요구하는 백성들의 외침에 귀를 기울여야 한다는 걸 잘 알지요. 하지만 제가 바라는 건 그런 게 아니에요. 바타의 투덜거림, 레디발의 불평 불만. '왜 난 안 돼?' '왜 저 애만 돼?' '공정하지 않아.' 그 말만 계속 되풀이한다고요. 맙소사!"

"그렇다, 딸아. 하지만 지금은 마음을 단단히 먹고 세 번째 벽을 보거라."

우리는 프시케가 지하의 넓은 길을 홀로 걸어가는 것을 보았다. 경사는 완만했으나 길은 아래로, 계속 아래로만 뻗어 있었다.

"이것이 웅깃이 명한 마지막 과업이었다. 프시케는―"

"진짜 웅깃이 있다는 말씀인가요?"

"모든 인간은 태어날 때 웅깃의 신전으로 들어가지. 프시케도 마찬가지야. 그리고 모든 인간은 웅깃에게서 벗어나야 한단다. 또는 각 사람속에 있는 웅깃은 아들을 잉태해야 하고 그 아들을 낳으면서 죽어야 한다고, 또는 변화되어야 한다고 표현할 수도 있지. 이제 프시케는 저승으로 내려가 저승의 여왕, 죽음 그 자체로부터 아름다움을 받아 상자에 담아 와야 한단다. 웅깃이 아름다워질 수 있도록 그것을 가져다주어야 해. 그런데 그 길에는 지켜야 할 규칙이 있단다. 두려움이든 호의든 사랑이든 연민이든 그 어떤 마음으로도 가는 도중에 입을 열면, 다시는 햇빛 비치는 세상으로 돌아올 수가 없어. 프시케는 침묵하며 망자의 여왕 앞까지 곧장 걸어가야 한단다. 모든 게 거기 달렸지. 이제 지켜보려무나."

그 말은 할 필요가 없었다. 우리는 함께 지켜보았다. 프시케는 땅속 깊이 계속 내려갔다. 더 차고, 더 깊고, 더 어두운 곳으로. 그러다가 마침내 길 한편으로 싸늘한 빛이 한 줄기 비치면서 프시케가 가야 할 거대한 굴 내지는 회랑(내 눈에는 그렇게 보였다.)이 열렸다. 그 차가운 빛 속에 거대한 폭도의 무리가 있었다. 옷차림과 말투를 보아 글롬 백성임을 금세 알 수 있었다. 내가 아는 얼굴들도 보였다.

"이스트라! 공주님! 웅깃이여!"

백성들이 그 아이 쪽으로 손을 뻗으며 소리쳐 불렀다.

"우리와 함께 있어 주십시오. 우리의 여신이 되어 주십시오. 우리를 다스려 주십시오. 신탁을 내려 주십시오. 우리의 제물을 받아 주십시오. 우리의 여신이 되어 주십시오."

프시케는 전혀 돌아보지 않은 채 계속 앞으로 걸어갔다.

"적이 누군지는 몰라도 프시케가 저 정도에 넘어질 거라고 생각했다면 그리 똑똑하지는 못하군요."

내가 말했다.

"기다려 보거라."

여우 선생이 말했다.

프시케는 앞만 보며 아래로, 점점 더 아래로 내려갔다. 이번에는 길의 왼쪽에서 빛이 비쳤다. 인물 하나가 나타났다. 나는 소스라치게 놀라 옆을 돌아보았다. 여우 선생은 여전히 내 옆에 있었다. 그러나 차가운 빛 속에서 프시케를 맞이하고 있는 인물 또한 여우 선생이었다. 그러나 내 옆에 있는 여우 선생보다 더 늙고 머리도 더 허옇고 더 창백했다.

"오, 프시케, 프시케."

여우 선생이 그림 속에서(아니, 다른 세상이라고 해야겠다. 그것은 칠해 놓은 그림이 아니었다.) 말했다.

"이 무슨 어리석은 짓이냐? 땅 밑 굴속을 헤매 다니면서 지금 뭘 하고 있는 게냐? 뭐? 저승으로 가는 길이라고? 신들이 널 이리로 보냈다고? 전부 사제와 시인들이 지어낸 거짓말이란다, 애야. 이건 동굴 내지는 폐쇄된 탄광일 뿐이야. 네가 상상하는 저승이나 신들 같은 건 없다. 내 가르침이 이것밖에 되지 않았단 말이냐? 네가 복종해야 할 신은 네 속에 있는 신이야. 이성과 침착함과 자기규율 말이다. 아서라, 애야, 평생 야만인으로 남고 싶은 게냐? 난 네게 명료하고 성숙한 그리스의 영혼을 줄 작정이었는데. 하지만 아직도 시간은 있다. 내게로 오너라. 이 어둠 속에서 끌어내 주마. 배나무 뒤의 풀밭으로 돌아가자. 모든 것이 명료하고 확실하며 한계가 분명하고 단순한 그곳으로."

그러나 프시케는 돌아보지 않고 계속 걸어갔다. 그 아이가 세 번째로 이른 곳은 어두운 길의 왼쪽에 작은 빛이 비치는 곳이었다. 그 빛 한가운데 한 여자의 형상이 솟아났다. 모르는 얼굴이었다. 그러나 그 얼굴을 보았을 때 가슴을 찌르는 듯한 연민이 느껴졌다. 그 얼굴은 울고 있지 않았지만 눈을 보면 이미 너무 울어서 말라 버린 것을 알 수 있었다. 절망과 수치와 간청과 한없는 질책이 담긴 눈이었다. 프시케를 생각하니 몸이 떨려 왔다. 나는 그 여자가 프시케를 함정에 빠뜨려 길에서 벗어나게 하기 위해 나타났다는 것을 알고 있었다. 그러나 그 아이도 알까? 안다 해도 그렇게 사랑과 연민이 넘치는 아이가 과연 저 여자를 지나쳐 갈 수 있을까? 그것은 너무나 어려운 시험이었다. 프시케의 눈은 정면을 향하고 있었다. 그러나 너무나 당연하게도 그 여자를 힐끗 보고 말았다. 그 아이의 온몸이 떨리기 시작했다. 입술이 씰룩씰룩하는 것이 금방이라도 울음을 터뜨릴 것 같았다. 그 아이는 입술을 앙다물고 계속 가려고 했다.

'오, 위대한 신들이시여, 저 아이를 보호해 주십시오.'

나는 속으로 말했다.

'빨리, 빨리 지나가.'

그 여자가 프시케에게 두 손을 내밀었다. 왼팔에서 피가 흐르는 것이 보였다. 그때 들려온 목소리가 어떠했던가! 너무나 깊으면서도 여자답고 열정으로 가득 차 있어서 재미있는 말이나 경솔한 이야기를 해도 사람의 마음을 움직일 것 같았다. 그런데 그 목소리가 지금 강철 심장을 녹이려 하고 있었다. (누가 그런 소리에 저항할 수 있으랴?)

"오, 프시케!"

그 소리가 울부짖었다.

"오, 내 아이, 내 하나뿐인 사랑. 돌아와. 돌아와. 우리의 행복했던 옛 세상으로 돌아와. 마야에게로 돌아와."

프시케는 피가 나도록 입술을 깨물며 비통하게 울었다. 울부짖는 오루알의 슬픔보다 그 아이의 슬픔이 더 크게 느껴졌다. 오루알은 그저 괴로워하기만 하면 되었다. 그러나 프시케는 괴로워하면서도 자기 길을 가야만 했다. 프시케는 계속 걸어갔다. 그렇게 죽음을 향해 사라져 갔다. 그것이 그림의 마지막이었다.

다시 여우 선생과 나만 남았다.

"정말 우리가 그 아이에게 이런 짓들을 한 걸까요?"

내가 물었다.

"그래. 여기 있는 건 다 진실이란다."

"그러면서도 우리는 그 아이를 사랑한다고 했군요."

"그랬지. 프시케에게 가장 위험한 적은 바로 우리였단다. 먼 훗날, 신들이 온전히 아름다워지면, 아니 신들은 늘 아름다웠다는 것을 드디어 우리가 알게 되면 이런 일이 더 자주 일어날 게다. 네 말대로 인간들은 점점 더 질투하게 될 테니까. 어미와 아내, 아내와 친구가 전부 힘을 합쳐 영혼이 신성한 자연과 연합되는 걸 막으려 들겠지."

"그렇다면 제가 프시케를 잔인하다고 생각했던 옛날의 그 끔찍했던 시절에…… 그 아이가 저보다 더 괴로워했을까요?"

"그때 프시케는 널 위해 많은 걸 견뎌야 했단다. 그 후에는 네가 그 아이를 위해 짐을 져 주었고."

"언젠가 신들이 이렇게 아름다워질 날이 올까요, 할아버지?"

"신들이 말하기를…… 하지만 이미 죽은 나도 그들의 언어를 몇 토막 밖에는 알아듣지 못한단다. 한 가지는 분명히 알지. 우리 시대는 언젠가 먼 과거가 될 게야. 그리고 신성한 자연은 과거를 바꾸어 놓을 수 있지. 아직은 어떤 것도 참된 모습을 갖추지 못하고 있단다."

그가 말하는 동안 밖에서 여러 소리들이 들려왔다. 감미로우면서도 두려운 그 소리들이 외쳤다.

"그분이 오신다. 여주인이 궁전으로 돌아오신다. 여신 프시케가 죽음에게서, 저승의 여왕에게서 아름다움의 상자를 받아들고 돌아오신다."

"이리 오너라."

여우 선생이 말했다. 이제 내 속에는 아무 의지도 남아 있지 않은 것 같았다. 그가 내 손을 잡고 기둥 사이를 지나(포도나무 이파리들이 머리를 스쳤다.) 따뜻한 햇살 속으로 나갔다. 우리는 풀이 덮인 아름다운 뜰에 서 있었고, 위에는 맑고 푸른 하늘이 펼쳐져 있었다. 뜰 가운데에는 많은 이들이 함께 헤엄치며 놀 만큼 넓고 맑은 물이 담긴 욕장이 있었다. 보이지 않는 사람들이 부산하게 움직였고, 더 많은 목소리가 들렸다. (이제는 어느 정도 숨죽인 소리였다). 다음 순간 나는 얼굴을 땅에 대고 엎드렸다. 프시케가 온 것이다. 나는 그 발에 입을 맞추었다.

"오, 프시케, 여신이여."

내가 말했다.

"다시는 당신을 내 것이라 부르지 않겠습니다. 오히려 제게 있는 것이 다 당신 것입니다. 아, 그러나 제게는 가치 있는 게 없다는 걸 당신도 아시지요. 저는 당신이 잘되길 바란 적이 없었고, 사심없이 당신만을 생각한 적도 없었습니다. 저는 욕심덩어리였습니다."

프시케는 몸을 숙여 나를 일으켜 세웠다. 내가 일어나지 않으려 하자 그녀가 말했다.

"아, 마야, 사랑하는 마야, 일어나요. 나는 아직 상자를 드리지 못했어요. 웅깃을 아름답게 해 줄 아름다움을 가지러 먼 길을 다녀온 걸 알잖아요."

나는 일어났다. 이곳에서는 흐르지 않는 일종의 눈물 같은 것으로 온통 범벅이 된 채로. 프시케는 내 앞에 서서 무언가를 내밀었다. 그녀가 정말 여신인 것을 알 수 있었다. 내 손에 닿은 그녀의 손은 불처럼 뜨거웠다. (그러나 고통은 없었다.) 옷과 팔다리와 머리카락에서 풍기는 분위기는 야성적이면서도 감미로웠다. 그것을 들이마시자 젊음이 가슴속으로 흘러드는 것 같았다. 이 모든 것에도 불구하고(뭐라고 표현해야 할지 모르겠는데), 아니 이 모든 것 때문에 그녀는 더 예전의 프시케다웠다. 천 배나 더 제물로 바쳐지기 전의 프시케다웠다. 전에도 있기는 했지만 한 순간 한 몸짓에만 반짝 나타났던 모든 것, 그녀의 이름을 부를 때 거기 담겨 있던 모든 의미가 이제야말로 온전히 드러나고 있었다. 여러 조각이나 파편을 그러모은 모습도 아니었고, 이 순간 저 순간에 조금씩 나타나던 모습도 아니었다. 여신이라고? 나는 이보다 더 진정한 인간 여자를 본 적이 없었다.

"내가 말했잖아요, 마야."

그녀가 말했다.

"우리 사이에 구름 한 점 없이 내 집에서 만날 날이 올 거라고."

너무 기뻐서 말조차 나오지 않았다. 이제야말로 인간의 영혼이 감당할 수 있는 가장 충만한 상태, 가장 높은 상태에 도달했다는 생각이 들었다. 그런데 이건 뭐지? 덧문을 열어젖힐 때 쏟아지는 여름의 환한 아침 햇살 앞에 연회장을 밝혔던 횃불들이 빛을 잃는 모습을 본 적이 있을 것이다. 지금이 그랬다. 나는 갑자기 프시케의 얼굴에 나타난 기이한 표정을 보면서(그때 나는 그녀가 말하지 않은 것이 있음을 알아차렸다.), 우리 위에 펼쳐져 있던 하늘의 푸른색이 영광스럽고도 장엄하게 더 짙어지는 것을 보면서, 주변을 둘러싸고 있던 보이지 않는 존재들의 입술에서 한숨처럼 깊은 숨이 새어 나오는 것을 보면서, 깊고 불안하고 떨리는 무언가가 마음에 짚이는 것을 느끼면서, 이 모든 것은 단지 준비단계에 불과함을 알 수 있었다. 무언가 훨씬 더 큰 일이 일어날 것이다. 목소리들이 다시 말을 했다. 이번에는 크지 않았다. 목소리들은 경외감으로 떨리고 있었다.

"그분이 오신다."

목소리들이 말했다.

"신께서 집으로 오신다. 신께서 오루알을 심판하러 오신다."

프시케가 내 손을 잡아 주지 않았다면 그대로 주저앉아 버렸을 것이다. 그녀는 나를 연못가로 데려갔다. 주변의 공기가 점점 더 밝아졌다. 마치 무언가에 불이 붙은 것 같았다. 숨을 쉴 때마다 새로운 두려움과 기쁨과 감당할 수 없는 감미로움이 밀려들었다. 화살이 내게 날아와 박혔다. 나는 해체되고 있었다. 나는 아무것도 아니었다. 사실 이것은 말할 필요조차 없는 것이다. 어떤 의미에서는 프시케조차 아무것도 아니었으니까. 나는 한때 더 이상 사랑할 수 없을 것처럼, 그녀를 위해서라면 어떤 죽음이라도 불사할 정도로 그녀를 사랑했다. 그러나 지금은 그녀조차 참으로 중요하지 않았다. 그녀가 중요하다면(오, 그녀는 영광스러운 이유에서 중요했는데) 그것은 다른 분 때문이었다. 땅과 별과 해, 전에 있었고 앞으로 있을 모든 것은 바로 그분을 위해 존재하는 것이었다. 그분이 오고 있었다. 가장 두렵고 가장 아름다운 분, 유일한 두려움이요 아름다움이신 분이 오고 있었다. 그분이 다가오시자 연못 양쪽에 늘어선 기둥들이 붉게 빛났다. 나는 눈을 떨구었다.

프시케와 내가 서 있는 앞쪽 수면 위에 두 사람의 그림자가 발끝에서 머리끝까지 비치고 있었다. 저게 누구의 그림자지? 옷을 입은 프시케와 벗은 프시케인가? 그랬다. 둘 다 프시케였다. 둘 다 상상할 수 없을 만큼 아름다우면서도(지금도 그게 문제가 된다면) 완전히 똑같지는 않은 프시케였다.

"너 또한 프시케가 되리라."

위대한 목소리가 들려왔다. 그제야 고개를 들었는데, 내가 감히 그렇게 했다는 것이 놀라웠다. 그러나 신도 없었고 기둥이 늘어선 뜰도 없었다. 나는 바보 같은 책을 손에 든 채 궁전 정원에 있었다. 내 생각에는 신탁이 들리기 직전에 눈앞의 이상이 사라진 듯하다. 그분의 말씀이 여전히 귓전에 울리고 있었기 때문이다.

그것이 나흘 전의 일이다. 나는 풀밭에 쓰러진 채 발견되었고 여러 시간 입을 열지 못했다. 늙은 육신은 그런 경험을 감당하기가 더 어려운 법이다. 아마도 영혼은 그런 걸 볼 필요가 없을 것이다. (하지만 누가 알겠는가?) 아르놈이 무슨 생각을 하고 있는지 안다. 그는 내 임종이 임박했다고 여기고 있다. 그가 우는 게 이상하다. 시녀들이 우는 것도. 내가 그들에게 무슨 좋은 일을 해 주었다고? 진작 다란을 데려다가 그를 사랑하는 법을 배웠어야 했는데. 또 가능하다면 그에게 이 사람들을 사랑하는 법도 가르쳤어야 했는데.

나는 첫 번째 책을 신들에게는 **대답할 말이 없다**는 말로 끝냈다. 주여, 이제는 당신이 왜 대답지 않으셨는지 압니다. 당신 자신이 대답이십니다. 모든 질문은 당신의 얼굴 앞에서 사라져 버립니다. 다른 무슨 대답을 들은들 만족하겠습니까? 다 말, 말뿐입니다. 다른 말들과 싸우기

위해 끌어내는 말. 오랫동안 저는 당신을 미워했고, 오랫동안 당신을 두
려워했습니다. 이제는ㅡ

아프로디테의 사제인 나 아르놈은 이 두루마리를
귀히 여겨 신전 안에 간직하는 바이다.
"이제는" 이라는 말 다음에 남겨진 흔적으로 볼 때
여왕폐하가 돌아가실 때 고개가 앞쪽으로 떨어졌던 것이
분명하다. 그래서 그 다음 글은 알아볼 수 없게 되었다.
이 책은 세상 이편에 살았던 모든 군주들 중에 가장 현명하고
정의롭고 용맹하고 행복하고 자비로우셨던 글롬의 여왕
오루알께서 친히 쓰신 것이다.
혹시 그리스로 가는 나그네가 이 책을 보게 된다면
그리스로 가져가 주기를. 그것이 폐하께서 가장 원하셨던
일이었으므로. 내 뒤를 잇는 사제는
그리스로 가져가겠노라 맹세하는 나그네에게
이 책을 넘겨줄 책임을 다하기 바라노라.

신화, 인간의 상상력 속으로 들어온 거룩한 진리의 미광

송태현[●]

C. S. 루이스는 《우리가 얼굴을 찾을 때까지》가 자신이 쓴 소설 중에 가장 뛰어난 작품이라고 평가했다. 반면, 독자들과 평론가들은 이 작품을 루이스의 저작 중에서도 가장 난해한 것으로 친다. 많은 이들은 이 소설의 내용이 무엇을 의미하는지 의아해한다. 특히 신앙심 깊은 독자들은 이 작품을 읽고서 이렇게 질문할 수도 있다. 이게 무슨 기독교 소설인가. 이 작품에 내재해 있는 기독교적 의미는 대체 무엇인가.

《우리가 얼굴을 찾을 때까지》는 2세기경의 라틴어 시인 아풀레이우스가 지은 《변신》(혹은 《황금당나귀》)에 나오는 '큐피드와 프시케 신화'를 토대로 다시 쓴 신화이다. 따라서 《우리가 얼굴을 찾을 때까지》를 이

....

[●] 송태현: 문학 및 문화 비평가. 프랑스 그르노블 대학교에서 "질베르 뒤랑의 문학비평: 새로운 세계관과 비평의 쇄신"으로 박사학위를 받았으며 저서로는 《판타지─톨킨, 루이스, 롤링의 환상세계와 기독교》, 《상상력의 위대한 모험가들》이 있다.

해하기 위해서는 아풀레이우스의 '큐피드와 프시케' 이야기와 아울러 루이스의 신화관을 이해하는 것이 필요하다. (루이스는 이 책 앞부분에서 원래 신화의 내용을 소개하고 있다.)

루이스는 신화를 긍정적으로 평가했다. 그는 신화가 '인간의 상상력 속으로 들어온 거룩한 진리의 미광微光'이라고 보았다. 진리 자체는 아니지만 진리의 편린片鱗은 간직하고 있다고 본 것이다. 또한 루이스는 신화가 '복음을 위한 준비'일 수 있다고 생각했다. 그는 이교 신화들과 기독교 사이에 유사성이 있다고 보았는데, 그 유사성을 플라톤적인 메타포를 사용하여 '태양 자체'와 '연못에 비친 태양의 그림자' 관계로 이해했다. 양자가 동일한 것은 아니지만 그렇다고 해서 전혀 다른 것도 아니다. 루이스는 이교 신화를 지어낸 이들이 기독교 복음과 유사한 내용을 창작할 수 있었던 것은 그들에게 '하나님께로부터 오는 압력 pressure from god'이 있었기 때문이라고 보았다. 동시에 그는 신화에 신적인 요소 이외에도 악마적인 요소와 인간적인 요소가 함께 들어 있음을 간파하였다.

학부 시절에 루이스는 '큐피드와 프시케' 신화를 그 나름대로 변형하여 시로 쓴 적이 있다. 신(큐피드)과 함께 화려한 궁전에 사는 여동생 프시케를 질투한 언니들이 동생을 고의로 파멸시키려 한 것이 아니라, 실제로 궁전의 실체를 볼 수 없었다는 내용의 시였다. 이 신화의 변형을 처음 시도했던 학부 시절에는 무신론자였으나 그 뒤 10년쯤 지나 그리스도인이 된 그는 기독교적인 관점에서 '큐피드와 프시케' 이야기를 재창작하고픈 열망을 품게 되었다. 그리고 그 시를 쓴 후 30여 년 동안 그 이야기를 내면 깊숙이 품고 더 숙성시킨 뒤 소설 형식으로 쓰게 되었을 때, 그 새로운 신화에는 기독교적인 요소가 온축蘊蓄되었다.

하지만 루이스가 기독교적인 관점에서 아풀레이우스의 이야기를 재창작했음에도, 우리가 이 작품에서 기독교성을 간파하기는 여전히 쉽지 않다. 그것은 이 이야기 속에 기독교성이 상당히 은밀하게 숨어 있기 때문이다. 《우리가 얼굴을 찾을 때까지》의 주제 몇 가지를 짚어 봄으로써 그것이 어떻게 용해되어 있는지 살펴보기로 하자.

이 작품의 주된 주제 중 하나는 루이스가 《네 가지 사랑》에서 깊게 연구한 바 있는 '사랑'이다. 오루알은 이복동생인 프시케에게 각별한 사랑을 베푼다. 프시케가 신과 함께 화려한 궁전에 산다고 믿고 있었을 때, 오루알은 동생의 그 믿음을 흔들어 결국 신이 금지한 일—거룩한 어둠 속에서만 프시케를 찾아오는 신의 얼굴을 보는 일—을 하게끔 만든다. 오루알은 자신의 행동이 동생을 사랑하는 마음에서 비롯된 것이라 믿었다. 그러나 결국 프시케는 이 배신행위로 배고픔과 목마름 속에 유배당하게 된다.

훗날 오루알은 이웃 나라를 여행하는 도중에 프시케를 여신으로 섬기는 사원의 사제에게서 프시케에 관한 이야기를 듣게 된다. 그 이야기에는 아풀레이우스가 전하는 '큐피드와 프시케' 이야기와 마찬가지로 언니들의 질투가 프시케를 파멸로 몰아넣었다는 내용이 담겨 있다. 큰 오해가 있다고 생각한 오루알은 그 오해를 바로잡기 위해 신들에게 항변한다. 자신은 질투 때문이 아니라 사랑으로 그랬노라고, 진실을 왜곡하지 말고 바로잡아 달라고. 그러나 신들에게 항변하는 가운데 오루알은 스스로 깨닫게 된다. 프시케를 향한 자신의 사랑은 진정한 사랑이 아니라 자기중심적이고 소유하려는 사랑이었으며, 그를 자신의 통제 아래 두려는 사랑이었다는 것을.

오루알은 자신의 스승인 여우 선생과 경비대장인 바르디아를 존경하고 진심으로 사랑한다고 믿었다. 그러나 그 사랑 역시 진정 그들을 위하는 사랑이 아니라 글룸 왕국의 여왕인 자기 자신을 위한 사랑이었음을 후일 깨닫게 된다. 그들이 진정 원하는 것을 헤아리고 충족해 주기보다 자기 자신의 유익을 위해 그들을 희생시켰음을 깨닫게 된 것이다. 《우리가 얼굴을 찾을 때까지》는 하나님과 이웃에 대한 우리의 사랑이 진정 상대방을 위한 사랑인지, 아니면 실상은 자기 자신을 위한 사랑이 아닌지 깊이 성찰하게 해 준다.

오히려 프시케의 사랑이야말로 진정성에 근접한 사랑이다. 그녀는 자신의 몸을 돌보지 않고 온갖 병자들을 치유해 주려 했다. 그리고 글룸 왕국에 큰 재앙들이 닥쳐 자신이 희생제물로 지목되었을 때에도 공동체를 위해 그 희생양의 역할을 담담히 받아들였다. 비록 이방 종교의 틀 안에 머물러 있기는 하지만 그녀의 사랑은 참사랑을 지향하고 있으며, 그리스도의 사랑에 근접해 있다. C. S. 루이스는 프시케를 이렇게 설명한다. "어떤 면에서 프시케는 그리스도와 유사하다. 그녀가 그리스도를 상징한다는 점에서가 아니라 모든 선한 인간은 그리스도와 유사하다는 점에서 그렇다." 사실 아풀레이우스의 작품에서 프시케는 자신을 파멸에 이르게 한 언니들에게 끔찍하게 복수하는 여인이다. 루이스는 그런 프시케를 변형하여 재창조함으로써 이상적인 인간이란 모든 인간의 모범이신 그리스도의 사랑을 본받는 존재임을 암시하고 있다.

《우리가 얼굴을 찾을 때까지》라는 제목이 암시하고 있듯이, 이 작품의 또 다른 주제는 '정체성'이다. 추녀인 오루알은 얼굴에 베일을 쓰고 다닌다. 그녀는 신하들과 백성들 앞에 자신의 참 얼굴을 보여 주지 않는다. 이처럼 타인에게 자신의 얼굴을 가리는 것은 궁극적으로 자신에게도 가리는 것이다. 신들에게 항변하면서, 그리고 신들의 대답을 기다리면서 오루알은 비로소 자신의 참모습을 깨닫는다. 우리가 베일을 벗고 진정 얼굴을 드러낼 때에야 비로소 신성한 존재와 얼굴과 얼굴을 대면하고 만날 수 있는 것이다.

칼뱅은 《기독교 강요》에서 하나님에 대한 지식과 자기 자신에 대한 지식이 서로 연결되어 있음을 지적했다. 인간은 하나님을 응시하지 않고서는 자기 자신을 올바로 관찰할 수 없으며, 동시에 자기 자신의 무지와 타락과 부패를 깨달을 때에야 비로소 하나님의 선하심과 의로우심을 깨닫게 된다. 우리는 《우리가 얼굴을 찾을 때까지》에서 칼뱅의 이러한 통찰을 다시 만나게 된다.

이 작품을 관통하는 또 하나의 주제는 '이성과 상상력의 갈등' 혹은 '이성적인 것과 신성한 것 사이의 긴장'이다. 공주들을 가르쳤던 그리스인 여우 선생은 합리론과 유물론을 대변하는 인물로, 모든 것을 이성에 의존해서 설명한다. 그는 자연 너머의 초자연超自然 세계도 자연주의의 관점에서 설명하는 인물이다. 그는 매우 합리적일 뿐 아니라 현명한 인간이기도 하다. 그는 신성한 것의 진정성을 인정하지 않는다. 자연에 어떤 초자연적인 요소가 등장할 때에도 그것을 자연으로 설명할 수 있다고 믿는다. 반면, 웅깃의 사제는 어둡고 신비한 거룩함을 대변한다. 프시케도 신성에 대해 본능적인 반응을 보이는 인물이다.

오루알은 여우 선생의 가르침에 따라 신성을 거부하고 이성을 따랐으나, 어느덧 신성이 이성 너머에 존재함을 인정하게 된다. 그녀는 신비한 경험을 하면서 점차 이성주의자인 여우 선생의 과오와 한계를 깨닫게 된다. 프시케에게 자신들의 여신이 되어 달라는 백성들이나 자신과 함께 보냈던 행복한 옛 세상으로 돌아와 달라고 간청하는 오루알과 마찬가지로, 신비의 세계는 사제와 시인들이 지어낸 거짓말이라고 가르치며 명료하고 성숙한 그리스의 영혼을 강조하는 여우 선생 역시 프시케의 진정한 임무와 여정을 방해하고 유혹하는 장애물에 불과했음을 깨닫게 된다. '이성의 한계 내에서의 종교'가 아닌 '이성의 한계를 인정하고 신비를 받아들이는 종교'의 세계야말로 C. S. 루이스가 초대하는 세계이다. 물론 루이스에게 참된 종교란 예수 그리스도 안에서 온전한 신화와 온전한 역사가 구현된 기독교이다.

기독교 문학은 기독교적인 세계관이 반영된 작품이다. 작가는 그 세계관을 선명하게 드러낼 수도 있고, 은밀하게 암시할 수도 있다. 이른바 '경건 문학devotional literature'에는 기독교성이 명시적으로 나타난다. 반면, 기독교성이 은밀하게 내재된 기독교 문학도 있다. 루이스의 절친한 친구였던 J. R. R. 톨킨의 작품들이 그러하고, 도스토예프스키의 작품들이 그러하다. 그리고 그 중간 지점에 위치하는 기독교 문학 작품도 존재한다. 루이스는 세 종류의 작품을 모두 창작했다. 《순례자의 귀향》에 기독교성이 가장 직접적으로 드러나고, 《나니아 연대기》가 그 중간 지점에 위치한다면, 《우리가 얼굴을 찾을 때까지》에서는 기독교성이 은밀하게 추구되고 있다. 루이스는 기독교 용어들을 사용하지 않음으로써 비그리스도인도 이질감 없이 이 작품의 정신세계를 여행하도록 초대하고 있다.

옮긴이 **강유나**

서울대학교 영어교육과와 동 대학원 영어영문학과를 졸업하고 〈미국 현대극의 멜로드라마적 전통에 대한 연구〉로 박사 학위를 받았다. 현재 서울여자대학교에서 교양 영어를 가르치고 있다. C. S. 루이스의 《예기치 못한 기쁨》, 《우리가 얼굴을 찾을 때까지》(이상 홍성사), 이언 와트의 《근대 개인주의 신화》, 《소설의 발생》(이상 공역), 아서 밀러의 《세일즈맨의 죽음》, 에드워드 올비의 《누가 버지니아 울프를 두려워하랴》 등을 번역하였다.

우리가 얼굴을 찾을 때까지
Till We Have Faces

지은이 C. S. 루이스
옮긴이 강유나
펴낸곳 주식회사 홍성사
펴낸이 정애주
국효숙 김의연 박혜란 송민규 오민택 임영주 차길환

2007. 1. 18. 양장 1쇄 발행 2018. 8. 20. 양장 12쇄 발행
2020. 5. 22. 무선 1쇄 발행 2024. 12. 6. 무선 6쇄 발행

등록번호 제1-499호 1977. 8. 1.
주소 (04084) 서울시 마포구 양화진4길 3 전화 02) 333-5161 팩스 02) 333-5165
홈페이지 hongsungsa.com 이메일 hsbooks@hongsungsa.com
페이스북 facebook.com/hongsungsa
양화진책방 02) 333-5161

Till We Have Faces by C. S. Lewis
© Copyright C. S. Lewis Pte Ltd., 1956.
All rights reserved.
This Korean edition was published by Hong Sung Sa Ltd. in 2007
under license from the C. S. Lewis Company Ltd.
through KCC(Korea Copyright Center Inc.).

© 홍성사, 2007

이 책의 한국어판 저작권은 (주)한국저작권센터(KCC)를 통한 저작권자와의 독점 계약으로 (주)홍성사에 있습니다.
신저작권법에 의해 한국 내에서 보호받는 저작물이므로 무단 전재와 무단 복제를 금합니다.

•잘못된 책은 바꿔 드립니다. •책값은 뒤표지에 있습니다.

ISBN 978-89-365-1423-5 (03230)